이제는 너를 들여다봐 줄래

마나임

이제는 너를 들여다봐 줄래

초판 1쇄 인쇄일 2018년 7월 16일
초판 1쇄 발행일 2018년 7월 23일

지은이 마나임
펴낸이 양옥매
디자인 송다희 임흥순
교정자 임수연

펴낸곳 도서출판 책과나무
출판등록 제2012-000376
주소 서울특별시 마포구 방울내로 79 이노빌딩 302호
대표전화 02.372.1537 **팩스** 02.372.1538
이메일 booknamu2007@naver.com
홈페이지 www.booknamu.com
ISBN 979-11-5776-587-4(03230)

이 도서의 국립중앙도서관 출판시도서목록(CIP)은 서지정보유통지원 시스템
홈페이지(http://seoji.nl.go.kr)와 국가자료공동목록시스템
(http://www.nl.go.kr/kolisnet)에서 이용하실 수 있습니다.
(CIP제어번호 : CIP2018022048)

이제는
너를
들여다봐
줄래

마나임 지음

책과나무

내 영혼아,

네가 어찌하여 낙심하며 어찌하여 내 속에서 불안해하는가

─────── •   교회가 세워진 목적 중 한 가지가 상처
입은 영혼들의 치유였다. 그런데 지금은 아둘람 공동체에서 경험
했던 치유가 많이 사라지고 있다.

교회는 교회대로 상처가 있고, 목회자들은 목회자들대로 상처가
깊고, 성도는 돌봄을 받지 못하여 회복의 길이 더 좁아지고만 있다.
많은 상처로 심령까지 연약해져 자기 생각과 의지대로 사는 것이 힘
들다. 우리 강한 자가 연약한 자의 약점을 담당해야 하는데 교회에
서 심령이 강한 자는 점점 사라져 상처 입은 영혼들만 가득하다.

지금 나의 관심은 '상처 입은 한 영혼'이다. 수많은 군중 속에 함
께 있지만 언제나 혼자인 것 같은 외로움에서 벗어나지 못하고 힘
들고 아파하는 사람.

내 가정밖에 모르던 나에게 어느 날 '상심한 자를 고치시며 저희 상처를 싸매고 계시는' 하나님을 보게 하셨다.

그 후로는 모든 결정에 내 중심은 사라졌다. 전적인 하나님의 인도하심으로 작은 상담소를 오픈하게 된다. 무릎 꿇고 감사기도를 드릴 때 하나님은 약속을 주셨다.

"이곳이 회복의 터가 되게 하겠다. 이곳이 말씀의 터가 되게 하라. 이곳이 건강하게 회복된 영혼들을 내가 세운 가정으로 파송하는 파송의 터가 되게 하라."

내 영혼아, 네가 어찌하여 낙심하며 어찌하여 내 속에서 불안해하는가.

17년 전에 교회에서 새해를 시작할 때, 한 해의 주신 말씀 뽑기에서 내가 뽑은 성경구절이다.

한 해를 시작하기 전에 송구영신 예배를 드리고 성만찬식을 하고 올 한 해 나에게 어떤 말씀으로 복을 주시려나 기대에 찬 마음으로 말씀을 뽑았는데 이 말씀을 뽑은 것이다.

그런데 내가 하필이면 이런 말씀을 뽑게 되었을까?' 하고 말씀이 맘에 들지 않아서 뽑아놓고도 어디로 가버렸는지 신경을 쓰지 않았고 그러다 곧 잃어버리게 되었다.

나는 남들보다 믿음이 좋다고 인정받은 사람이고 하루에 두 시간 이상을 남들을 위해 중보기도 하고 일주일에 두세 번 전도를 쉬지 않는다. 그리고 언제나 평안한 얼굴을 하고 근심걱정은 어디에도 없는 사람처럼 하고 머리끝부터 발끝까지 힘을 주고 하루를 시작하고 마무리를 한다. 그런데 '그것은 내가 아니다.'라는 생각이 들 때가 가끔 있었다.

한평생을 아니 50평생을 살면서 겉으로는 어떤 어려움이 있어도 기도로 찬양으로 힘을 얻고 말씀으로 해결하며 살 수 있다 확신하며 그렇게 가르치며 살았는데 내 내면에는 살아도 살아도 해결되지 않는 문제가 있었다. 그것은 내 안에서 불안이 떠나지 않는다는 것이다. 그것은 엄마에게 방치당하고 나에게 방치된 나였다. 이런 나를 불쌍히 여기신 하나님은 50년 동안 내 속에서 방치되었던 나를 들여다보게 하시고 더 이상 버려두지 않고 내가 나를 돌봐줘야 할 때를 영원히 놓치지 않게 하셨다.

오늘도 치유하시는 하나님을 통하여 모든 교회가 회복되고, 말씀의 터가 되고, 파송에 터가 될 줄 믿고 감사드린다.

내 삶 전 영역을 들여다보게 하시고 간증문을 출간하기까지 인도하신 하나님께 영광을 돌리면서 이 간증문과 상담소가 모두 연합하여 한 영혼을 치유하는 길에 값지게 쓰임받기를 소원해 본다.

2018년 7월
마나임

contents

2부 모든 사람은 상담이 필요하다

1부

모든 사람은
구원이 필요하다

1 ────── 너와 네 집이 구원을 얻으리라

친정아버지는 올해 96세이시고 종갓집 장손이시다. 그 시대의 분들이 고생하지 않고 사셨다면 오히려 그것이 거짓말일 것이다.

아버지도 9남매셨는데 형편이 어렵다보니 숟가락이라도 하나 덜기 위해 큰고모(아버지의 누이동생)를 밭떼기 조금 받으시고 민며느리로 보내셨다. 그래도 부유하다고 생각해서 밥은 굶고 살지 않을 거라 믿고 보냈는데 10년 만에 고모부가 화투에 미쳐서 모든 재산을 탕진하고 화전민이 되어 산속으로 들어가게 되었다. 그런데 그때 화전민들과 함께 그 마을로 교회가 들어가게 된 것이다.

고모는 그곳에서 하나님을 만나게 된다. 학교는 문 앞에도 가보지 못했던 고모는 하나님을 만나고 하나님 말씀이 너무나 읽고 싶어 날마다 간절한 맘으로 기도했다. 그러던 어느 날 고모는 성경이 읽히기 시작하였다.

성경이 읽히니 너무나 신기하고 신기하여 낮에 그 힘든 농사일을 혼자 다하고 지칠 수밖에 없는 육신인데도 밤이면 호롱불을 켜놓고 성경을 읽기 시작하여 날이 밝아올 때까지 성경을 읽으셨다고 한다.

아버지는 종갓집이라 해도 넉넉하지 않은 살림에 부모님과 동생들 출산한 자녀들까지 15명의 생계를 책임지시느라 허리가 휠 정도셨을 것이다. 그러다 아버지는 폐결핵을 앓으셨고 급기야 각혈까지 하시게 되었다.

그 소식을 듣게 된 큰고모는 뒤늦게 낳은 늦둥이를 등에 업고 집에 찾아오기 시작하셨다. 오빠가 보고 싶어서도 아니고, 병문안도 아니고, 오로지 고모가 만난 하나님을 전하기 위해서 새벽부터 15리가 되는 길을 아이를 업고 걸어 나와 버스를 여러 번 갈아타고 다시 15리를 걸어 우리 집에 오셔서 하나님을 믿어야 한다고, 하나님 믿으면 오빠 병도 치유해주시고 이 땅에서 오래 살 수 있고 죽어서도 천국에 갈 수 있다고……. 날마다 찾아오다 일주일째 되는 날에는 결국 아버지한테 물바가지로 물세례까지 받고 돌아가셨다.

아버지는 한 번만 더 찾아와서 그런 소리 하면 다리몽둥이를 분질러버린다고 호통을 치셨고 고모는 아이를 업고 울며불며 돌아가면서 "오빠, 하나님 믿으면 오빠가 살 수 있지만 그렇지 않으면 오빠 이대로 죽고 죽어서도 지옥에 갈 수밖에 없어." 하고 마지막 절규처럼 절대복음을 남기고 떠나버렸다.

그 말이 아버지의 가슴에 대못처럼 박히게 되었는지 아버지는 그때부터 기도를 하시기 시작했다.

하나님을 믿어 믿음으로 병을 치유 받으신 게 아니고 "내가 책임져야 할 식솔들이 많습니다. 내가 죽으면 이 많은 식구들을 살아가기 어렵습니다. 나를 살려주시면 그때 하나님을 인정하고 하나님을 믿겠습니다." 하고 하나님과 거래를 하신 것이다.

그런데도 하나님은 죽을 수밖에 없는 결핵 그것도 말기환자였던 아버지를 깨끗하게 고쳐주셨고 아버지는 그때부터 10리나 떨어져 있는 읍내에 교회에 새벽기도를 빠지지 않고 나가셨다.

나는 막내라 부모님과 같이 자다가 아버지가 새벽에 일어나 옷을 입으시면 같이 일어나 새벽기도를 따라다니게 되었다. 산을 하나 넘고 두 개 넘고 그런 후에도 한참을 가야 철길이 나오고 철길을 넘어서 교회가 보인다. 산을 하나 넘기 위해 산마루에 오르면 멀리서 예수님이 두 팔을 벌리고 나를 기다리고 계신다.

다시 내리막으로 내려가면 예수님도 사라지고 다시 그 예수님이 보고 싶어 입에 단내가 날정도로 아버지를 부지런히 따라 올라 두 번째 산등성이 오르면 예수님은 두 팔을 벌리고 나를 기다리고 계셨다. 나는 다시 달려 내려가 꿈에 부풀어 더 힘을 낸다. 두 팔을 벌리고 나를 기다리고 계시는 예수님을 빨리 만나고 싶어 아버지보다 더 빠르게 속력을 내서 교회로 달려 가보면 교회엔 십자가 불빛뿐 예수님의 그 모습은 사라져버렸다. 어렸을 때 아버지에 대한 기억과 교회에 다니던 기억, 아니 추운 겨울과 더운 여름 새벽마다 새벽예배를 드리기 위해 길을 떠났던 기억이 참으로 잊히지 않는 추억이다.

그런데 엄마는 오랫동안 모셔 오던 제사나 내심 믿었던 신을 버리고 하나님을 믿으면 오히려 다른 신들에게 벌을 받을 것 같은 두려움에 선뜻 신앙생활을 시작하지 못하셨다.

할머니는 본인의 죽음을 예감하셨는지 어느 날 아버지에게 큰고모네 가고 싶다고 하셨다. 가정 형편상 고모를 어린 나이에 시집을 보낼 수밖에 없었던 할머니는 얼마나 맘이 아프셨을까? 평생 한번도 가보시지 못한 고모네 가시기를 원하셨고 그 소식을 전해들은 고모가 오셔서 할머니를 모시고 가게 되었다. 그리고 할머니는 그곳에서 6개월이나 계셨다. 고모가 친정엄마의 구원을 위해 얼마나 많은 기도제단을 쌓으셨는지 고모는 친정엄마가 오시자마자 예수님을 영접시키고 그날부터 교회에 모시고 나가게 되었다.

그런데 할머니는 다음날부터 새벽예배에 나가셔야겠다고 하셨단다.

새벽 2시부터 일어나셔서 추운 겨울인데도 목욕재계 하시고 3시부터 교회에 나가 예배를 준비하시는데 고모는 놀라지 않을 수 없는 것이다.

고모 집에 오셔서 병이라도 나셔서 돌아가시면 어쩌나 하고 새벽에 목욕하시는 것, 교회 나가시는 것 등을 만류하셨지만 할머니의 그 고집을 누구도 꺾을 수 없었다.

꼭 교회에 나가지 않아도 된다, 추우니까 집에서 따뜻한 안방에서 그냥 기도하셔도 된다, 그러시다 병나신다고 말리고 또 말리니 할머니는 그제야 회개기도 하러 반드시 교회에 나가서 100일 제단을 쌓아야 한다고 하셨다.

무슨 회개기도를 그렇게 오래 해야 하는데, 하고 물으니 평생을 하나님을 모르고 살아온 죄! 평생을 하나님이 제일 싫어하는 우상을 신으로 섬긴 죄! 하나님을 하나님으로 섬기지 못한 죄! 이렇게 큰 죄를 짓고 한평생을 살아왔는데 어떻게 한두 번 회개하고 끝낼 수가 있냐는 것이다.

할머니는 큰고모네 가서서 주님을 영접하시고 회개 하시고 100일 새벽제단 쌓으시고 건강하게 집에 돌아오셔서 식사 잘하시고 일주일 여 만에 주무시다가 소천하셨다.

2 ——— 결혼과 출산

이렇게 양평에서 7-8년 더 살다가 오빠들의 진학 문제로 우리는 서울로 이사를 하게 된다. 큰오빠와 나는 나이가 12세 차이 난다. 언제부터인가 자연스럽게 우리 집의 중심이 아버지에게서 큰오빠에게로 넘어가는 것 같았다. 그것은 엄마에게 있어서 아버지보다 큰오빠가 차지하는 부분이 더 많아졌다는 것이다. 나 역시 엄마에게 있어 큰오빠란 생명과도 같다는 생각을 할 때가 많았다.

우리가 한 하나님을 믿고 예수님을 모시고 살지만 믿음은 자기 성격대로 믿는 것 같다. 아버지는 부지런하시고 성실하신 분이셨다. 그래서 그런지 자녀들에게 완벽주의에 가까운 신앙생활을 강요하셨다. 그러다 보니 초등학교 때는 거부반응이 없다가 사춘기에 접어들면서 오히려 신앙생활로 가정에 갈등이 생기곤 하였다. 품안에 자식이라고 신앙생활도 품안에 있을 때나 단속이 가능하지 대학에 가고 취업하면서 부모님의 관리에서 자연스럽게 벗어날 수밖에 없는 것 같다.

그럴수록 나는 막내라 그런지 아버지 말씀을 거역할 수가 없었고 오빠와 언니들을 보면서 아버지가 불쌍하게 느껴졌다. 그래서 나는 나도 모르게 "나라도 아버지 말씀을 절대적으로 순종하며 살아야지." 하는 맘을 먹게 되었다. 그 덕에 나는 사춘기라는 것을 모르고 지나갈 수밖에 없었고 집과 학교, 교회밖에 모르는 사람으로 착하고 온순하게 많은 사람들에게 인정받고 사랑받으며 살다가 결국에 결혼문제에 부딪치게 된다.

그러나 나는 믿는 사람과 믿는 사람끼리 결혼을 하는 것처럼 이기적인 게 없다고 생각했다. '믿는 사람들끼리 만나 우리들만 잘 먹고 잘 살다 우리들만 천국가면 그게 뭐야. 그렇게 이기적인 게 어딨어? 하나님이 그런 분이란 말인가? 그럼 세상 사람은 하나님 모르는 사람들은 어떻게 누가 책임을 져야 하는데?' 하고 그 믿음 없는 세상 남자들이 모두 내 책임인 양 나는 믿지 않는 남자를 만나 살면서 구원시키는 것이 하나님의 뜻이라고 우기며 결혼을 했다.

시아버님 되실 분이 폐암 말기라서 서둘러 결혼을 해야 결혼식 하는 모습을 보여 드릴 수 있다고 해서 정말 번개 불에 콩 튀기듯이 결혼 얘기가 나오고 6개월도 안 돼서 추운 엄동설한 1월에 시댁 가까운 시골에서 결혼식을 하였다. 그날이 10년 만에 폭설이 찾아와서 하객들도 오다가 돌아가는 사람이 많았고 나는 감기 몸살이 옴팍 들어서 신혼여행도 떠나지 못하고 시댁에 몸져눕고 말았다.

나는 그렇게 겁도 없이 철도 없이 결혼 생활을 시작한다. 아버님 편찮으시다는 이유로 시댁에 있는 시간이 많았고 신혼생활이란 좀처럼 갖기 힘들었다. 아버님이 병원에 있어도 시댁에서 빈집을 지키라고 하셨고 아버님이 퇴원하셨는데도 시댁에 있으라고 했다.

남편은 직장 때문에 일주일에 한번 내려오더니 차츰 몇 주에 한 번 한 달에 한 번 뜸해지기 시작했다.

눈에서 멀어지면 맘에서도 멀어진다고 나는 내가 잘 믿어 남편도 시댁도 구원시키겠다고 호언장담하더니 이제는 하나님이 아닌 시댁을 섬기고 있었고 주님이 아닌 시어머님을 모시고 살았고 교회가 아닌 시댁과 집에 머물러 있는 시간이 점점 길어져만 갔다.

첫아이는 정말 아무 경험도 없고 아무것도 모른 상태에서 찾아온 것 같다. 모든 것이 호기심과 두려움 속에 그러면서도 모르기 때문에 담대함도 있었던 것 같다. 큰아이는 예정일이 15일이나 지나도 나올 기미가 보이지 않자 병원에서는 입원을 해서 유도분만

─── 이제는 너를 들여다봐 줄래

을 해야 한다고 했다. 경험이 있는 사람들은 그대로 더 기다려 봐야 한다고 했지만 경험이 없다 보니 나는 의사 말에 더 순종할 수밖에 없었다.

유도분만이 시급한 이유는 아이가 머리가 다른 아이들보다 컸기 때문이다. 머리가 크면 출산하는 데 더 많은 어려움이 따를 수 있다고 머리가 더 커지기 전에 출산을 해야 한다고 해서 입원을 했다.

병원에서는 분만촉진제를 놓고 일부러 양수를 터트렸다. 아침 8시 넘어 입원해서 촉진제를 맞고 양수를 터뜨리고 하루를 고생해도 결과가 좋지 않아 결국 의사선생님이 제왕절개를 권유하셨다.

자연적인 고통이 아닌 인위적인 고통으로 괴로워하는 딸을 보며 친정엄마는 수술을 해달라고 했지만 병원에서는 남편 허락 하에 수술이 가능하다고 했다. 그러나 남편은 연락이 되지 않았다.

시청에 근무하는 남편은 나를 입원시켜놓고 다시 시청에 들어간 것인지 집에 간 것인지 알 수 없었다. 그때 남편은 핸드폰의 필요성을 모르겠다고 핸드폰을 사용하지 않아 연락할 길이 없었다.

아침 9시에 양수를 터뜨려 오후 3시가 되니 진통에서 견딜 수가 없었는데 자궁은 4cm밖에 열리지 않고 아이 머리는 10cm 넘어서 자연분만은 가능하지 않다고 아이가 내려오다 막혀 있고 기계로 벌리는 것도 한계가 있다고 하며 수술이 급하다고만 했다. 아이가 질식해서 죽을 수도 있고 아니면 산소부족으로 뇌성마비가 될 수 있는데 보호자는 어디 있냐고 다그치는데 남편은 없었다.

친정엄마는 내가 싸인할 테니 그냥 해주시면 안 되겠냐고 하는데 병원에서는 안 된다고 했다. 병원 측은 보호자를 찾아오라고 야단이 났다.

내가 거의 죽어가고 있을 즈음 남편은 저녁 8시가 다 돼 어슬렁어슬렁 하고 병원에 나타났다. 남편은 그때 입에는 거품을 물고 거의 실신상태에 있는 나를 보고 많이 놀라고 당황했다고 했다. 본인은 그 시간쯤이면 아이를 낳았겠지 하고 일부러 늦게 왔다는 것이다.

그렇게 온갖 고통을 다 겪은 후 결국 제왕절개로 큰아이를 출산을 했고 6개월밖에 못 사신다는 시아버님은 큰아이 출산과 많은 재롱을 보시고 18개월을 더 사시다가 돌아가셨다.

출산의 고통이 심해서였을까? 나는 내가 그렇게 아이를 사랑하게 될 줄 몰랐다. 아이가 태어난 후에 내 삶은 어디에서도 찾아볼 수가 없었고 오로지 아이가 세상의 전부로 바뀌어버렸다.

출산 전 내가 세상을 보는 눈과 출산 후 세상을 보는 눈은 많이 달라졌다. 그전에 그냥 아줌마로만 보고 때로는 아줌마들을 무식하고 막무가내라며 무시하며 볼 때도 많았는데 세상에 아줌마들처럼 위대한 사람이 없는 것 같았다. 아줌마들은 이 세상에서 아무나 할 수 없는 생명을 낳은 위대한 분들이었다. 아이를 낳지 않는 사람은 아줌마라는 호칭을 절대 들을 수가 없는 것이다.

그 전에도 주일을 지키는 것보다 시댁일이 먼저였고 남편한테 맞

추는 게 우선이었던 나는 아이를 키우면서 하나님중심, 교회중심
에서 더 벗어나 아이가 아파도 교회에 가지 않았고 예배 중 아이가
울거나 불편해하면 예배보다는 내 아이가 먼저였다.

그렇게 나는 내가 전혀 의식하지 못하는 상태에서 하나님과의 관
계는 점점 멀어지고 있었다.

3 ——————— 둘째 아이 장애아 출산

그렇게 4년이라는 세월을 아무 의식 없이 내
아이 중심으로 살다가 둘째 아이를 낳는다. 둘째도 딸이라는 말에
시어머니는 아예 올라와 보시지도 않았다. 나는 첫째도 둘째도 아
들을 낳고 싶었다. 남들에게 표현은 하지 않았지만 나는 아들욕심
이 많았다. 남편이 아들을 원한 것도 아닌데 나 스스로가 그렇게
아들을 소원했다.

그래서 첫째 때 아들을 주지 않으신 하나님이 서운했고 둘째는
아들을 주시겠지 하고 기대를 했었다. 그런데 둘째 아이도 아들이
아닌 딸을 주셨을 때 시어머니만 병원에 올라오지 않으신 게 아니
고 나도 신생아실에 있는 둘째 아이가 그렇게 보고 싶지 않았다.
병원에서도 퇴원하기 전 한두 번 보고 집에 와서도 엄마가 산바라

지 하시다가 돌아가신 뒤 아이를 씻기고 재우고 하는데 그렇게 정성을 들이고 세밀하게 신경을 쓰지 않았다.

그런데 그렇게 대충 하는데도 어딘가 큰아이와 같지 않다는 생각을 했다. 이상하다? 어디 이상한 거 아닌가? 그런데 왜 병원에서나 우리 엄마는 이상하다고 말을 해주지 않는 거지……. 어딘가 다른가 인정하고 싶지 않아 더 보지 않으려고 애쓰며 하루가 가고 일주일이 지나서 다시 자세히 봐도 큰아이와 같지가 않았다. 그제야 가슴이 털렁 내려앉는 불안이 다가오기 시작했다.

'귀 모양도 아직 엉성하듯 반듯이 재우고 예쁘게 만져주고 하면 반듯해지듯이 머리 모양도 그렇잖아. 시간이 지나면 더 온전한 모습으로 바뀔 거야.' 하며 기대하고 1달이 다 되어갈 때까지 기다렸다. 그러나 변화가 생기지는 않았다.

더 이상 이대로 방치하는 것은 아니라는 생각에 아이를 안고 큰아이가 다니던 소아과로 갔다.

둘째 아이를 본 선생님은 지역에서 큰 병원을 소개해 주시면서 가보라고 하셨다. 그러면서 선생님은 "이 아이는 남자아이 같습니다.

가셔서 진료 더 자세히 받아보세요." 이상한 내 아이의 모습에 걱정이 돼서 병원에 왔는데 무슨 병입니다 하는 게 아니고 여자아이를 안고 왔는데 이 아이는 남자아이 같습니다, 하는데 참 어이가 없으면서도 속으로는 기대가 되는 것이다.

'남자아이라고 했는데. 그럼 나에게 하나님이 사내아이를 주신 거였어. 처음에 뭔가 조금 잘못 됐지만 나에게 결국 내가 소원했던 남자아이를 허락하신 거야.' 하고 나도 모르는 기쁨이 생겼다.

동네 병원에서 조금 큰 병원(준 종합병원)으로 가니 소아과장님이 보시고 같은 말씀을 하셨다. "이 아이는 여자아이가 아니고 남자인 것 같습니다.

소견서를 써드릴 테니 서울 아산병원으로 가보십시오."

다음날 아침 일찍 일어나 남편한테는 말도 못하고 큰아이 데리고 작은아이 안고 서울 풍납동에 있는 아산중앙병원을 갔다.

소견서를 받아서 그런지 아산중앙병원에서도 "이 아이는 남자아 이입니다. 속에 고환이 숨겨져 있는 것입니다." 하면서 다른 검사 도 없이 어린아이를 바로 생살을 찢는 수술을 시켰다. 그러나 선생 님의 생각대로 속에 고환은 없었다. 아무것도 찾지 못하고 아이에 게 고통만 주고 끝이었다. 결국 태어난 지 한 달밖에 안 된 아이의 피를 얼마나 많이 빼기 시작하는지, 그 힘든 검사가 시작되었다.

병원에서 다음날 올 때 아이에게 수면제를 먹여서 재워서 오라고 했다. 가기 전에 수면제를 먹였는데도 아이는 잠들지 않았다. 그 대로 병원으로 도착해 병원에서 다시 수면제를 더 먹였지만 아이는 떼만 썼지 잠들지 않았다.

할 수 없다고 그 어린아이를 수면제처방이 안 듣는다고 다른 방 법으로 검사를 해야 한다고 하면서 500ml짜리 물을 강제로 먹여놓 고 인턴들 4명이 강제로 아이를 붙들고 8명이 넘는 인턴, 레지던트

들이 보는 가운데 검사를 시작했다. 그로부터 일주일을 더 다니며 검사만 하였다. 무슨 검사를 그렇게 많이 해야만 하는 것인지, 검사받다가 죽을 수도 있겠다는 생각을 했다. 엄마 입장에서는 검사를 하는 것이 아니라 아이를 죽음에 이를 정도의 고통을 안겨주는 시간들이었다.

그렇게 검사를 마치고 결과를 보러 가는 날, 그날은 남편도 같이 가서 같이 들어야 할 것 같아 함께 가자고 했다. 검사결과는 "이 아이는 남자도 여자도 아닌 중성입니다. 일단 염색체 검사에서 남성도 여성도 아닌 염색체 이상으로 나왔습니다."라는 것이다. 병명은 장애진단이었는데 "성기능장애" 즉, 성불구자로 남자도 여자도 아닌 아이로 판명이 되었다.

우리는 살면서 하늘이 무너져도 솟아날 구멍이 있다는 속담을 말하며 힘든 일이 있어도 잘 견디라고 조언도 주고 위로도 주며 살아간다. 그런데 막상 하늘이 무너지면 살 수 있을까? 오늘 내게는 하늘이 무너져버렸다. 숨을 쉴 수도 어떤 생각도 할 수가 없었다.

그런데 더 충격적이었던 것은 남편의 말이었다. 평소에 그렇게 말이 없고 조용했던 사람이 검사결과를 듣고 나오면서 입을 열었다.

"니네 집에 그런 사람 있냐?"

우리 집엔 그런 사람 없다.

"장애도 어디서 그런 장애냐고. 재수 없게. 아, 정말 창피해서……."

하고 가버리는 것이다. 병원에서만 가버린 것이 아니고 그날부터 집에도 들어오지 않았다. 하루가 지나고 일주일이 지나고 한 달이 지나도 남편은 집에 돌아오지 않았다.

지금 생각해보면 우리 부부는 물리적 이혼은 하지 않았어도 그때 내 마음 속에서는 정서적인 이혼이 시작되었던 것 같다. 도저히 용서할 수 없는 사람! 내가 사랑해서 하나님과 교회, 내 신앙도 뒤로 하고 부모님의 만류에도 내 고집으로 선택한 남자였다.

나를 위로해주어야 할 당연한 사람, 충격으로 서있을 힘조차 없는 나를 안아주어야 당연한 사람, 세상 누구보다 힘이 되어주어야 당연한 사람. 그 사람은 도대체 어디로 가버렸다는 말인가.

앞으로 긴긴 세월 이 아이를 키우며 힘들 때마다 내 손을 붙들어 줄 사람은 당연히 이 사람뿐일거라 생각했는데……. 그런데 그 단 한사람은 세상에 둘도 없는 원수가 되어 내 곁을 떠나버린 것이다.

그러나 더 심각한 것은 자기 자식을 부끄러워하고 수치스러워 하며 떠난 남편을 그렇게 원망하면서도 내 속의 모습을 보고 더 충격을 받았다.

내 속의 나도 남편과 다를 것이 하나 없는 부끄러움이 있었다. '성'이라는 단어만 나와도 뭔지 모를 부끄러움이 있는데 성불구, 성장애자라고 하니 세상에 나가서 얼굴을 어디로 두고 다녀야 할지 몰랐다.

뭐가 부끄럽고 뭐가 수치스러운지 모르겠다. 내가 홀랑 옷이 벗겨져서 대중들 앞에 노출되어 손가락질을 받고 있는 기분이었다. 아니 용서받을 수 없는 죄인이 된 듯했다.

임신 중에 그렇게 많은 검사를 하고 건강한 아이라고, 여자아이라고 했던 산부인과에서는 무엇 때문에 여자아이라고 단정했던 것인가. 벌써 육안으로 봐도 여자의 성징이 보이지 않았는데…….

나의 지붕이 되어주고 위로와 힘이 되어줄 남편은 집을 나갔어도, 내가 아무리 수치스럽고 부끄럽고 죄인 된 감정을 해결하지 못했어도 내 아이 치료는 계속 다녀야 했다. 남자아이라고 생살을 찢어놓은 상태라 치료하러 다시 병원에 찾아 갈 수밖에 없었다.

의사 선생님은 구체적인 처방을 제시하셨다.

"우리나라에서 성불구로 태어나는 아이가 전혀 없는 것은 아닙니다. 한 해에 5000명 중 한 명꼴로 태어납니다. 그러나 출산 직후에 아는 아이들은 드뭅니다. 대개 사춘기를 지나서 생리시기가 지나도 소식이 없어 기다리다 병원에 찾아 아는 경우가 많습니다. 지금은 의학이 많이 발달해서 성불구자도 어느 정도 수술이 가능합니다. 우리 병원에서는 그동안 많은 임상결과 너무 어린 나이에 수술을 하면 협착이 일어나서 성장 후에 다시 수술을 하는 경우가 종종 생겨서, 12개월 넘어 18개월 사이에 아이가 걷기 시작한 후에 수술을 하면 가장 적당하다고 봅니다.

그러니까 이 아이를 데리고 가셨다가 13개월 지난 후에 다시 병원에 오셔서 산부인과, 비뇨기과, 소아과, 외과 선생님들과 다시

이세는 너를 들여다봐 줄래

상의를 하여 수술날짜를 잡고 수술을 하는 것으로 하겠습니다. 그리고 이런 아이들이 한쪽에만 장애가 있는 것이 아니고 다른 장기에도 기형이 있을 수 있습니다. 추가적인 검사가 필요하니 검사는 더 받아보시는 것이 좋을 것 같습니다."

너무나 힘들고 아니 힘들다기보다 듣고 싶지도 인정하고 싶지도 않았던 질병에 대한 결과를 잊고 싶고 아예 잊어버리고 살 수 있었으면 하고 애써 외면하며 사는데 왜 이리 시간은 빨리 지나가는지 어느새 아이의 수술날짜는 다가오고 있었다.

나는 정말 우리 남편보다 더 나쁜 엄마인지 모르겠다. 이 세상 어느 누구에게도 내 아이의 문제에 대해 말을 하지 못했다. 부끄럽고 또 창피함이 사라지지 않았다. 그러다 13개월이 지나 병원을 찾았고 수술 환자들이 많이 밀려서 그날로부터 다시 6개월 후에 수술날짜를 잡았다. 그러나 그 6개월 후도 다시 찾아와 이제 수술을 한 달여 남겨놓게 된다.

자궁이 있어도 여자의 상징이 없는 아이들도 있는데 우리 아이는 염색체도 이상이 있고, 자궁도 없고, 아무것도 없는 상태였다. 힘든 수술을 해서 여자아이로 만들어준다고 해도 자궁이 없기 때문에 진정 여자로 살 수 있는 것은 아니었다. 그런데 이 수술을 해야만 할까? 이 어린 아이에게 수술의 큰 고통을 줄 의미가 있는 것일까? 고민과 갈등 속에 친정 큰언니에게 처음으로 사실을 털어놓게 되었다.

언니는 엄마한테 말씀드렸고 자연히 형제 모두가 알게 되었지만 그들도 수치스러운 장애라고 생각되었는지 어느 누구도 위로의 전화 한 통 해주지 않았다.

결국 장애자로 인한 상처는 상처에 상처만 덧붙이는 꼴이 되었다. 그들도 내 형제 중에 그런 장애아를 낳았다는 것이 싫고 부끄러웠을 것이다.

내가 살면서 누군가 나를 부끄러워하는 일이 생길 것이라 짐작이나 하며 살았을까? 누군가 나를 부끄러워하는 것도 치욕스러운데 내가 낳은 자식이 아빠에게도 부끄러움을 주고 형제들에게도 부끄러움을 주는 존재가 되었다니 정말 슬픔에 빠지지 않을 수가 없었다. 세상이 싫고 사람은 더 싫었다.

내가 낳은 부족한 아이만 없었더라면 내 수치심에 못 이겨 그냥 죽어버리고 말았을 것이다. 사람이 죽음을 생각하는 이유가 그렇게 어마어마한 문제가 아니라는 것을 알게 되었다.

어느 날 엄마에게서 전화가 왔다.

"모든 게 엄마의 죄다……. 엄마가 네 의사도 물어보지 않고 너를 서원한 것이 잘못이다. 니가 너무나 싫어해서 아직도 말을 하지 못했지만 나는 너를 고등학교 때 서원했다. 하나님께 드리기로……. 사모든, 전도사든, 하나님이 사용하시라고 너를 바쳐놓고 불신 결혼을 시켰으니 하나님께 벌을 받은 것이다. 엄마는 소식을 듣자마자 회개를 많이 했는데 하나님은 네 기도를 기다리고 계신다. 하나님께 나아가 회개하고 네 딸을 고쳐달라고 기도해봐. 이제 하나님께 매달리는 방법밖에 없다."

나는 내 고난이 너무나 무거워 그 고난에 짓눌려 있는 상태라 하나님을 볼 수도 없었고 기억하는 것조차 버거웠다. 아니 하나님을 의도적으로 외면하고 있었는지도 모르겠다. 어쩌면 내가 의지했던 남편에 대한 배신감보다 하나님께 더 화가 나 있었는지도 모르겠다.

하나님? 내가 알던 하나님이 이 세상에 계시기는 한 거야? 정말 계시다면 어떻게 나한테 이렇게 하실 수가 있어? 내 삶을 어떻게 해석해야 하는 건지…….

그렇게 잊으려고 애써 외면했던 하나님을 떠올리며 원망이 솟구쳤다. 그 원망은, 잊고 지내던 때보다 더 역동이 일어나 절대 하나님께 무릎 꿇고 싶지 않은 오기를 만들어내고 있었다. 그러면서도 시간은 흘러가고 수술날짜는 지나가는데 기도도 하지 않았고 수술도 시킬 수 없었다.

이렇게 어린 아이에게 그렇게 큰 수술을 시키며 아픈 고통을 주고 싶지 않은 타당하지 않은 고집만 키워가고 있다가 다시 수술날짜를 잡게 된다. 그 수술날짜도 시간은 흘러 일주일 앞으로 다가왔다.

엄마로서 이럴 수도 저럴 수도 없는 정말 미쳐버릴 것 같은 상황 앞에서 나는 결국 하나님을 찾는다.

아버지도 아니고 '하나님?' 하나님이 계시기는 한 건가요? 우리 친정아버지를 고치시고 우리 엄마를 고치시고 작은아버지 말기암까지 치료해주신 하나님! 초등학교도 입학하기 전에 아버지의 손을 잡고 그 시골 산길을 걸어 새벽기도를 다닐 때 두 팔을 벌려 어서 오라고 나를 기다리셨던 하나님이 어디 계신 건가요? 불신 결혼은 했지만 주님을 떠난 적은 없었습니다.

엄마의 말씀대로 제게 시련을 주시는 분이 하나님이신가요? 벌을 받는 것인가요? 제가 믿었던 하나님은 어떤 분이신가요? 어디에 계시는 것인가요? 정말 지금도 살아 계시다면 제 딸을 고쳐놓으세요. 그렇지 않으면 저는 죽을 때까지 하나님을 믿을 수도 인정할 수도 없습니다.

그날 이후 기도할 때마다 오기가 생겼다.

하나님 계시기나 하신 건가요?

평생을 의지해온 하나님의 존재여부까지 들먹이며 따지기 시작한다.

그렇다면 지금 뭐하고 계시는데요…….

우리 아이가 이 지경인데……. 도대체 뭐하고 계세요? 구경만 하고 계시는 건가요? 어떻게 강 건너 불구경하시듯 구경만 하고 계실 수가 있어요?

하나님이 고쳐놓으시라구요. 하나님이 제 딸 고쳐놓으세요. 날마다 전지전능 하시다면서요. 그렇게 전지전능하시면 우리 딸이나 고쳐놓고 말씀하세요.

저는 더 이상 견딜 수도 버틸 수도 없습니다. 남편도 죽이고 나도 죽고 이 세상이 없어졌으면 좋겠습니다.

어느 날 내 눈에 천사 같은 아이가 들어왔다 내 아이가 이렇게 많이 자랐다니 아파하고 힘들어하면서 아이가 주는 행복도 느끼지 못하고 슬픔과 우울 속에서도 아이는 꽃같이 예쁘게 자라고 있었다. 예쁜 원피스를 입히고 머리를 묶어놓으면 얼마나 예쁜지 말로 표현할 수 없을 정도였다.

지나가던 할아버지께서 걸음을 멈추고 우리 아이를 바라보시며 하시는 말씀이 "이렇게 예쁜 자식을 두고 티브이는 왜 쳐다봐. 티브이 위에 올려놓고 하루 종일 바라봐도 질리지 않을 만큼 예쁜 게 자식이지. 자식이란 그런 거야……."

아직은 이 아이의 장애를 나만 감당하고 있지만. 아이는 자란다. 이렇게 빨리 자라는 것을 보아라. 언젠가는 자기의 장애를 알게 될 테고.

대한민국이라는 이 땅에서 어떻게 살아갈까? 뼈저리게 느끼지 않았는가. 장애가 아이를 힘들게 하는 것보다 장애를 보는 사람들의 편견과 그 시선이 장애자들을 영원한 정신적 장애까지 얹어주는 것이다. 내 아빠, 내 가족이 그런데 세상에서 무엇을 기대한다는 것이 욕심이라는 것도 알게 되었다.

그동안의 내 절망은 내 연민이었다. 내 자존심이었다. 그러나 이젠 내 슬픔이 중요한 것이 아니고 평생 장애를 갖고 살아갈 내 딸이 중요한 것이다. 나를 위해서가 아니라 내 딸을 위해 하나님께 매달려야겠다는 생각이 들었다.

하나님께 두 무릎을 꿇었다.

"하나님 우리 아이를 고쳐주세요……. 저는 이제 많이 지쳤습니다. 이 아이가 살아가면서 겪을 고통을 제가 감당할 수가 없습니다. 아빠가 있으나 아빠가 없는 아이보다 힘들게 하는 가정입니다. 제발 제가 아니라 이 아이를 불쌍히 여겨주옵소서!"

남편은 결혼하고 2년을 생활비를 갖다 주지 않았다. 내가 학원을 경영하다 결혼을 하여서 그런지 갖다 달라고 할 때까지 생활비를 갖다 주지 않는 것이다. 2년이 지나도록 말이 없어 내가 생활비 이야기를 하니 오히려 나보고 쓸 돈이 없냐고 물었다. 그러더니 한 달에 생활비를 20만원씩 갖다 준다. 대책도 없고 상상도 못했던 금액인지라 할 수 없이 돈을 벌어 쓸 수밖에 없었다.

아이를 두고 직장에 나갈 수가 없어 집에서 아이들을 가르치는 공부방을 하게 되었다. 그 아이들 학교에서 홍역이 유행을 했다.

홍역 예방주사는 생후 12개월에 맞는 것인데 우리 아이는 6개월 때 홍역에 걸리게 되었다. 온갖 검사와 병원 생활로 지쳐 있던 터라 공부방에 오는 초등학교 언니 오빠들 통하여 옮게 된 것이다. 요즘 세상에 홍역에 걸리게 하는 열악한 환경의 부모가 있을까? 그렇지 않아도 어려운 아이를 홍역에 걸리게 하여 병원에 입원을 하게 만들고 정말 생사를 드나드는 힘든 치료의 과정을 겪게 만들었다.

홍역 예방 접종이 되지 않은 상태에서 걸리게 된 홍역이 이렇게 무서운 것이구나를 보면서 옛날에 아이들은 홍역에 걸리면 죽을 수밖에 없을 것 같다는 생각을 했다

아이를 고생시킬 때 마다 남편에게 화가 났다.

하나님 이제 더 이상 내 아이 에게 고통을 주고 싶지 않습니다. 왜 이 세상에 태어나자마자 이렇게 고통을 당하고 살아야 하는 건가요 도대체 왜요? 왜요? 왜인가요…….

우리 가정에 태어나면서부터 질병으로 너무나 많은 고생을 시켰습니다. 제 아이의 고통은 이제 그만 여기서 끝내주시고 제가 감당할 고통만 주세요.

제 순종이 필요하다면 제가 순종을 하겠습니다.

우리 아이만은 고쳐주세요…….

4 ——————— 기적체험과 변심

기적이란 무엇일까?

내 입장에서는 치료가 최우선이고 기적이 전부였는데 하나님 입장에서는 치료는 아무것도 아니었다는 듯이 먼저 우선순위를 잡아주시는 듯했다. 내 기도가 먼저이고 내 기도가 더 중요했다고 말씀

하듯 하나님께서는 나의 절실한 기도 후 지체하지 않으시고 바로 치료에 들어가셨다.

나중에 딴소리 하고도 남을 나를 잘 아시는 하나님은 하루하루 조금씩 눈에 보이게 고쳐주시는데 보면서도 믿어지지가 않았고 한 달여가 지나자 육안으로 보기에는 완벽한 여자아이가 되었다.

3년 전 아이의 진단을 받으러 송파 아산중앙 병원에 갈 때만 해도 내가 사는 지역에 종합병원이 없었다. 그런데 지금은 대학병원이 생겨서 나는 지체하지 않고 서둘러 아이를 데리고 대학병원으로 달려갔다. 그리고 없었던 것이 생겼다. 검사결과 아이는 보이는 부분뿐만 아니라 자궁도 없었고 염색체도 없었다. 겉으로만 온전한 건지 다시 검사를 하기로 했다.

검사결과 선생님은 무슨 소리를 하는 거냐며 "자궁도 있고 염색체도 여자아이고 모든 것이 완벽한 건강한 아이입니다. 아무 걱정하지 마시고 데려가서 더 예쁘게 잘 키우십시오." 하는 것이다.

이 기쁨을 누구에게 제일 먼저 알리고 싶었을까? 남편이 아니었다. 모든 고난 가운데 남편이 함께 있었다면 남편이 제일 먼저 생각이 났을 것이다. 그런데 이 큰 기적을 체험하고도 나는 남편이 더 원망스러웠지 기쁜 소식을 제일 먼저 알려주고 싶지도 않았다. 우리 아이가 온전해진 뒤로 한참 후까지 나는 남편에게는 알려주지 않았다.

나는 이 세상 어느 누구도 아닌 제일 먼저 하나님께 감사와 기쁨을 올려드렸다. 그 기쁨과 감사를 이 세상 어느 누가 얼마나 공감하고 이해할 수 있을까?

나와 같은 심정으로 같이 아파하고 같이 걱정하며 함께 기도를 나누지 못한 사람이 어떻게 이 기쁨과 감사를 느낄 수 있단 말인가? 이것은 기적 못지않은 아픔을 함께하는 자들에게 주시는 하나님의 선물인 것이다.

사람이 문제를 만나지 않고는 사람의 무능함을 알 수 없고 겪어보지 않고는 아픔을 감히 말할 수 없다. 인생을 같이 살아보지 않고는 사람의 악함도 알 수 없는 것 같다. 모든 사람들이 자기는 악한 사람이라고 생각하기보다는 선한 사람이라고 생각하며 사는 사람들이 더 많은 것 같다. 특히 크리스천들 그중에 나는 정말 내가 선한 사람이라고 나만큼 선한 사람도 없다고 생각하고 살았다.

어느 날 나는 남편에게 내가 믿는 하나님을 자랑이라도 하듯 "당신 딸 하나님이 다 고쳐주셨어." 하고 큰소리를 쳤다.

그러면 남편은 정말 놀라고 감격할 것으로 기대를 하면서 이야기를 했는데 남편은 콧방귀를 뀌었다.

"야, 때가 돼서 고쳐진 거지. 뱃속에서 다 만들어져 나오는 아이들도 있고 나와서 뒤늦게 만들어지는 애들도 있대. 그게 우연의 일치지 무슨 하나님이 고쳐주냐?"

그동안 내가 불신앙자를 선택했기 때문에 신앙이 없다는 이유로 그렇게 불편한 것을 느끼지 못하고 살았는데 이제 서서히 '이런 것이구나. 믿는 자와 믿지 않는 자의 삶이라는 것이, 물과 기름이라고 한 이유를 알 수 있었다.

그러나 그때는 하나님이 하신 일로 받아들이지 못하는 남편이 밉고 답답하다는 생각보다 이런 것이구나 하며 체념을 하고 말았는데 3년쯤 지난 어느 날 나는 내 자신을 보고 정말 소스라치게 놀라지 않을 수 없었다. 그렇게 절실했던 기적을 선물로 주신 지 어느새 3년이라는 시간이 흘러가고 있었다.

'그래, 그럴 수도 있어 남편의 말이 맞을 수도 있는 거 아냐? 우연의 일치일 수도 있지, 다른 아이들보다 늦게 만들어질 수도 있는 거 아닌가?

나의 조급한 맘 때문에 더 기다리지 못해서 일어난 일이 아니었을까? 이런 악한 생각이 내 맘을 스쳐지나가고 있었다. 그러면서 나는 다시 하나님에 대한 감사를 잊어가고, 은혜도 무감각해지면서 아이들 키우느라 온정신을 팔게 된다.

큰아이는 출산할 때 너무나 고생을 했고 아이가 산소결핍으로 장애나 잘못하면 죽을 수도 있다는 의사의 말에 정말 간절히 소망하여 낳은 아이였기에 이 세상 어느 누구보다 소중하였고, 둘째 아이는 장애자로 너무나 많은 고생을 시킨 아이라 내 목숨만큼 소중하게 되어버렸다. 아니 내 목숨보다 더 소중했던 것이 사실일 것이다. 오로지 내 새끼 내 새끼 내가 낳은 아이가 어떻게 될까 싶어 속된 말처럼 불면 날아갈까 꽉 쥐면 터질까 하고 애지중지 교육에 건

　　　　　　　　　　＿＿＿ 이제는 너를 들여다봐 줄래

강에 어느 것 하나 신경 못 쓰는 부분이 있을까 노심초사를 넘어 집착을 하며 나만큼 자식 사랑하며 키우는 엄마 있음 나와 보라고 해라 하며 아주 자랑스럽게 키웠다. 3세부터 영어 공부에 미술, 발레, 수영, 태권도, 검도, 큰아이는 초등학교 입학하기 전에 책을 1000권을 넘게 읽어주고 읽게 하고 세상에서 내 아이만 제일 똑똑한 줄 알고 뿌듯한 맘으로 초등학교 입학을 엄마인 내가 더 설레는 맘으로 시키게 된다.

큰아이는 내 믿음을 벗어나지 않고 정말 야무지고 똑똑하게 학교생활에 잘 적응하였다.

5 ———— 오빠의 죽음

5월의 어느 날 남편을 6시에 출근시키고 아이들 학교 가고 유치원 가기 전에 30분만 더 눈 좀 붙여볼까 하고 잠자리에 막 누웠는데 전화벨이 울렸다. 이 시간에 전화벨이 울리다니 나는 분명 잘못 오는 전화라고 생각하고 조금은 짜증 난 목소리로 전화를 받았다. 내가 좋아하는 큰언니 목소리였다.

"○○야, 이른 시간이라 놀랐지. 나도 너무 놀라서 너한테 전화를 하는 거야. 방금 전 병원에서 전화가 왔다. 큰오빠가 출근길에 교통사고로 지금 응급실에 실려 왔다고…….

○○○씨 가족 맞으시죠? 지금 응급실에 실려 온 지 20여 분 됐고 생명이 위독하니 가족에게 연락하고 병원으로 오라는데 같이 가자고 연락을 한 것이다.

나는 잠자리로 돌아가 이부자리 위에서 무릎을 꿇었다. 기도를 하기 위해 무릎을 꿇었지만 기도가 나오지 않았다. 눈을 감고 엎드렸다.

"하나님, 오빠가 교통사고가 났대요. 괜찮겠죠? 하나님 도와주세요."

가슴이 두근거리고 숨이 가빠왔다.

그런데 어디선가 오빠의 목소리가 들렸고 내 이름을 불렀다.

"○○야, 죽음이 끝이 아니구나, 죽음이 끝이 아니었어, 너는 알고 있었지 죽음이 끝이 아니라는 사실을, 그런데 왜 오빠에게 알려주지 않았니? 오빠는 지옥 간다." 하면서 아주 깊고 아주 깜깜한 밑으로 밑으로 떨어지고 있었다. 나는 너무 놀라 고개를 들고 눈을 떴다. 그때 다시 전화벨이 울렸다.

큰언니였다.

"○○야, 병원에서 다시 전화가 왔는데 오빠가 방금 전에 사망했단다. 응급실에 실려온 지 40분 만에 사망했대."

그 소리를 듣는데 하늘이 무너지는 느낌이 아니고 세상이 순간 멈춰버린 것만 같았다. '어떡하지? 어떻게 해? 한평생을 큰아들 하나 잘되기만 소원하시면서 사셨는데 아버지랑 엄마는 어떻게 하지?' 우리 집의 큰오빠는 잘못된 사랑과 양육으로 빚어진 최상의 절대표상이다.

엄마 역시 친정이 가난하여 동네에서 사랑하는 오빠가 있었는데 그 오빠랑 결혼을 하지 못하고 집에서 강제로 얼마의 대가를 받고 11살이나 차이가 나는 우리 아버지랑 혼례를 치르게 한 것이다. 결혼하여 보니 아버지는 초혼이 아니셨단다. 한 번 결혼을 하셨는데 3년을 기다려도 임신을 못하자 소박을 내고 다시 엄마와 결혼을 하신 것이었다. 말하자면 엄마 입장에서는 사기결혼을 당하신 것이다.

엄마는 맘에 드는 결혼도 아니었는데 더 큰 배신감에 사로잡히셨다고 했다. 다행인지 불행인지 시댁의 바람대로 바로 임신이 되어 첫아이를 출산했는데 아들이었다. 그런데 시어머니나 아버지나 산파를 부르지 못하게 하고 본인들이 아이를 받았단다. 아이를 잘 받고 순산을 해서 엄마 옆에 눕혀놓고 뒤처리며 다 정리하고 들어와 보니 엄마 옆에서 그 아이가 죽어있더란다.

아버지가 탯줄을 묶어놓기는 했는데 그게 풀어졌는지 피를 다 쏟고 죽어있었고 엄마는 기운이 빠져 지쳐서 잠들어 있었다고 한다. 그때부터 엄마는 아버지에 대한 신뢰도 없는데다 상처가 깊어졌다. 아버지는 엄마에게 도저히 용서할 수 없는 미움이 대상이 되었던 것이다.

그리고 둘째 아이를 낳았는데 바로 큰오빠였다. 두 번째 아이도 첫 아이처럼 실수로 잃게 될까봐 얼마나 신경을 쓰셨을까? 그렇게 얻은 자식이라 그런지 우리 집에서는 큰오빠만 자식이었고 나머지 자식들은 사실 자식이었을까 하는 생각을 많이 하며 자랐다. 그 밑으로 5남매를 두셨어도 엄마에게는 오로지 큰오빠밖에 없으셨다. 그러다 보니 큰오빠는 정말 귀공자 못지않게 자랐다. 너무나 혼자만 귀하게 자라다 보니 오빠는 부모님과 동생들을 돌보기는커녕 부모님을 떠나지도 못하였다.

태어나서 안 해 보고 못해 본 게 없었던 오빠는 결혼도 일찍 하고 싶어 했다.

그러나 오래 살지도 않고 똑똑하지도 않고 싫증난다고 다시 다른 여자와 결혼을 하고 싶다는 것이다. 그 모든 것이 엄마에게는 어떤 이유도 되지 않았고 무엇이든 해결해주는 해결사가 되어 주셨다. 그런데 오빠는 두 번째 결혼한 언니가 아이를 낳지 못한다고 또 다시 이혼을 하고 세 번째 결혼을 한다. 세 번째 결혼을 했어도 아이는 생기지 않았다. 그 후 오빠는 다시 결혼하고 싶다는 이야기는 하지 않았다. 그리고 10년을 아이만 기다렸다.

그 긴 세월을 올케언니만 불임치료를 받는데 지금 생각하면 조금 이해가 안 간다. 불임치료를 왜 언니 혼자만 다니게 했는지. 언니는 아무런 문제가 없다는데 언니만 정기적으로 병원을 다녔고 10년 훨씬 더 지나서 한번 나와서 같이 검사를 해보는 게 좋을

　　　　　　　　이제는 너를 들여다봐 줄래

것 같다고 했을 때도 오빠는 자기는 아무런 문제가 없다고 자신했었다. 그런데 결과는 뜻밖에도 오빠가 문제였다. 오빠가 초등학교 때 볼거리를 심하게 앓았는데 그때 정자가 모두 생명력을 잃었다고 했다.

오빠에게 있어 이 사건은 정말 큰 충격이었을 것이다. 그 뒤로 오빠는 방황을 심하게 했다. 엄마 아버지도 괴롭히고 때로는 형제들에게도 심술을 피웠다. 그러나 자식이 있는 우리는 오빠 앞에서는 죄인 아닌 죄인이었다.

그렇게 10년을 정신적인 방황을 하다가 어느 날 모든 것을 정리하고 싶다고 하며 그동안 맘고생 몸 고생한 언니에게 이혼을 해주었다. 언니는 건강해서 아이도 낳을 수 있는데 본인 때문에 평생 그렇게 살 수 없다고 이혼을 해주면서 모든 재산도 언니에게 주었다.

본인은 부모님을 모시고 살지는 못하지만 그래도 가까운 아파트에 이사 와서 부모님이 편찮으시면 본인이 병원이라도 모시고 다닌다고 이사 온 지 2달 만에 세상을 떠난 것이다.

오빠의 교통사고는 5월 12일이었고 그로부터 4일전 일이다. 5월 8일 어버이날 밤 12시가 넘어가는데 부모님 댁에 초인종이 울려 놀란 가슴에 나와 보니 큰오빠가 술이 잔뜩 취해서 카네이션 꽃바구니를 들고 찾아왔다. 밤늦게 찾아봬서 죄송하다고 하고는 아버지 어머니께 큰절을 올리고 고개를 들지 못하고 한참을 소리 내어 울더란다. 30분을 넘게 소리 내어 통곡을 하고 꺼이꺼이 울더니 울음을 멈추고는 이제는 됐다고 이제 다 됐다고 하면서 언니와 이혼한 이야기, 부모님 집 근처로 이사한 이야기를 고백하고는 새벽 2시가 넘어서 아파트를 돌아나가던 모습이 엄마가 본 오빠의 마지막 모습이 되어버렸다.

오빠가 교통사고 났을 때 병원에서 큰 언니에게 전화를 했는데 남은 문제는 연로하신 부모님들께 아들의 죽음에 대한 소식을 어떻게 전하는 것이었다.

둘째 오빠와 막내오빠는 둘이 만나서 부모님 댁으로 갔다. 두 아들이 같이 오니 반갑기도 하지만 의문이셨을 것이다. 그것도 평일 오전 시간에, 엄마가 차려주는 밥을 먹고 안방으로 들어가 아버지 앞에 앉아 어떻게 말씀을 시작해야 하는지 난감해하는데 이야기는 아버지가 먼저 꺼내셨다.

"큰형 때문에 왔지? 교통사고냐? 몸이 많이 상했다냐? 어느 병원이냐? 같이 가자."

아버지는 꼿꼿하게 일어나셔서 오빠 차를 타고 병원으로 향하셨다. 그러나 오빠를 확인하고는 그만 그 자리에서 실신을 하고 마신다.

오빠의 죽음의 원인은 교통사고. 서울이 직장인데 부모님이 계시는 인천에 집을 얻었으니 새벽부터 출근을 해야 했다. 집에서 6시면 나가 직진 중에 불법으로 유턴하던 택시가 있었던 것이다. 그 차를 받으면 다 죽을 것 같아 그 차를 피해 가로수를 들이받은 것이다.

___ 이제는 너를 들여다봐 줄래

경찰이 현장에 나왔을 때 영업용 택시기사도 불법유턴을 시인했고 동승했던 손님도 증언을 해주었다. 그래서 무사히 장례를 치르게 되나 보다 했는데 하루가 지나자 사건은 뒤집혔다. 택시기사는 불법으로 유턴을 한 적도 없고 동승했던 손님도 자고 있어 기억이 정확하지 않다는 것이다. 더구나 오빠의 혈액검사에서 알콜섭취가 확인돼 전날 마신 술이 새벽이다 보니 아직 다 깨지 않은 상태로 검사된 것 같다. 죽은 사람은 말이 없고 상황은 아주 반대로 결론이 내려져 순조로운 장례를 치르기는 불가능해지고 말았다.

아버지보다 더 걱정했던 어머니는 굳건히 장례식장을 지키고 있었고 아버지는 좀처럼 일어서지 못하고 병원에 누워 계셨지만 오빠들과 가족들에게 명령하신 게 있었다. 어느 누구도 항변하지 마라. 아무 소리도 내지 말고 침묵하고 기도만 하고 있어라. 가해자를 찾아가거나 종용하거나 다그치지 말고 그냥 기다려라.

첫날이 그렇게 억울하게 지나가고 이틀째도 그냥 그렇게 기다리며 지나고 3일째 되던 새벽에 가해자 택시 기사가 형사를 불러달라고 했다. 유치장에 들어온 날부터 지금까지 식사를 한 끼도 하지 못했다고 했다. 그리고 형사에게 고백하는 말이

"내가 사람을 죽게 한 것도 잘못인데 그 사람을 억울하게까지 하는 것은 아닌 것 같다. 회사에서 시켜서 어쩔 수 없이 그렇게 했는데 내가 잘못했다."고.

그렇게 해서 오빠는 세상에 태어나 48세의 나이로 자식 한 명 남

기지 못하고 그렇게 세상을 떠나게 되었다.

　아버지는 발인 날 마지막으로 가는 것 보신다고 병원에 입원해 계시다 힘들게 나오셔서는 차로 운구하는 관을 붙잡고 오열하시다 쓰러지셔서 다시 입원을 하셨다.

6 ———— 외도(불륜)

　　　　　　작은아이 장애 진단 후 남편과 멀어졌던 관계는 치료가 된 후라고 특별히 달라지는 것은 없었다. 아이가 건강하다고 판단을 받았어도 아빠는 아이와 놀아주는 시간을 의도적으로 피하기 위해서인지 아침 6시면 출근을 하고 밤이면 12시가 다 되어 들어와 정말 잠만 자고 나가는 사람이었다.

　그 많은 시간 아이의 아픔을 고스란히 나 혼자 떠맡게 하고 혼자만 고고한 학처럼 우리 모녀를 벌레 보듯 하였던 남편과 나와의 관계를 어떤 관계로 말할 수 있을까? 나는 어떤 심정으로 남편과의 관계를 인내하고 있는 것일까? 우리 아이가 완치된 것만으로 만족하며 더 이상 욕심내면 안 될 것 같아 내 속을 드러내지 못하고 사는 것일까? 그렇게 내 속에서 치밀어 올라오는 갈등과 싸우고 또 싸우던 어느 날 한 통의 메일이 도착한다.

"내가 찾는 여자 ○○○가 맞습니까?" 하는 내용의 메일이었다.

지금은 그런 제목의 스팸이 너무나 많지만 19년 전에는 정말 놀랍지 않을 수 없었다. 내가 찾는 누구냐고 하는데 그 이름이 내 이름이었다. 내 이름을 어떻게 알았을까 아니면 동명이인일까? 내 메일주소는 어떻게 알아서 이렇게 편지를 보냈을까?

나는 학력고사를 마치고 겨울에 잠깐 두 달 동안 아르바이트를 한 적이 있다.

그곳에 같이 아르바이트를 하던 남자가 있었다. 나보다는 선배이고 경력이 있어 많은 것을 가르쳐주고 도움도 많이 받았다. 홍익대학교 2학년인데 휴학하고 복학 했다고 했다. 친절하게 도움은 주었지만 감정이 헤픈 사람도 아니었고 절도 있었던 사람이다. 별다른 감정도 없이 근무하다 2달 만에 나는 그만두었다.

그런데 몇 달 지나서 집으로 전화가 왔다. 집 전화를 어떻게 알았는지는 모르겠지만 학교에서 축제를 하는데 구경하러 오라고 했다. 나는 별생각 없이 그래 학교 구경이나 해보자 하는 맘으로 나갔고 축제도 보고 처음으로 맥주라는 것도 한두 잔 마시게 되었다. 술 마신 경험이 없던 나는 걸음을 못 걸을 정도로 비틀거렸다. 내가 깰 때까지 그 남자가 나를 부축해주며 한 시간 이상을 그와 함께 걸었던 기억이 있다.

그게 봄이었는데 가을이 지날 무렵 다시 한 통의 전화가 왔다. 자기가 군대 가는데 다른 사람들보다 늦게 가게 되었다고 가기 전에 한번만 보고 떠났으면 좋겠다고, 나는 그때도 아무 거부감 없이 나갔다. 그런데 내가 장소를 잘못 알았는지 가서 1시간을 기다렸어도 그는 나오지 않았고 지금처럼 핸드폰이 있었던 것도 아니고 해서 그냥 집으로 돌아왔다.

그 일이 전부인 그 남자가 13년이 지난 후에 어느 날 갑자기 메일을 보낸 것이다. 기억이 가물가물할 정도로 오래 되어서가 아니라 특별한 기억거리가 없는 사람인지라. 아니 특별한 감정이 없었다고 하는 게 더 맞을 것 같다.

나는 내가 당신이 찾는 그 사람이 맞다고 답장을 보냈다. 그때부터 그 사람은 하루에 한 통이 아니라 하루에 3-4통씩 메일을 보내기 시작했다.

내가 알바를 하러 처음 갔을 때 그때부터 나를 너무나 많이 좋아했다고 한다.

본인은 외모 때문에 누구라도 애인이 있을 거라 생각을 하지만 실제로는 여자 친구도 없었다고 한다. 보기보다 내성적이라 표현력이 부족했고 결정적으로 용기가 없었다고 고백을 했다. 군대 가기 전에 커피숍에서 문을 닫을 때까지 기다렸다고 한다.

그렇게 쓸쓸히 군대에 가고 휴가 나올 때마다 우리 집을 찾아왔다고 한다. 대문 밖에서 골목에서 서성거리다 돌아가곤 했단다. 어떨 때는 마당을 쓸고 계시는 아버님은 뵌 적이 있지만 나를 한번도 만날 수는 없었다고 했다.

───── 이제는 너를 들여다봐 줄래

나를 만날 수 없는 게 당연했다. 나는 서울이 아닌 수원 언니네에서 학교를 다녔으니까.

나는 결혼하여 두 아이의 엄마가 된 후에 한 남자에게서 사랑 고백을 듣고 있었다. 그리고 이 시점에서 나는 아버지를 원망한다. 아버지가 너무나 밉다. 원망스럽다. 너무나 완고하셨던 아버지로 인하여 집에서 학교, 교회밖에 모르고 살다, 하나님도 모르는 한 남자에게 끌려 사랑고백도 제대로 받지 못하고 내가 좋아 내가 결정해서 서두른 결혼으로 인해 지금 내 삶의 결론은 어떤가. 이 모든 것이 아버지의 잘못된 양육에서 온 것이라 아버지를 원망하며 내가 만든 팔자에 화를 내본다.

내가 정신없이 힘들고 지친 삶을 사는 동안 그는 13년이라는 시간을 나를 찾는 데 보냈다고 했다. 그런데 더 충격적인 것은 당연히 그도 가정을 이루고 살고 있으리라 생각했는데 그는 아직 결혼을 하지 않았다는 것이다. 자기가 결혼을 하더라도 나를 찾아 꼭 한번 만나보고 할 것이라고 했다.

그가 결혼을 하지 않았다고 하니 갑자기 부담이 밀려왔다. 내 나이 33세, 그 사람 36세. 남자라고는 남편 한 사람 만나본 게 내 인생의 연애의 끝이었다. 그것도 6개월이라는 짧은 시간, 제대로 된 데이트도 없었다.

나는 학원을 개업하느라 서류가 필요했고 남편은 그때 동사무소 직원이었다. 학원 개원 후에 우리 학원을 지날 때마다 그가 들렀고, 밥 몇 번 먹고 자기 집에 한번 가겠냐고 했다. 그런 후에 아버지가 폐암이라 시간이 얼마 없다고 그것도 작은엄마 되는 사람이 결혼을 종용했다. 나도 싫지는 않았지만 우리는 많은 시간 함께하지도 못했고 결혼 후 신혼이라는 시간도 보낼 수 없었다. 그래서 그런 이유도 있겠지만 남편은 지금도 새벽 6시면 집을 서둘러 나가 밤 12시 직전에 들어와 씻고 방에 들어가 자고 새벽이면 나가 버린다.

그런데 이 남자는 아침에, 점심에, 저녁에 그리고 자기 전에 메일을 보낸다. 이 남자는 내게 많은 것을 배우라고 했는데 먼저 운전면허를 따라고 했다. 그는 내게 친절하게 알려주고 날마다 챙겨주어 덕분에 소심했던 내가 한 달 만에 면허를 따게 된다. 33세의 나에게 찾아온 그 사람과의 시간은 정말 행복을 느끼게 해주었다. 사랑하는 사람의 보살핌이라는 것이 이런 것이로구나 하는 것을 느낄 정도로 세심하게 나를 챙겨주는데 표현은 하지 않았지만 정말 눈물 날 정도로 고맙고 그가 좋아졌다.

남편은 날마다 밖으로만 나가려고 했지만 이 남자는 날마다 나에게만 더 집중을 하고 있으니 맘이 가지 않는다면 거짓일 것이다. 우리는 그렇게 메일로 날마다 모든 것을 나누며 좋은 관계를 유지하고 있었다.

그러면서 속으로 두려워하는 것이 있었다. 이러다 우리는 만남을 갖게 될 수도 있겠구나 하는.

메일을 주고받은 지 어느덧 겨울 지나고 봄을 맞았고 여름을 맞이하였다.

그는 내가 많이 보고 싶지만 만나지 못하는 이유를 고백했다. 자기가 13년 전 보다 살이 많이 쪘다고 그 모습을 나에게 보여주고 싶지 않아서 살을 빼고 있는데 예전 모습으로 돌아가면 그때 만나고 싶다는 것이다.

그때 내가 어려서만이 아니라 그 남자가 참 잘생겼다고 생각했다. 첫눈에 보고 잠깐 놀랄 정도? 지금도 그 인물이면 연예인도 할 수 있을 정도의 인물이다. 그래서 당연히 내 쪽에서 먼저 선을 그었던 것 같다. 그리고 나는 남자가 너무 잘생기면 거부반응이 먼저 온 게 사실이다.

하필이면 이때 그에게서 연락이 온 이유는 무엇일까? 13년을 찾았다는데 왜 지금 연락이 된 것일까? 그러나 나는 어떠한 이유를 불문하고 그를 거절하지 않고 메일이라는 이유로 계속 관계를 이어가고 있지 않은가. 그러면서도 나는 한 남자의 아내이고 두 아이의 엄마이기 때문에 양심에 가책이 전혀 생기지 않았다면 그것도 거짓말일 것이다.

그러다 5월에 오빠가 교통사고로 사망을 하게 되고 장례식장에서 눈물은커녕 전혀 슬픔의 기색도 보이지 않는 남편에게 너무나 서운함이 느껴져서 나는 물었다.

"오빠가 죽었어. 그것도 48세 나이에. 당신은 우리 오빠가 불쌍하고 슬프지도 않아?"

하고 물었다. 그랬더니 남편의 대답은

"세상사람 다 죽어 니 오빠만 죽는 게 아니고."

였다.

나는 정말 남아있는 정도 없었지만 없는 정이라도 붙여서 살라고 해도 어쩌면 저렇게 냉정하게 말을 할 수 있는지 도저히 용납할 수 없었다.

남편이 그러면 그럴수록 나를 위로해주고 내가 의지하고 싶을 정도로 나를 챙겨주는 그 사람이 더 그립고 그 사람과의 관계가 점점 양심에 거리낌이 없어지고 있었다. 오빠가 죽고 나는 많이 우울했다. 그럴수록 그는 더 많은 위로를 해주었고 나는 그 사람이 더 필요해졌다. 그러다 그는 다음 달에 한번 얼굴을 보자고 했다. 보고 싶다고 만나고 싶다고, 나 또한 한 치의 망설임도 없이 그러자고 했다. 날짜는 7월 셋째 주 목요일. 자기는 서울 살고 나는 밑에 사니까 분당에서 만나기로 정했다. 아직 만나려면 한 달여나 남았는데 왜 이리 설레고 두근거리면서 걱정도 되는지, 그러면서도 너무나 좋았다.

왜 좋은지. 이렇게까지 좋아도 되는지 모를 정도로.

시간은 흘러 만남의 시간은 한주 앞으로 다가왔다. 하루하루를 손으로 꼽으며 기다리고 있었다. 그리고 7월 둘째 주 화요일 밤, 지금도 잊지 못할 그날 밤, 아니 죽어서도 잊히지 않을 밤 2001년

7월 12일이 되었다.

7 ─────── 어느 날 갑자기 찾아온 큰딸의 질병

나는 자식을 잃은 친정엄마의 슬픔은 친정엄마의 몫이고, 늦게 결혼하여 낳은 두 아이들을 혼자 감당해야 하는 막내 오빠도 모두 오빠의 몫으로 돌렸다. 그래서 그날도 나는 나대로 삶이 힘드니 내 삶 책임지며 사는 것도 버겁다고 여기며 모든 주변 상황을 무시하고 더운 여름밤 잠자리에 들어 쿨쿨 아주 달게 잠을 잤다.

선잠을 자다가 깊은 잠이 들 무렵 어디선가 비명 소리가 들렸다. 그 비명 소리는 내가 살면서 어디에서도 듣지 못한 소리였다. 소리 자체가 온몸이 갈기갈기 찢겨지는 고통에 몸부림치는 소리였기 때문이다. 목이 터져 나갈 것 같이 크게 지르는 비명소리, 폭탄이 폭발하는 소리. 그 소리에 나는 머리가 터져버리는 것만 같았다. 얼마나 놀랐는지 정신을 차릴 수가 없었는데 그 소리는 다름 아닌 우리 집 안방에서 자고 있는 큰아이가 지르고 있는 것이었다. 큰아이는 안방에서 아빠랑 잠을 잤고 나는 둘째랑 작은 방에서 잠자리에 들었었다. 정신을 가다듬고 안방으로 가서 불을 켜려고 하니 큰아이는 더 크게 비명을 질러댔다.

"켜지 마……. 켜지 마. 엄마, 무서워……. 무서워. 제발 불 켜지 마."

엄마가 안아주겠다고 하자 싫다고 했다. 엄마도 무섭다고 아빠가 정신을 차리고 일어나 앉으며 아빠가 안아줄까 하니까 그것도 싫다고 했다. 그냥 자기 앞에 앉아만 있으라고 나가지도 말고, 서 있지도 말고, 등을 보이지도 말고, 그냥 자기 앞에 앉아 있으라고만 했다.

큰아이는 눈물, 콧물에 땀이 얼마나 났는지 머리숱이 많은 아이인데 그 머리가 흠뻑 젖고 입은 옷도 다 젖어 있었다. 그러면서도 울음은 그치지 않았고 자리에 눕지도 못하고 벌벌 떨고 있다. 한 시간도 아니고 두 시간이나 그렇게 고문 아닌 고문의 시간이 지나고 나서야 조금은 안정을 찾는 것 같아 조심스럽게 물어보았다.

"뭐가 무서운 건데……. 니 앞에 엄마도 있고 아빠도 같이 있잖아. 뭐가 무서워? 귀신 꿈을 꿨니?"

우리 아이는 다름 아닌 엄마랑 아빠가 무섭다는 것이다. 본인이 아주 깜깜한 곳에 떨어졌는데 아무것도 보이지 않아서 무섭고. 바닥을 보니 바닥이 모두 벌레로 가득해서 무섭고. 그 벌레가 엄마 머리에도 있고 아빠는 등에도 있어서 더 무섭다. 그게 지금도 보이는데 엄마가 불을 켜면 더 선명하게 보일까봐 두려워 불을 켜지 못하게 하는 것이란다. 엄마가 안아주면 좋겠는데 엄마 머리에 붙어있는 벌레가 자기한테 내려올까 무섭고, 아빠도 등에 있는 벌레가 자기한테 기어 올까봐 아빠도 안자주지 못하게 하고 있다는 것이다.

꼼짝도 못하고 온가족이 그렇게 한방에 앉아서 밤을 새우고 5시쯤 되어 해가 떠오르면서 아이는 자리에 쓰러지듯 누워 잠이 들었다. 정말 죽은 아이처럼 잠이 들었다.

학교를 보내야 하나 말아야 하나 망설이다 조심스럽게 아이를 깨웠다. 그런데 간밤에 그렇게 혼을 쏙 뺄 정도로 난리굿을 한 아이는 어디로 갔는지 벌떡 일어나 씻으러 목욕탕으로 들어가는 것이다. 밥을 먹이며 다시 조심스럽게 물었다.

"ㅇㅇ야? 간밤에 무서운 꿈을 꾸었었니?"

그런데 우리 아이는 기억을 못하고 있었다. 엥? 어떻게 그 긴 시간의 일들을 기억을 못할 수 있지? 혹시 몽유병인가? 그러면서도 다행이라고 생각하고 하루를 보냈다.

밤이 되자 어젯밤일로 피곤했는지 일찍 자는 애가 아닌데 10시도 되지 않아서 잠자리에 들더니 이내 곤하게 잠이 들었다. 나는 이것저것 더 정리를 하고 12시가 다 되어서 잠자리에 들었는데 이게 무슨 일이란 말인가? 데자뷰도 아니고 어제와 똑같은 비명소리에 나는 다시 안방으로 달려갔다.

아이는 같은 상황이었다. 옷은 흠뻑 젖어있었고 머리가 길었는데 그 머리가 방금 감은 머리처럼 땀에 범벅이 되어있고 얼굴은 검붉은 색이 되어 눈물 콧물 범벅이 돼서 정말 바라보는 것만으로도 그렇게 처참할 수가 없었다. 오늘도 우리 아이는 신생아 때도 하지 않던 밤샘을 시키고 있는 것이다. 나가지도 일어서지도 돌아앉지도 못하게 네 발을 묶어놓은 것처럼 그렇게 자기 앞에 있게 하더니 마찬가지로 5시가 넘어가면서 창문으로 해가 비쳐오자 그냥 쓰러져 잠이 들었다.

남편은 출근하면서 오늘 애를 데리고 한의원에 한번 가보라고 했다. 그런데 아이는 어제와 마찬가지로 벌떡 일어나 씻고 학교도 잘 다녀왔다. 그래도 나는 남편 말대로 아이를 데리고 한의원으로 갔다. 한의원에서는 초등학교 입학한 아이들에게 흔하게 나타나는 증상이라고 심기를 강하게 하고 스트레스를 덜 받도록 하라고 하면서 약을 지어주었다. 침 몇 대 맞고 약은 저녁에 찾아왔다.

초등학교에 입학하여 적응하는 것이 나름 힘들었나 싶어 더 잘해주어야겠다 생각하고 또 하루를 보냈다.

그런데 그날 밤 새벽 2시가 되자 우리 아이는 다시 비명을 지르고 일어났다. 벌써 연이여 3일째다. 남편은 일어나며 짜증을 낸다. 한의원에는 갔었냐고 내일은 다른 병원에 가보라고 신경질을 부렸다.

나는 "당신은 출근해야 하니까 작은 방에 가서 자. 내가 같이 있을게."

다음날 다른 병원에 가보려다가 한의원에서 지은 약을 3일 정도는 먹여보고 가야 할 것 같아 그냥 하루를 보냈다. 그런데 그날도 새벽 2시에 우리 아이는 일어났고 그 다음날도 그 다음날도 그 행동은 여전했다. 이제는 아침에 잘 일어나서 씻고 학교에 가는 것도 힘들어 하는 것 같았다. 그래도 힘들게 힘들게 아이는 학교에 다녀오긴 했다.

그렇게 5일 정도 지나자 아이는 낮에도 기운을 차리지 못하고 있었다. 소아과에 들러 진료를 받았지만 초등학교 입학 후 많은 아이들 악몽을 꾸고 그 후유증이 있다는 말만 들었다. 의사선생님은 그처럼 단순하게 말씀하시고는 신경 안정제처럼 밤에 잠을 잘 잘 수 있을 거라고 약을 처방해주었다. 약을 먹여 잠을 재웠는데 2시에 일어나는 것은 바뀌지 않았다. 그런 와중에도 나는 내일 모레면 그 남자와 약속한 날인데 아이가 이렇게 아프면 나가기 힘들지 않을까 하는 걱정을 하고 있었다.

일주일이 지나자 학교에 다니는 것도 힘들어졌다.

"엄마 나 무서워. 오늘 밤에도 그 무서운 거 보일까봐 무서운 생각 때문에 학교에서 밥도 못 먹었어."

결국 나는 그 남자와의 약속을 다음으로 미룰 수밖에 없었다.

우리 아이는 하루도 빠지지 않고 같은 시간에 일어나 공포에 떨었다.

"엄마 캄캄하고 무서운 곳이 보여서 무서워. 사람들이 우글거리는데 사람보다 벌레가 더 많아."

정말 미칠 노릇이었다. 우리 아이는 이제 밤에만 무서운 것이 아니고 아침이든 낮이든 그 공포에 짓눌려 밥은커녕 죽도 제대로 삼키기 힘들어졌다. 우린 소아과 선생님 소개로 대학병원 정신과 진료를 받기로 하였다. 처음에는 정신과라는 말에 맘이 허락이 쉽지 않았다. 왜 내 아이가 정신과에를 가야 하는 것인지. 많은 편견이 있었지만 이제는 우리 아이가 정신과가 아니라 어디를 가서라도 낫기만을 바라게 되었다.

그때 정신과에 찾아오는 사람들이 이렇게 많다는 것을 알고 깜짝 놀랐다. 지금 접수해도 두 달을 기다려야 상담이 가능하다는 것이다. 우리 아이가 지금 당장 죽을 것 같은데 두 달을 기다리란다.

결국 아는 교수님 소개로 응급으로 일주일 만에 상담을 받게 되었고 검사에 들어갔다. 아이 상담, 아빠 상담 엄마 상담, 담임선생님 상담, 뇌 검사, 또 다른 검사, 검사. 일주일 그렇게 상담 받고 검사받는 기간에도 우리 아이는 여전히 새벽 2시에 일어났고 무서워 떠는 것은 하나도 차도가 없었다.

우리 큰아이는 태어날 때부터 우량아로 태어났고 정말 건강한 아이였다. 그 흔한 편식도 하지 않았고 감기 이외에 크게 아픈 적이 없었다. 감기도 3일치 약을 지어 오면 하루치만 먹어도 바로 건강해지는 그런 아이다. 허약해서 악몽에 시달릴 아이도 아니고 심장이 약해서 겁이 많은 아이도 아니었다. 그런 아이가 2주일 만에 몰골이 말이 아니게 돼버렸다.

정신과에 마지막 희망을 걸고 250만원이라는 검사비와 상담비를 지불하고 얻은 답은 "적응장애"라는 병명이었다. 적응장애? 기가 막혀서 말이 나오지 않았다.

대학병원에서 그것도 외국에서 공부하고 온 교수님이라고 특진비를 내며 30분에 십만 원이라는 상담비에 30분에서 5분만 넘어도 추가비용을 받고 갖가지 검사를 하고 검사비는 모두 추가해서 공부 많이 하셨다는 교수님이 내려주신 병명은 초등학교 1학년 들어가 힘들어서 생긴 적응장애라는 것이다.

어딜 가든 자신감이 넘쳐 사람들 앞에서는 것을 두려워하지 않았던 아이다. 5세가 넘으면서 어디에서는 최고가 되고 싶어 하고 사람들에게 인정받는 것을 좋아해서 엄마가 시키지 않아도 시켜주는 것을 더 좋아했던 아이다. 그런 아이라고 했더니 또 다른 핑계 아닌 핑계처럼 다른 말씀을 하셨다.

선생님은 아이가 책을 너무나 많이 읽어서 정신적 사고 연령이 17세 이상으로 나왔다며 어처구니없는 말을 하는 것은 여전했다. 책을 너무나 많이 읽혀서 아이가 현실과 책 내용을 분간을 못하고 있는 것 같다고……

정말 대학병원 진료라고 해서 기대하고 희망을 걸었는데 없는 생활비에 250만원을 더 들여서 검사에 상담료를 아끼지 않았는데 이렇게 허무할 수가 없었다. 그리고 병원에서 내린 처방이라고는 수면제밖에 없었다.

이제 잠자리는 바뀌었다. 큰아이는 작은 방에서 엄마와 함께 작은아이는 안방에서 아빠와 함께 보내게 되었다. 시어머님은 매주 안 내려올 거냐고 재촉을 하시고 한 달이 지나도 내려가지 않자 역정을 내시며 재촉하셨다. 나는 그제 서야 큰아이 아프다는 말씀을 드렸다. 며칠 뒤에 시어머님이 전화를 하셨다. 큰아이가 아픈 이유를 어디 가서 점을 보셨다는 것이다. 5월에 교통사고로 죽은 큰오빠의 영혼이 우리 큰아이한테 들어갔다는 것이다. 장례식장에서 큰아이가 염하는 데 들어가 있었는데 그때 들어갔다는 것이다.

나는 가슴이 철렁 내려앉았다. '어떻게 알았지? 그 일을……' 했다.

장례식장에서 며칠 있는 동안 아이들을 맡길 데가 없어 데리고 있었다.

둘째는 내 옆에 있는데 큰아이가 한참을 보이지 않길래 찾으러 다녔다. 그런데 글쎄 큰아이가 염하는 데인지 모르고 거기 들어갔던 것이다. 큰아이는 사람을 눕혀놓고 무엇을 하니까 그것을 아주 호기심 어린 눈으로 자세히 보고 있었다. 염하는 사람도 아이가 들어온지도 몰랐던 것이다.

그 모습을 보지 않았다면 그 무당이 하는 말을 믿지 않았을 텐데 그 장면을 본 내가 어떻게 아니라고 할 수 있겠는가. 그러니 어떻게 해야 하는 것일까.

어머님은 "니가 하나님을 믿어도 그것은 굿을 해야 나간단다. 굿

하는 비용은 내가 대줄 테니 굿을 해라. 그렇지 않으면 아이가 죽는단다. 니 아이를 살리고 싶으면 굿을 해라." 하셨다.

"나는 엄마입니다. 아이가 죽어가는데 살릴 수 있다면 무엇을 못 하겠습니까? 굿이요? 굿보다 더한 것도 할 수 있습니다."

사실은 그게 엄마인 내 솔직한 심정이었다. 내가 낳은 자식이 잠을 자지 못하고, 음식을 넘기지 못하고, 공포에 짓눌려 죽어가는데, 어느 엄마가 건강할 수 있을까? 갑자기 숨을 쉴 수가 없고 온몸에 식은땀이 나고 힘이 빠지면서 금방이라도 질식해서 죽을 것만 같아 응급실에 실려 갔다.

아이가 아프기 시작하여 두세 달 동안 살이 많이 빠져있었다. 나는 그것도 몰랐다. 13kg 몸무게가 줄어 있었던 것이다. 심장내과 선생님은 이대로 조금만 더 살이 빠지면 생명이 위험할 수도 있다고 하셨다. 우리 몸에 근육이 있어야 활동을 하듯이 심장에도 근육이 있어 그 힘으로 박동을 하는데 근육이 모두 빠져 심장을 박동시키지 못하고 있다고, 그래서 숨이 차서 가사일도 하기 힘들 정도였다고 식사 잘하고 살을 찌우는 일이 시급하다고 하셨다.

그런데 아이가 못 먹고 못 자고 죽어 가는데 그 새끼를 바라보는 엄마가 어찌 음식이 제대로 넘어갈 수 있다는 말인가? 그런 상태에서 아이도 죽고 이제는 나도 죽을 지경까지 체력이 바닥나 질병이 찾아왔을 때, 그때 시어머님은 굿을 하라고 제안을 하신 것이다. 500만원이나 하는 돈이 부담스러웠지만 시어머님이 도와주신다고 하니 결정을 내려야했다. 무슨 수를 써서라도 내 아이가 치료되었으면 아무것도 바랄게 없을 것 같았다. '내일은 어머님께 전화드려야겠다. 굿을 해야겠다고…….' 하고 맘을 먹은 그날 저녁에 8시가 넘어가고 있었다. 그날도 남편은 여전히 집에 일찍 들어오지 않았고 큰아이도 시체, 나도 거의 시체가 되어 누워있는데 큰아이가 갑자기 "엄마……. 나, 철야예배 가고 싶어……." 한다.

난 잘못 들었나 싶었다. 철야예배? 우리 교회에 철야예배가 있었나? 그래서 다시 물었다.

"어디 가고 싶다고?"

"엄마, 나 철야예배 가고 싶어……."

"그래 알았어, 엄마가 알아볼게."하고 일어나 속장님께 전화를 했다.

"속장님, 우리 교회에 철야예배가 있나요? 언제 하나요? 어디서 하나요?"하고 물으니 속장님은 "그럼 오늘, 지금 가면 딱 맞겠는데……. 애 아빠보고 태워달라고 해서 가봐." 한다.

나는 아이를 들쳐 업고 택시 정류장까지 걸어 나가 택시를 잡아 탔다.

교회 앞에서 내려 그 아이를 다시 업었다.

우리 아이는 앉아있지도 못하는 상태였다.

교회 지하예배당으로 내려가는데 찬양이 울려 퍼졌다.

그런데 담임목사님 사모님께서 내 이름을 불러주시면서 "○ ○ ○

집사 어서와." 하는데 가슴이 뭉클했다.

사실 나는 내가 다니는 교회는 좋은 이유보다 싫은 이유가 더 많았다. 여러 가지 이유가 있었지만 5000명이나 넘는 성도들이 있는 교회라 싫었다. 내가 가든 안 가든 내가 있든 없든 나에게는 관심도 없는 것 같은 교회. 내가 교회에 있으나마나 한 존재감이 더 싫어서 교회에 정을 붙이지 못했던 것도 같다.

그렇게 내 존재감을 인정받지 못하고 있다고 생각했는데 부목사님 사모님도 아니고 담임목사님 사모님이 5000명이 넘는 성도들 중에 내 이름을 기억하시고 내가 내려가자 이름을 불러주시면서 두 팔 벌려 딸을 받아 안아주셨다. 그러면서 "○○이는 내가 안고 있을게. 집사님은 맨 앞으로 가서 기도해. 알았지? 걱정하지 말고." 한다. 그 시각이 8시 30분쯤 되었고 사람들은 아직 한두 명 찬양을 하는 사람만 앞에 나와 한 줄로 서서 찬양을 하고 있었다.

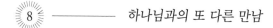

8 ──────── 하나님과의 또 다른 만남

사모님의 앞으로 가서 기도하라는 말에 나는 앞으로 걸어 나갔다.

결혼하면서 지역을 옮겨 바로 다니기 시작한 교회였다. 8년여 동안 나는 철야예배가 있는지도 아예 관심조차 없었다. 힘없이 천천히 한발 한발 내딛었다.

기운도 없었고 정신도 없었고 사실 어리둥절했다.

그런데 어디에선가 음성이 들려왔다. 어디서 들리는 건지 모르겠는데 내 귀에 들리는 건지 가슴에 들리는 건지 음성이 들렸다.

"네가 이제야 돌아왔구나. 네가 이제야 왔어. 내가 기다렸노라."

나는 나도 모르게 뒤를 돌아보았다.

누군가가 다른 사람에게 하는 소린가 하고. 그러나 아무도 없었고 나에게 하는 소리 같아서 걸어 나가면서도 속으로

'누구요, 저요? 하나님이신가요? 저는 하나님을 떠난 적이 없는데 무슨 말씀이세요?'

"이제야 진정 네가 내 품으로 돌아왔어. 내가 기다렸노라." 하는 일방적인 말씀이셨다.

앞자리로 가서 나는 무릎을 꿇었다. 눈을 감았다. 그런데 세상에 어떻게 내게 이런 일이. 나는 모태신앙은 아니지만 초등학교도 입학하기 전부터 새벽제단으로 시작하여 자라면서 단 한 번도 한눈을 팔아본 적이 없는 사람이다. 하나님을 버린 적도 떠난 적도 없고 오히려 하나님 안에 갇혀서 세상경험은 해보지도 할 수도 없이 살아온 삶에 대해 아버지 탓을 하며 원망할 정도로 나는 하나님을 떠난 적이 없다고 생각했다. 그렇게 산 내가 무슨 죄를 지으며 살았겠는가. 나처럼 선하게 산 사람도 없다고 생각하며 살았다.

——— 이제는 너를 들여다봐 줄래

그런데 눈을 감자마자 나는 죄인입니다, 내 죄를 용서하여 주옵소서, 고백하였다. 무릎 꿇고 고개를 숙인 나는 하나님 앞에서 아이의 엄마도 아니었고 한 남자의 아내도 아니었고 딸도 아니요 며느리도 아닌 그냥 죄인이었다.

눈은 감고 있었지만 하나님께서는 내 죄를 파노라마 영상으로 내 눈앞에 보여주셨고 기억나게 하시고 깨닫게 하셨다.

2시간 3시간이 지났을까? 시간개념이 생기지 않았다.

일어나 보니 12시가 다 되어서 다시 택시를 타고 집으로 갔다.

집에 돌아가서도 회개의 영은 나에게서 떠나가지 않았다.

하나님은 계속해서 회개케 하시고 생각으로 머물게 하지 않으시고 일일이 적어 내려가게 하셨다. 그날부터 일주일을 꼬박 회개만 시키시는데 나중에는 7세 때 한 거짓말까지 기억나게 하시고 찾아가 빌게 하시고 서면이라도 용서를 받게 하셨다. 그렇게 내 개인적으로 거듭나는 역사는 시작케 하셨지만 그렇다고 우리 아이의 병이 치유되는 것은 아니었다.

나는 '일주일이나 회개를 시키셨으니 이제는 정말 더 이상을 회개할 게 없을 거야.' 하면서 내심 내가 이렇게 많이 회개를 했으니 하나님이 우리 아이를 고쳐주시지 않으실까 기대를 했다. 일부러 낮에 잠을 재우지 않고 12시 넘게 재우면 누구라도 곯아떨어질 시간인 새벽 2인데 우리 아이는 영락없이 "엄마, 엄마." 하고 나를 부르며 눈을 뜬다. 방에 불을 끄지 못하고 잠을 잔 지 오래다. 24시간 불을 끄면 안 되고 검은색을 무서워해서 집에 검은색 부분이 있는 곳은 페인트를 사다가 구석구석 칠을 했다. 어떻게 하든 무슨 수를 쓰든 엄마로서 해줄 수 있는 것은 최선을 다해서 해주려고 기를 썼다.

새벽 두 시면 엄마 엄마 하는 소리가 이제는 지긋지긋하고 소름이 끼쳤다. 정말 비명을 지르고 내가 미쳐버릴 것만 같았다.

그런데 엄마 엄마 하고 부르더니 눈을 뜨면서 "엄마 성경 읽어주세요." 한다.

"뭐 성경? 성경을 읽어달라고?"

성경을 읽어 내려간다. 1시간쯤 성경을 읽으니 "엄마, 이제 찬송을 불러주세요." 하는 것이다. 찬송을 부르니 성경은 그냥 들었는데 찬송은 그게 아니라는 것이다.

"다른 거. 다시 다른 거."

나중에 알게 된 것은 우리 아이가 "맞아! 엄마 그거야. 그거 불러줘. 그것만 계속 불러줘." 한 곡은 모두 보혈에 대한 찬송이었다.

며칠을 하다 보니 나도 꾀가 났다. 지치고 힘들었다. 생각해봐라 새벽 두 시면 얼마나 곤하게 잠들 시간인데 그 시간에 깨워서 성경 읽어라 찬양 불러라 했으니 그럴 만도 했다. 나는 지혜라고 생각하고 테이프를 구입했다. 성경도 테이프로 틀어주고 찬양도 테이프를 틀어주었다.

나는 잠을 자고 싶었다.

우리 아이가 2시에 일어나는 것은 나아지지 않았는데, 성경을 읽고 찬양을 불러주면 무서워 떠는 공포는 사라지는 것 같았다. 잠은 자지 않지만 아주 편안히 앉아 듣고 있으니 나는 테이프를 틀어주고 잠을 자고 싶었다.

그런데 아니라는 것이다. 테이프는 아니고 엄마가, 그것도 엄마 목소리로 듣고 싶다고 나보고 직접 하라는 것이다.

나는 테이프를 끄고 다시 성경을 읽어가며 생각했다. 자식이란 무엇일까? 내가 남편이 아프다고 이렇게 오랜 시간 먹지도 자지도 못하고 밤을 새워 가면서 간병을 할 수 있을까? 간병인을 사서 붙이면 모를까? 오로지 내가 낳은 자식이라는 이유 하나로 나는 두시면 자동으로 일어나 성경을 읽고 찬양을 불러준다. 7월에 시작한 병이 9월이 지나 10월이 오고 있다. 긴 병에 효자 없다고 회개를 하고 성경을 읽고 찬양을 해도 낫지 않는 자녀를 보며 맘엔 허함이 찾아왔다.

그런데 그 새벽 성령님의 음성이 다시 들렸다.

"아직도 회개하지 않은 부분이 있다."

아니 무슨 말씀이세요. 아직도 하지 않은 회개가 있다니요? 제가 몇날 며칠을 내서 회개를 했는데요. 저처럼 꼼꼼하게 철저하게 회개한 사람도 드물 것이라고 생각했는데. 아니에요. 하나님 잘못 아신 겁니다. 다 했어요 정말 세밀한 부분까지, 물질적으로 손해 입힌 사람에게는 손해배상을 말로 상처 준 사람은 용서를 맘으로 미워했던 부분까지 사과, 용서, 회개 등, 안 한 부분이 찾아도 찾아도 이제는 정말 없어요. 하나님.

샅샅이 찾아서 회개하면 혹시 내 딸을 고쳐주시지 않을까 해서 정말 치밀하게 성의껏 회개를 했는데 아직도 남아있다고 하시는데 움찔 화가 나려고 했다.

"네 남편에게 가서 회개하라."

자다가 봉창 두드린다고 이게 무슨 뜬금없는 말씀인건지. 잘못 들었나 싶었다.

그런데 하나님은 남편에게 가서 회개를 하라는 것이다.

세상에. 하나님 저한테 어떻게 이렇게까지 하시는 거예요. 하나님이 더 잘 아시잖아요 제 남편이 저에게 어떤 사람이었는데요. 우리 아이들에게 어떤 아빠 였는데요.

부모 형제 아니 친척 남모를 남들에게 다 찾아 회개했어도 저는 남편에게만은 제가 잘못한 것도 없고 제가 오히려 참고 참으며 살았습니다. 그러니 억울하고 분한 것은 저예요. 지금도 보세요. 우리가 낳은 아이인데 저 혼자 정말 뼈가 다 빠져 나갈 것 같은 고통을 인내하며 고생하고 있잖아요. 남편이 저에게 해준 게 뭐 하나라도 있나요? 도움을 받아본 적이 없습니다. 위로를 해주었나요? 위로 한번 받아본 적이 없습니다. 의지가 되었나요?

아님 돈이라도 갖다 주었나요? 저는 남편 때문에 고난이 배가 되는 삶을 살았습니다. 그럼에도 불구하고 제가 참고 산 이유는 아이들 때문이었습니다. 그런데 아이들에게도 아빠로서 해준 게 없습니다. 그 흔한 돌잔치를 해주었나요? 유치원 아빠수업에 한번 가준 적이 있나요? 가족 나들이 한번 같이 나가본 적이 없는 사람이에요. 저는 남편이 있으나 과부처럼 살았고 아이들은 아빠가 있으나 고아처럼 살았습니다. 그런데 왜 저보고 남편한테 사과를 하라는 거예요?

정말 억울하고 분해서 소리도 내지 못하고 폭포수같이 흐르는 눈물을 주체할 수가 없었다. 이게 무슨 상황이란 말인가? 피해자와 가해자가 있으면 피해자한테 가해자에게 사과를 하라고 하는 것 아닌가. 울면서도 나는 성경을 읽었고 울면서도 나는 찬양을 했다.

그러면 그럴수록 "남편에게 가서 회개해라. 네 남편에게 가서 회개해라." 하고 정말 지긋지긋할 정도로 다그치셨다.

나는 기독교신앙인지 기복신앙인지 아님 짬뽕신앙인지

"그래 남편에게 회개를 안 해서 내 딸이 낫지 않는 것인가? 혹시 꾹 참고 남편에게 가서 회개하면 내 딸을 낫게 해주실지도 몰라." 했다.

"아, 그래요. 회개할게요. 하나님이 그렇게 하라고 하시면 할게요. 그런데 지금 지금은 싫어요. 나중에 시간 봐서, 아니 기회 봐서, 때가 되면 그때 하겠습니다. 됐죠?"

하라면 하는데 지금은 아니고 나중에 언젠가는 하겠다고 했다.

그런데 하나님은 지금 당장하라셨다.

하나님, 지금 새벽 3시 40분이예요. 남편 지금 자고 있어요. 아니 기분 좋을 때 얘기하자고 해도 짜증내는 사람이고 평소에 대화 없이 살아온 지가 언제부터인데 자고 있는 사람을 깨워서 아니 누가 기분 좋게 내 말을 받아주겠냐구요. 못해요, 그건. 차라리 내가 죽으면 죽었지 그것만은 정말 못해요. 다음에 한다구요, 정말. 하나님 제발요.

그래도 성령님은 "아무 걱정하지 말고 지금 안방으로 가라."고 하셨다.

나는 나도 모르게 일단 안방으로 갔다. 방문을 여니 남편은 작은 아이와 정말 곤하게 잠들어 있었다. 참 이렇게 곤하게 잠든 사람을 새벽에 깨운다는 것이 얼마나 난감한지. 그것도 허물없이 친밀한 사이도 아니고.

나도 모르게 "○○ 아빠 일어나 봐요."

그러고 나니 심장이 두근거리는데 세상에 그렇게 곤하게 자던 사람이 두 번도 아니고 한 번 깨우는 소리에 벌떡 일어나 앉는 것이었다.

"왜?"

"할 말이 있어서."

"뭔데?"

자다가 깬 사람이 성질도 안 부리고 아주 차분했다. 정말 무슨 말을 해야 할지 어디서 시작을 해야 할지. 그냥 하나님이 다그치셔서 갔는데 나도 모르게 첫마디가 생각지도 못한 말이 나왔다.

"○○ 아빠 그동안 많이 힘들었지? 내가 많이 잘못했어. 나 때문에 맘 상하고 속상한 것 있었으면 용서해. 그리고 맘 풀어. 자기를 더 이해했어야 하는데 아내로서 당신을 더 힘들게 한 것 같아. 내가 철이 없어서 그랬다고 생각하고 당신이 넓은 맘으로 이해하고 나를 다시 받아줄 거지?"

"괜찮아. 살아온 날보다 앞으로 살 날이 더 많은데 앞으로 잘살면 되지. 신경 쓰지 마. 난 괜찮으니까. 할 말 다 한 거야? 그럼 나, 자도 되지?"

그 방에서 3분이나 걸렸을까. 내가 무슨 짓을 하고 나온 거야? 정말 믿기지가 않았다. 그렇게 사납던 내가 남편한테 그렇게 부드럽게 말을 꺼낼 줄도 몰랐고, 남편 또한 그런 반응이 나올 줄 정말 상상도 못했다. 정말 한편의 꿈을 꾸고 나온 기분이었다.

다시 작은 방으로 와서 찬양을 부르는데 힘 있는 찬양이었다. 5시가 되어가자 우리 아이는 눈을 감으면서

"엄마 힘들지? 나 때문에. 엄마? 나 백문현 목사님한테 안수기도 받고 싶어."

하고는 잠이 들었다.

정말 나는 우리 아이보다 부족한 게 너무나 많았다. 그동안 부목사님들이 오셔서 기도해주셨기 때문에 별다른 욕심이 없었는데 우

리 아이는 담임목사님 이름을 또박또박 대면서 기도 받고 싶다고 하는 것이다. 나는 사실 이 아이가 초등학교 1학년이고 교회도 뜨문뜨문 다녀서 담임목사님 이름까지 기억하고 있을 줄 몰랐다.

그런데 그때 담임목사님은 미국에서 집회를 인도하고 계셔서 기다릴 수밖에 없었다. 기다리다 담임목사님이 오셨고 안수 기도도 받았다. 기다리던 담임목사님한테 기도를 받는데 나아지지는 않았다. 아이는 간절한 바람이 이루어질 줄 알았는데 나아지지 않자 우울해하기 시작했다. 나 또한 7월에 시작한 병이 이제 추워지는 11월이 되도록 낫지 않으니 마음이 초조했고 낙심하지 않았다면 거짓말이다.

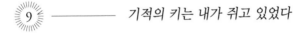

9 ——— 기적의 키는 내가 쥐고 있었다

우리 아버지를 살려주셨던 하나님, 우리 엄마를 고쳐주셨던 하나님! 나의 둘째 아이를 새롭게 만들어주셨던 하나님! 그 하나님을 떠나서 불신 결혼을 하고 서원한 것을 만홀히 여기고 세상 자녀처럼 방탕의 길로 가려고 했던 나의 모습!

하나님께 기적만 바라고 아버지로 생각하지 않았던 교만과 어리석음 모두 모두 회개하고 이제 후로는 하나님을 절대로 떠나지 않겠다 약속도 했는데 왜 우리 큰딸은 고쳐주시지 않는 것일까?

나 역시 몸에 살이 좀처럼 붙지 않아서 아직도 걸으면 숨이 차서 많이 걷지도 못한다. 30분이면 가는 거리를 1시간 이전에 나가야 겨우 도착할 수가 있었다.

큰아이 덕분으로 철야예배를 알게 되었고, 그 시간에 하나님을 인격적으로 만난 후 예배의 시간을 찾아보게 되었다.

그동안 수요예배를 단 한 번도 나간 적이 없었다. 수요예배는 특별한 사람들만 나가는 것이라고 생각하며 살았다.

우리 교회 본당은 2층에 있었다. 천천히 걸어서 본당으로 올라가는데 중간에 겟세마네 동산에서 기도하시는 예수님 성화가 있었다. 그 성화가 눈에 확 들어오면서 힘도 들었고 잠시 걸음을 멈추게 되었다.

다시 하나님의 음성이 들렸다.

"○○야, 그렇게 힘든데 지금 여기 왜 올라오고 있느냐."

왜 오냐고 물으시는데 선뜻 대답이 생각나지 않았다. 왜? 왜 가고 있지? 내가 지금 여기에 왜 온 것일까? 내가 선뜻 하나님께 당당하게 대답을 하지 못한 이유는 나는 지금 하나님 때문에 오는 것도 아니었고, 예배 때문에 오는 것도 아니었고, 오로지 내 딸 내 아이가 병에서 놓임 받을 수 있을까 해서 온 것이었다. 내가 이렇게 힘들게 교회를 찾아 나오면 그 정성이 기특해서 하나님이 내 딸을 불쌍히 여겨주시지 않을까? 결국 내 공로로 내 아이를 잘 봐달라고 아부하러 오는 것이었다. 내 속을 들켜버린 것 같아 부끄러웠지만 화도 났다. 정말 지치고 힘든 가운데 숨겨온 마지막 한 부분까지 들춰내시는 하나님께 화가 났다. 그래서 분노의 찬 소리로 하나님께 울부짖었다.

"하나님 교회에 왜 나오냐구요? 지금 여기 왜 오냐고 물으셨어요? 하나님이 더 잘 알고 계시잖아요. 내 딸 고쳐달라고 왔습니다. 밥은커녕 죽도 힘들고 이제는 물 한 모금 넘기는 것도 힘들어 죽어가는 내 딸입니다. 이러다 정말 죽게 생겼습니다. 세상에는 우리 아이를 살릴 방법이 없습니다. 하나님 저 너무 힘들어요. 제발 내 아이 고쳐주시면 안 될까요? 하나님은 다 하실 수 있잖아요. 그런데 왜 고쳐주지 않으시는 건가요? 제가 어떻게 할까요? 저한테 무엇을 원하시는 건가요?"

하나님은 물음에 대답을 해주지 않으시고

"나는 예배하는 자를 기다린다. 나를 예배하는 자를 찾고 있다."

하셨다.

"그래요? 하나님 저 지금 예배하러 온 거예요. 수요예배 드리러 왔잖아요."

"난 네가 신령과 진정으로 예배하기를 원한다."

"그게 어떻게 드리는 건데요? 하라는 대로 할게요."

"네 자녀는 나한테 맡기고 넌 아무 근심과 걱정도 하지 말고 오직 나에게 집중하여 나에게만 예배를 드려라."

"그럴게요. 그렇게 할게요. 하나님께만 집중하라구요? 아무 걱정도 하지 말고 오직 예배에만 집중하라구요? 알겠습니다."

그러고는 성전으로 들어가 맨 앞자리로 가고 싶었다. 담임목사님은 아브라함과 이삭에 대한 주제로 설교를 하셨다. 아주 어려서부터 100번도 더 들었던 설교 내용이었다.

"네 아들 독자 이삭을 나에게 번제로 바쳐라."

바쳐라. 나에게 바쳐라. 그것도 번제로 불에 태워 죽이라는 것이었다. 네 자녀를 나를 위해 죽이라는 말씀이다. 나한테 내 아이한테 아무런 문제가 없을 때는 정말 감각도 없이 들었던 성경내용이다. 드리는 결단과 아픔보다는 어차피 하나님이 다 준비해놓으셨는데 그게 뭐가 어려워, 하며 정말 단순하게 들었던 설교내용인데 막상 내 아이가 죽게 되니 번제로 태워 죽이라는 하나님의 말씀에 순종하는 아브라함의 마음이 죽어 가는 내 아이를 바라보는 내 마음보다 더 힘들었음이 가슴으로 느껴졌다. 하늘에서 번개와 우레가 치는 것처럼 내 뇌를 강타하는 느낌이 들었다.

"네 딸 ○○이, 네가 그렇게도 사랑하는 그 딸을 내게 바쳐라."

"네가 그렇게 사랑해서 나를 버리고 갔던 네 남편도 나에게 바치고 네가 그렇게 의지하는 돈, 네 건강, 보여지는 세상 것들 내가 한 번 불어버리면 다 사라질 것들 의지하지 말고 모든 것 내려놓고 오직 나를 의지하며 살아라."

항복! 나는 정말 이기적인 사람이었다.

내가 그렇게 남편을 사랑했어도 한 번의 배신으로 다시는 용납이 힘들었고 내가 그렇게 내 딸을 사랑했다 해도 내가 그 딸의 병을 위해 해줄 수 있는 게 무엇이 있었나. 오히려 내 건강만 나빠져서 이제는 딸아이보다 내 생명의 위독함을 느끼며 걷는 것도 아니 숨을 쉬는 것조차 버거워지자 다 무의미하게 느껴졌다. 내가 죽고 딸아이가 건강해지면 무슨 소용이며 내가 죽고 남편이 돌아오면 무슨 의미일까? 결국 나는 내가 죽을 것 같아지자 두 손 들고 하님께 항복을 하고 만 것이다. 하나님을 사랑해서 자기 자식을 번제로 드렸던 아브라함이 아니고 내가 살기 위해 아픈 자녀와 속 썩이는 남편 모두 하나님이 가져가시라고 한 것이다.

"남편도 하나님 맘대로 하시고, 자녀도 제 것이 아니었습니다. 물질 또한 내 것은 없었습니다. 저는 하나님 앞에 어리석은 죄인이었을 뿐입니다. 제 것인 양 제 손으로 움켜쥐고 내가 죽어가는 것도 모르고 살았습니다. 하나님 다 가져가시고 책임지세요. 저는 더 이상 버틸 힘이 없습니다."

다 내려놓고 다 하나님께 드리고 바칠 것 바치고 집으로 돌아오는 길이 숨은 찼지만 몸과 맘이 그렇게 가벼울 수가 없었다.

집에 돌아오니 9시 45분이었다. 작은아이는 놀고 있는데 큰아이는 자고 있는 것이 아닌가. 그렇게 잠들어있는 모습을 언제 보았던지 눈물이 주르르 흘렀다. 나도 피곤에 지쳐 아이 옆에 누우면서 '저러다가도 다시 일어나겠지.' 하며 곤하게 자다가 눈이 떠졌다. 자동적으로 눈이 떠지는 시간 새벽 2시. 그런데 이게 무슨 일인가. 나는 일어나 앉아있는데 아이는 자고 있는 것이 아닌가. 나는 잠든 아이의 얼굴만 쳐다보며 새벽 5시를 확인하고 나도 다시 잠이 들었다.

아침에 남편한테 물었다. 큰아이 어제 언제부터 자기 시작했냐고. 남편은 8시 넘어 8시 30분 사이에 잠든 것 같다고 대답했다.

큰아이는 초저녁에 잠이 들어서 아침까지 잠을 잔 것이다.

나는 그 무렵 죽을 것 같은 체력을 이끌고 남편 식사준비는 빠뜨리지 않고 오후에는 공부방 수업을 포기하지 않고 근근이 해나가고 있었다. 밤이 되자 9시쯤 큰아이가 다시 자고 싶다고 잠자리에 들었다. 나는 다시 2시에 일어나 앉아 다시 깰 큰아이를 기다렸다. 큰아이는 5시까지 깨나지 않았다.

그렇게 3일이 지난날 아침 7시에 일어나면서 큰아이는 "엄마, 나 학교 가야겠어." 하는데 목소리에 생기가 났다. 완전 다른 목소리가 된 것이다. 오히려 내가 정신을 차리지 못하고 의문의 얼굴로 바라보자, "엄마 왜 그래? 엄마 어제도 또 못 잤어? 엄마, 나 이제 안 아파. 하나님께서 다 고쳐주셨는데 엄마 모르고 있었던 거야? 나 이제 잘 자잖아. 이제 무섭지도 않아. 그러니까 엄마도 일어나서 앉아있지 말고 오늘부터는 푹 자. 알았지?"

내 딸이 낫기를 그렇게 소원을 하고 그렇게 매달렸으면서도 하나님께서 고쳐주신 지 3일이나 지나 그 아이가 입으로 시인할 때까지 난 세상 염려에 매여 아이가 일어나기를 기다리고 있었던 것이다. 돈도 내 맘대로, 남편도 내 뜻대로, 자녀의 질병 모든 것을 내가 해결하려고 양손에 움켜쥐고 발버둥 치다가 결국 두 손 다 놓고 하나님께 맡겼을 때 우리 아이는 치유된 것이었다. 결국 치유의 키는 내가 들고 있었던 것이다.

10 ──────── 공황장애

　　　　　　우리 가정은 더 이상 불행이 없을 것만 같았다. 이 지구상에서 재난이란 재난은 모두 지나갔고 험한 풍랑과 파도도 다 지나가고 이제는 정말 영원한 평화가 찾아오는 듯했다. 온순한 남편에 건강한 아이들 더 이상 바랄 것이 없었다.

　그런데 어느 날 갑자기 죽을 것 같은 병이 찾아왔다. 어떤 말로도 표현이 어렵고 정말 금방이라도 죽을 것 같아 응급실에 실려 갔다.

　응급실에 실려가 한동안 시간이 흐르면 그렇게 죽을 것 같았던 증상이 어느 정도 소멸되고 있는 것을 느꼈다.

　간단한 검사 후 별다른 이상을 찾지 못하자 수액 한 병 맞고 집으로 돌아왔다. 그런데 얼마 지나지 않아 같은 증상으로 두세 차례 응급실에 실려 가게 되니 다음날 외래에 나와 검사를 해보라고 하였다.

이 검사 저 검사 하는 과정 중에 소화기 내과 과장님께서

"기분 나쁘게 듣지 마세요. 차트를 보니 같은 증상으로 두세 번 응급실에 실려 왔던데 신경정신과에 한번 들렀다 가보시는 게 좋겠습니다. 편견이나 다른 생각 갖지 말고 내가 메시지를 보내놓을 테니 접수만 하고 바로 가보세요." 한다.

나는 심장에 이상이 있나 다른 장기에 이상이 있나 여러 검사를 받던 중에 신경정신과에서 "공황장애"라는 진단을 받았다.

그렇게 죽을 것 같은 병이 결국에는 공황발작이라는 것이었다.

약을 지어주어서 갖고는 왔지만 약 부작용으로 너무나 고통스러웠다.

병원에서는 공황장애에 대한 약은 20가지가 넘기 때문에 나하고 맞는 약을 찾는 데 시간이 좀 걸리지만 잘 맞는 약을 찾아서 먹으면 생활하는 데 큰 불편은 없을 거라고 했다. 나는 두세 번 부작용을 겪은 후 맞는 약을 처방받게 되었다.

그런데 내 의지와는 다르게 공황장애는 공황발작으로 더 심해져 갔다. 예기치 않게 공황발작이 찾아오면 정말 무서운 공포에 사로잡히게 되고 그만 그 공포가 싫어서 내 목숨을 내가 끊고 싶을 정도로 심해졌다. 큰아이가 무서움의 공포에서 벗어나지 못했는데 혹 이런 공포였나 싶어 내심 너무나 가슴이 아팠다. 그동안에는 옆에

서 간호만 해주었지 어떤 고통이었는지 알 수는 없었다. 병원에서 여러 번 약을 바꾸어 가며 치료는 받았지만 발작은 줄어들었어도 예기불안이 완전 사라지지는 않았다. 그러면서 내 병이 정신과 치료이기 때문에 아무에게도 말할 수가 없었다.

그런데 어느 날 속예배 시간에 속장님 시누이가 공황장애인데 지금 17년째 약을 먹고 있다는 것이다. 그 병은 한번 약을 먹으면 죽을 때까지 먹어야 한다 했다. 그 소리를 듣고 집에 오니 갑자기 막막해졌다. 그렇게 많은 기적을 체험하고도 나에게 또 다른 고통이 찾아오자 하나님은 금방 잊어버리고 내 병만 태산같이 보이는 것이었다. 이성이 조금이라도 살아있어야 하나님도 찾을 텐데 공황발작이 일어나면 내 정신으로 하나님을 부를 수도 없을 만큼 고통스러운 게 사실이다.

이 고통을 죽을 때까지 달고 살아야 한다니. 그럼 이 약이 떨어지면 아니 세상에서 이 약이 없어지면 나는 어떻게 살지? 약도 처음에는 잘 듣는 것 같아도 몇 번 먹으면 다시 예기불안이 찾아오고 미약하지만 자면서도 공황발작이 있어 더 기분이 좋지 않았다.

하나님보다 약을 더 신뢰하며 약을 의지하게 된 나. 외출을 하다가도 약을 챙겨오지 않으면 다시 집으로 돌아가 외출도 할 수 없는 나! 이렇게 평생을 살 수는 없어. 나에게는 하나님이 계시잖아. 우리 아버지, 엄마, 내 딸들을 고쳐주신 하나님. 그 하나님이 하나님만 의지하라고 하셨는데. 지금 나는 하나님 보다 약을 더 의지하고

——— 이제는 너를 들여다봐 줄래

있다. 그렇게 의지하다 영원히 약에서 헤어 나오지 못할 것 같은 불길함에 나는 하루에 6번 먹던 약을 조금씩 줄이기로 맘먹었다. 여섯 번 먹던 약을 한 주는 5번, 4번, 3번. 이제 하루에 1알씩 먹으니 정말 고통스러웠다.

남편 출근시키고 큰아이 학교에 보내고 작은아이까지 유치원을 보내고 나면 공황발작이 찾아올까 두려움에 쌓여 있다 발작이 찾아오면 나는 온 방을 쓸고 다니면서 울부짖었다. 어떻게 표현을 할 수 있을까? 이 공포를……. 너무나 고통스러워 나도 모르게 똥을 쌀 정도로 두려운 공포에 휩싸이게 된다. 그 순간에는 너무나 고통스러워 차라리 목숨을 끊고 싶은 적도 있었다.

"하나님, 이렇게는 살고 싶지 않습니다. 이것은 사람이 사는 모습이 아닙니다. 이렇게 비참하게 살게 하시려고 예수님을 그 고통스러운 십자가에 매달으셨나요? 우리의 질고를 다 담당시키셨다면서요? 제 질고를 다 가져가세요. 정말 죽을 것 같다구요. 이렇게 비참하게 고통 가운데 죽을 수도 없고 더 이상 이런 고통 속에 살수도 없어요. 하나님 고쳐주세요. 제발 저를 고쳐주세요!"

생각해보니 하나님께 발버둥은 치면서 살려 달라고 매달리면서 나는 약을 아예 끊지를 못하고 있었다. 하루에 6번을 먹었었는데 '하루에 한 번 정도는 중독되지 않을 거야. 그 정도는 괜찮겠지. 아예 다 끊으면 정말 견딜 수 없을 수도 있어.' 하고는 그 두려움과 미련 속에 약 한 봉지에 매달려있는 내 모습이 하나님께 부끄러웠다.

나는 결단을 하고 약을 아예 끊기로 하였다. 약을 완전히 끊으니 예상한 대로 불안과 공포가 나를 휘감았다. 하루를 견디고 한 주를 견디고 한 달을 견뎠다. 지금 견디어내지 못하면 36세에 찾아온 공황장애를 죽을 때까지 극복 못하고 노예의 삶을 살 것 같았다. 2달 이상을 몸부림치며 울며불며 발버둥을 치며 정말 벽을 긁어가면서 견디고 견디었다. 내 딸은 5개월간을 그 무서운 공포에 시달렸는데 엄마인 내가 포기하면 안 되지 하며 사투를 벌이고 있을 때 하나님은 깊은 깨달음을 고통 가운데서 선물로 주셨다.

내가 큰아이 아프면서 낫게 해달라고 매달릴 때 남편도 드리고 자녀도 드리고 물질도 드렸는데 정작 나는 바치지 않았던 것이다. 공황장애라는 질병으로 평생 고통 가운데 살 것인가? 차라리 이럴 바엔 노예가 되더라도 하나님의 노예로 사는 것이 낫다 싶었다. 나는 하나님의 노예처럼 살겠으니 이 공포장애로부터 벗어나게 해달라고 기도를 드렸고 나는 하나님의 둘로스로 다시 태어나며 질병에서 완치되었다.

그런데 나중에 내가 뇌 심리 과학을 공부하면서 알게 된 것은 성인의 공황장애 70% 이상은 어린 시절 불안과 공포를 체험했기 때문이라는 것이다. 원인을 알 수 없다고 생각했던 질병이 심리적인데 원인이 있었던 것이다. 그러므로 공황장애를 치료하려면 약물 치료와 인지행동 치료를 병행해야 한다. 그렇지 않으면 언젠가는 재발할 위험이 높은 질병이며 약에 대한 의존성에서 벗어나지 못하기 때문이다.

공황장애를 앓다가 완치되니 정말 세상을 다 얻은 기분이고 후로는 눈에 뵈는 것이 없었다.

11 ──────── 잘못된 열심

하나님의 노예처럼 살겠다고 두 손 두 발 걸어붙이고 교회로 달려갔다. 교회청소, 그렇게 나오라고 했어도 나는 아이들 때문에 못 나간다고 핑계만 댔는데 교회청소부터 시작하여 교회 성가대에 들어가고 전도대에 등록을 한다.

큰아이 때문에 날밤을 허구헌 날 새운 사람인데 새벽기도쯤이야. 하루 가고 이틀 가고 며칠 나오다 말겠지 하다가 한 달을 넘게 다니니 교회에서 봉고차를 보내주셨다. 내가 원한 것도 아니었는데 봉고차가 오면서 달랑 나 혼자 타고 다니니 나도 민망했다. 교회에서 일개 집사가 새벽마다 교회로 제단을 쌓으러 오는데 그쪽 구역 권사님들은 뭐하시냐고 적어도 10명 이상 채워서 봉고차 운행하라고 해서 한 분 두 분 권사님들이 타기 시작하셨고 결국 권사님들은 전도사님 연락이 와서 울며 겨자 먹기로 새벽기도를 나오시게 된 것이다. 그러다 보니 새벽에 나와 기도 많이 하시고 돌아가실 때는 나를 많이 원망하셨다.

그분들이 나를 미워하는지 내가 그분들께 피해를 드렸는지에는 관심이 없고 오로지 나는 새벽제단 쌓는 것을 쉬게 되면 다시 벌을 받을 것 같아 쉴 수가 없었다. 그리고 하나님께 잘 보이고도 싶었다. 다른 공 예배야 다른 분들도 다 나오는 시간이고 나는 좀더 이쁘게 보이고 싶었을 뿐이다. 이제는 하나님과 교회를 향한 내 열정이 하늘을 치솟았다. 새벽기도부터 시작하여 월요일에 전도 폭발, 화요일은 교구전도, 수요일은 수요예배 후 기도모임, 목요일은 목요전도 금요일은 속회예배.

전도로 매일 집을 나갔어도 작은아이가 유치원에서 돌아올 시간이면 집에 왔어야 하는데 나는 더 열심에 사로잡혀 전도대원이 집이 수원이면 수원 가서 해주고 인천이면 인천으로 가고 지역과 시간을 불문하지 않았다. 큰아이는 학교가 끝난 후 학원 두세 군데 다니면 7시 정도 집에 왔다. 작은아이는 유치원에서 끝나면 2, 3시인데 그렇게 크게 신경을 쓰지 않았다.

추운 겨울이었다. 유치원에서 돌아온 아이는 엄마가 언제 오나 기다리다 창문을 열고 창밖만 바라보고 서있다. 그러다 다리가 아프면 책상을 끌어다놓고 그 위에 의자를 놓고 창틀에 얼굴을 대고 엄마를 기다린다. 어디쯤 오나 기다리다 기다리다 그 창틀에 얼굴을 대고 그대로 잠들어있는 것을 보게 된다. 그래도 나는 그 아이에게 미안하기보다는 내가 이렇게 열심히 전도하고 왔구나, 내가

_____ 이제는 너를 들여다봐 줄래

내 자식도 돌보지 않고 하나님만 위해서 일하고 왔으니 다른 사람보다 나를 더 사랑해주시겠지 하고 뿌듯해 했다. 아이를 안아 침대로 옮기는데 얼굴이 눈물에 콧물에 범벅이 되어 얼굴에 얼어붙은 상태가 되었는데도 나는 사명이라고 생각하고 더 결심을 굳히고 마음을 한 번 더 다잡았다.

교회서도 하나님 일을 내가 하고, 교회일을 내가 하면, 우리 집 일은 하나님이 대신 해주시고 아이들도 하나님이 다 키워주신다고 했어. 목사님들이 잘못 가르쳐 주시겠어? 믿어야지. 그러면서 가정일은 뒷전이 될 수밖에 없었다.

작은아이는 아침이면 유치원 가방을 매면서 "엄마 오늘도 교회에 가는 거지? 엄마 오늘은 안 가면 안 돼? 엄마 나 배가 아픈 거 같아." 하고 응석을 부릴라치면 나는 단호하게 거절을 하고 아이에게 거짓말하면 하나님한테 벌 받는다고 협박을 하면서 유치원으로 보내고 교회로 향했다. 그렇게 하루도 빠뜨리지 않은 채 열심히 3-4년여를 보내고 어느덧 둘째아이가 초등하교 입학을 하였다.

왜 그랬을까? 둘째 아이에게는 모든 것이 처음 경험인데 엄마 입장에서는 두 번째 경험이라는 익숙함에 아이의 불안을 생각하지 못했다. 큰아이는 혼자서 무엇이든 잘했어도 내가 첫 경험이니 내 불안으로 일주일은 학교에 가주고 가보고, 기다리고 했는데. 둘째 아이의 학교생활에는 관심이 없고 오로지 교회 일에만 관심이 높았다.

우리 아이는 3월 한 달은 잘 다녔다. 아니 잘 다닌다고 엄마 혼자 생각한 것이다. 2004년 4월 어느 날 학교에서 콜렉트콜로 내 핸드폰에 전화가 왔다. 둘째 아이였다.

"엄마, 어디야? 엄마 나 책을 안 가져왔어. 엄마가 갖다 주면 안 돼? 엄마."

나는 학교에 가지 않고 학교 담임선생님께 전화를 걸었다. 아이가 책을 안 갖고 왔다는데 제가 분명히 가방에 넣어준 기억이 나는데요. 확인 좀 해주세요.

선생님은 확인해 보고는 가방에 그 책이 있다고 했다. 나는 아이가 거짓말을 버릇처럼 하는데 야단 좀 쳐달라고 하고 교회로 향했다. 그러나 둘째 아이는 다음날 에도 학교에 가자마자 내가 준비하고 교회에 가려고 하면 전화를 해서 준비물을 빠뜨렸다고 거짓말을 했고 엄마한테 야단을 맞고 선생님한테 혼이 나도 바뀌지 않았다.

그러던 어느 날 담임선생님이 전화를 하셨다.

"어머님, 직장 다니시나요? 혹시 직장에 다니시더라도 내일은 집에 하루만 계셔보세요. 오랫동안 지켜보았는데 ○○이가 심각한 것 같아서요. 매일 엄마한테 전화하다가 못하게 하니까 처음에는 저한테 허락을 받고 집에 갔다 오겠다고, 준비물을 가져오지 않아서 가서 가져 오겠다고 하고 집에 갔습니다. 그런데 가서는 아무것도 가져 오지 않고 울면서 다시 학교로 오곤 했습니다. 그런데 이제는 허락도 받지 않고 학교 왔다가 친구들이랑 잘 놀지도 않고 수

업만 시작하려고 하면 화장실 가고 싶다고 해서 보내 주면 아이가 그냥 사라집니다. 그리고 울며불며 한두 시간 지나서 학교로 다시 옵니다. 혹시 집에 갔다 오는 것인지 확인 좀 해주세요."

그제야 나는 가슴이 철렁했다. 다음날 교회 가는 것을 하루 쉬고 학교로 아이를 보내고 집에서 기다리고 있었다. 우리 집은 학교에서 500m 정도 떨어진 대로변에 있는 빌라 2층이었다. 멀리서 벌써 우리 작은아이 울음소리가 들리기 시작했다. 울음이 아니고 거의 통곡에 가까운 소리였다.

"엄마? 엄마?"

엄마만 끊임없이 부르짖으며 걸어오는 소리가 들리더니 대문을 두드리기 시작했다. 아이는 고함을 지르면서 엄마, 엄마, 한다. 나는 문을 열고 아이 얼굴을 보고 정말 충격을 받았다. 손바닥은 다 까져서 피가 철철 나고 있었다. 울며불며 그 손으로 얼굴을 문질러 얼굴에는 먼지에 흙에 피가 섞여 범벅이 되었고 신발도 갈아 신지 못하고 실내화를 그냥 신고 왔는데 한쪽은 벗겨져서 한쪽만 신고 있었다. 아이는 나를 보더니 그 자리에서 바지도 내리지도 못하고 오줌을 줄줄 싸고 있었다. 그 모습을 보고 얼마나 놀랐는지 심장도 떨리고 내 온몸이 벌벌 떨렸다.

이 아이가 내가 교회가 가있는 동안 매번 집으로 달려와 굳게 닫힌 문을 두드리며 울다 울다 다시 학교로 돌아갔을 생각을 하니 가슴이 찢어지는 것 같았다.

나는 아이를 안고 목욕탕으로 들어가 깨끗이 씻기고 옷을 갈아 입히고 먹을 것이라도 챙겨주려는데 아이는 그냥 안아달라고만 했다. 나는 그 아이를 품에 안고 한참을 있었다. 가슴에서 피눈물이 난다는 게 이런 상황일까? 한참 후에 잘 달랜 후 아이 손을 붙잡고 학교로 갔다. 학교에서 돌아올 때까지 아무 데도 가지 않고 집에서 ○○이만 기다리겠다고 약속을 하고 교실로 들여보냈다. 돌아오는 길에 머리가 멍해지고 기운이 쭉 빠지고 허탈했다.

"하나님, 이게 뭔가요? 아니 제가 교회 가서 하나님일 하면 하나님이 다 책임져주신다면서요? 저보고는 교회 일만 열심히 하라면서 이게 뭐예요?"

나는 다시 하나님께 화를 냈다. 정말 하나님께 화가 너무나 났다

작은아이는 일시적으로 끝나지 않고 아무리 엄마가 안심시켜도 날마다 학교에 가면 눈물을 펑펑 쏟으며 넘어지고 넘어져서 온몸이 다 까져가며 날마다 집으로 달려왔다. 결국 선생님은 정신과 치료를 받아보라고 권하셨고 나는 그 끔찍했던 큰아이 때 대학병원 정신과 치료가 생각나서 아이들이 다니는 소아과 선생님과 상의를 했고 친구 분이 오픈 한 병원을 다니며 상담을 해나갔다.

그 선생님은 우리 작은아이 병명을 "분리불안장애"라고 하셨다. 모든 게 화가 났다. 분리불안장애가 왜 온 것일까? 나는 이 아이를 떨어뜨리고 가출을 해본 적도 없고 엄마와 분리되어 생활을 한 적이 없는데.

────── 이제는 너를 들여다봐 줄래

몇 달에 걸친 상담과 검사 끝에 자세한 내 모습을 보게 된다. 문제 아이는 없고 문제 부모만 있다는 말이 정말 진리 같았다.

우리 아이는 태어나 28일째부터 검사를 받았다. 나중에는 병원만 가면 혈관이 모두 숨어버려서 아이 다리를 잡고 거꾸로 매달듯이 해서 목에서 피를 뽑았다. 험한 검사를 받는 동안 벌써 아이는 엄마와 분리됐던 것이다. 엄마와 떨어진 후 찾아온 고통, 모든 것이 아이에게는 감당하기 힘든 극도의 불안이었고 그 모든 과정이 뇌에 각인되었던 것이다.

나는 의문이 들었다. 유치원생활은 그렇게 잘하다가 더 성장한 나이 오히려 초등학교 때 왜 불안장애가 나타나는 것인지, 잠재의식에 있던 불안이 3–4년간 새벽마다 엄마의 새벽기도로 분리되면서 다시 재현이 되었고 억압시켰던 불안이 새롭고 낯선 경험을 할 때 다시 불안을 경험하며 더 심각해진 것 같다고 했다. 모두가 내 잘못이었다. 이 죄를 어쩌면 좋다는 말인가?

투사할 대상이 하나님뿐이었다. 그럴지언정 환경을 그렇게 어렵게 만들었어도 하나님이 돌봐주셨으면 되잖아요. 교회에서 목사님들이 하신 말씀은 그럼 뭐예요? 교회 나와서 일한 만큼 하나님이 보상 해 주신다면서요? 나 때문에 병든 저 아이 이제 어떻게 해요? 불쌍해서 어떡하면 좋아요?

나는 하나님 앞에서 울고 또 울었다.

"사랑하는 딸아, ○○이는 내가 너무나 사랑해서 다름 아닌 너에게 맡긴 것이다. 내가 너에게 맡겼어. 네가 나를 위해서 교회에 나와서 열심히 일했다고 하는데 엄마의 때에 엄마역할에 충실한 것이 나를 위한 것이고 아내의 때에 아내로서 충실한 것이 나를 위한 것이고 며느리의 때에 며느리로서 충실한 것이 나를 위함이다."

하나님은 반드시 내가 교회에 나가서 일하는 것만이 하나님을 위하는 일이 아니라고 하셨다. 그런 하나님한테 나는 혼자 하나님의 노예가 되겠습니다, 일방적 통보를 하고 잘못된 믿음으로 멈출 줄 모르고 달려가고 있으니 하나님은 얼마나 기가 막히셨을까?

이제부터 너는 엄마로서 충실해라. 네 딸은 너의 사랑으로만 치유될 수 있다!

병원에서는 일단 아이가 안정을 찾을 때까지 집에 있으라고 했다. 학교에 같이 가자고 하면 같이 가주고 학교에서 기다리라고 하면 기다려주고 이제부터 아이를 위해 100% 희생이 필요한 시간이라고 하셨다.

12 ——————— 아버지와 아들

오빠가 세상을 떠난 지 6개월쯤 지나서 오빠의 생일이 돌아왔다. 아버지는 자녀들에게 모두 전화를 하셨다. 오빠가 죽고 처음으로 맞는 생일이니 한번만 성대하게 준비를 해주었으면 좋겠다. 그리고 모든 형제자매들이 다 참석해주기를 바란다고 하셨다. 생일날 정말 음식도 많이 마련했고 모든 식구들이 한 명씩 한 명씩 도착하였다. 우리 식구들은 다 왔는데 아버지는 기다리라고만 하셨다. 누구 올 사람이 더 있으니 조금만 더 기다려 보자고……. 우리는 궁금했다. 죽은 오빠의 첫 생일에 우리 가족 말고 올 사람이 더 있다니…….

20분이 지나고 30분이 돼 가는데 음식들은 식어가고 토요일이다 보니 빨리 끝내고 각자의 스케줄에 신경이 쓰였다. 조금은 짜증이 나려고 하는데 초인종 소리가 들렸고 한 사람이 찾아왔다.

거기에 모인 모든 식구들이 정말 놀랐다기보다 경악을 금치 못했다. 그곳에 찾아온 사람은 다름 아닌 우리 오빠를 교통사고로 사망하게 만든 그 택시기사였다. 몰라보게 말라 있었지만 그 사람이 확실했다. 솔직히 나는 얼굴표정도 제대로 지을 수가 없었다. 그런데 어떻게 저 사람과 같이 식사를 할 수 있다는 말인가? 그것도 한자리에 앉아서…….

아버지는 "내가 불렀다. 내가 초대한 손님이다. 아무 소리 하지 말고 앉자." 하셨다. 그리고 아버지의 기도로 식사를 시작했다.

그 사람 나이는 36세, 부산에서 사업을 하다가 망해서 무작정 가난한 사람들이 살기 좋은 곳이 인천이라고 해서 대책 없이 5살, 7살 두 아이를 데리고 인천으로 이사를 왔다고 했다. 인천에 와보니 막상 할 일도 없었고 취업도 힘들어 쉽게 할 수 있는 영업용 택시를 시작했는데 인천이 그렇게 길 익히기가 힘들 줄 몰랐다고 했다. 오거리도 많고 정말 힘들었지만 처자식 벌여 먹이려니 포기도 못하고 그때가 택시영업 시작한 지 두 달째였었다고 한다. 우리 아버지가 그 가족을 다 초대했지만 그 사람 아내는 차마 얼굴 들고 올 수 없다고 해서 혼자 왔다고 했다.

그는 출소 후에도 양심의 가책으로 불면증과 악몽에 시달리면서 살이 10kg 정도 빠지고 건강이 안 좋아져서 택시일을 못하고 있다고 했다. 우울증이 아주 심해 보였다. 아버지는 그래서 불렀다고 했다. 그 사람을 그대로 놔두면 일어나기 힘들 것 같아서 일부러 불렀다는 것이다. 모든 것 잊어버리고 힘내서 살라는 뜻으로. 아이들이 그렇게 어린데 아빠가 없으면 어떻게 살아가겠냐고 하시면서……. 우리 가족은 아무도 자네를 원망하는 사람 없다. 아버지인 나도 원망하지 않는다. 다만 한 가지 바람이 있다면 우리 아이가 죽기 전에 교회 다녀서 하나님 믿는 것이 소원이었는데 못하고 갔다.

대신 자네가 우리 아이 남은 삶을 대신해서 교회 다녀주었으면 좋겠다. 그 남자는 눈물을 펑펑 흘리고 다시 한번 용서해 달라고 용서를 구하고 힘없이 돌아갔다.

그 남자가 그 다음 주에 아버지한테 전화를 했단다. 그 주에 돌아가 동네 교회에 바로 등록을 하였고 온가족이 가서 예배를 드리고 왔다고. 그 후로도 가끔 그 남자는 아버지에게 안부전화를 했다.

13 ———————— 날마다 큐티하는 여자를 만나다

작은아이 때문에 전도대에 나기 못한 지가 2달쯤 지났을 때 한 달에 한번 교구전도가 있는데 그곳에 잠깐 나가게 되었다. 그런데 그곳에서 예전에 결혼 초에 내가 속해 있던 속에 속장님이셨던 권사님을 뵙게 되었고 오랜만이라고 하면서 반강제로 점심을 사주시겠다고 끌고 가셨다. 원래 정이 많으신 분이셨다.

나는 둘째 아이 때문에 일찍 들어가 봐야 한다고 해도 점심만 먹고 가라고 해서 점심만 먹고 헤어지려는데 책을 한 권 읽어보라고 주셨다. '날마다 큐티하는 여자'라는 제목이었다.

나는 책을 받아 들고 집으로 와서 아무 생각도 없이 선반위에 올려놓았다.

그런데 일주일쯤 지났을 때 집으로 전화가 왔다

그 책을 주신 권사님이었다.

"○○아, 내가 준 책 읽어봤니?"

나는 그제야 책을 받은 게 있었지 하고 생각하면서 조금 읽었어요, 하고 거짓말을 했다. "그래, 아이들이랑 바쁘지? 그래도 꼭 끝까지 다 읽어보렴." 하고 전화를 끊으셨다.

전화를 받은 김에 한번 읽어봐야겠다고 생각하고 책장을 넘겼다.

• 모든 사람은 구원이 필요하다 ____

책 내용보다 그 여자가 서울대 출신이라는 사실에 더 치중하는 책 같아서 거부 반응이 와서 그냥 책표지를 덮어버렸다. 그런데 한 주가 지나서 그 권사님이 또 전화를 하셨다.

숙제를 해야만 하는 학생처럼 책임감에 못 이겨 다시 책을 폈다.

시작부터 서울대 나온 여자가 그것도 피아노를 전공한 여자가 큰 성가대에서 반주를 하던 여자였는데 장로님 댁 자식인 의사랑 결혼을 했다는 것이다. 그럼 성공한 거네, 그런데 고생을 엄청 했다고 고생한 것을 자랑하는 내용 같았다.

어, 지난번에 하나님이 나보고 며느리의 때에는 며느리로 충실한 것도 하나님을 위한 것이라고 했는데 이 여자는 뭐지? 헷갈린다, 싫었다. 이 정도 읽었으면 대충 이야기는 할 수 있으니까 여기서 끝이다 하고 책을 덮어버렸다.

그런데 그 다음 주에 그 권사님이 또 전화를 하셔서는 "○○아, 그 책 다 읽으니 너무나 좋지 않니?" 하시면서 "책을 쓰신 그 집사님이 큐티를 인도하시는데 같이 가보지 않을래?" 하시는 것이다

이 권사님 뭐지? 혹시 이단에 빠지신 거 아닌가? 담임목사님이 다른 데 성경 공부 같은 거 하러 절대 다니지 말라고 하셨는데 어디를 몰래 다니시다가 이제는 나까지 끌고 가시려고 하는구나. 나는 작은아이 분리불안장애로 교회일을 하지 못하게 되면서 다시 미세스키 공부방을 시작하여 오는 아이들이 점점 늘어나기 시작해서 다른 데 새로운 것을 배우러 다닐 시간도 없는 터였다. 그래서 공부

방을 시작해서 안 된다고 말씀을 드리고 전화를 끊었다.

그 다음 주에 그 권사님은 또 전화를 하셨다. 조금씩 짜증이 나기 시작했다

"ㅇㅇ아, 아침 9시부터 시작해서 오전만 듣고 빨리 오면 되니까 한번만 가자."

나는 갑자기 찐득이 생각이 났다. 시골에 가면 시댁 근처에 소키우는 농장이 있어 사시사철 찐득이를 걸어놓아야 한다. 파리가 너무 많아서. 그런데 그 찐득이가 잘못해서 떨어졌을 때 모르고 밟거나 옷에 붙으면 도저히 떨어지지 않는다. 어떤 세제로 빨아도 그찐득이 없애는 것은 쉬운 일이 아니었는데 바로 그 권사님이 찐득이 같았다. 나에게 점심 한번 사주고 책 한 권 사주시고는 이렇게 찐득이처럼 계속 관리를 하려고 하시니 어쩌면 좋지? 그 대가를 한번은 치러야겠는데. 그럼 어차피 한번은 응해줘야 포기하실 것 같으니 빨리 해치우자는 심정으로 다음 주에 가겠다고 약속을 했다

다음 주에 9시 30분쯤 도착하여 12가 넘어서 집으로 오면서 이제는 됐겠지 한번 가주었으니 다시는 귀찮게 하지 않으시겠지 하고 지긋지긋한 숙제를 마무리 한 것처럼 홀가분했다. 그런데 그날 저녁에 전화가 왔다. 다녀온 소감이 어떠냐고 물으셨다.

"잘 모르겠어요. 길다는 생각과 지루하다는 생각밖에 안 들었어요. 권사님."

하고 말씀드렸는데 다시 월요일에 전화를 하셔서는 내일 한 번

더 가자고 하는 것이다.

나는 "안 돼요, 권사님. 오자마자 수업하기도 벅차고 ○○이 때문에 불안하기도 해서 가고 싶지 않아요. 죄송해요."

정말 이제는 전화도 받고 싶지 않을 만큼 짜증이 났다. 그리고 3주 정도 조용히 지나갔다. 3주가 지난 뒤 그러니까 7월에 책을 받고 11월이 넘어서 전화를 하셔서는 딱 한번만 더 같이 가달라고 사정을 하셨다. 두 번도 아니고 딱 한번만 더 가주면 된다는 것이다.

"권사님 딱 한번이에요. 더 이상 갈 수 없어요. 권사님이 제 사정을 이해해주세요. 제발요."

나는 정말 누가 봐도 억지로 끌려오는 사람입니다, 하고 싫은 티를 팍팍 내면서 따라갔다. 그곳에서 자기 삶을 오픈하는 시간이 있었다. 그런데 신기하게도 나를 위해 준비해서 세운 것처럼 나와 나이도 같고 나이만 같은 것이 아니고 생일까지 같고 내 남편과 같은 나이의 남편을 둔 여자가 나왔다. 그 여자는 자기 이야기를 했지만 어쩌면 그렇게 나의 살아온 인생과 같을 수가 있는지 처음에는 당황했고 나중에는 내 옷이 홀딱 벗겨지는 기분이라 도저히 고개를 들고 앉아있을 수가 없을 정도였다. 심한 거부감에 그냥 그 자리를 나와버릴까 하면서 참고 있는데 그게 전부가 아니었다. 그냥 의미 없는 개인 사생활을 까발리는 시간이 아니고 그 삶 후에 말씀으로 삶을 고난을 승화시키는 내용이 이어졌다. 그 여자의 삶은 나와 같았지만 분명 그 여자는 나와는 다른 여자였다. 시간이 되어 권사님

───── 이제는 너를 들여다봐 줄래

을 남겨놓고 간다는 인사도 하지 않고 집으로 가는 버스에 올랐다.

"하나님 이게 뭐죠? 저들도 크리스천이고 나도 크리스천인데 뭐가 다른 거죠? 분명히 저와는 다른 사람들입니다. 그 다름이 뭔지 알게 해주세요."

집에 와서 인터넷으로 찾아보니 큐티를 인도하는 교회는 이단도 아니었고 남서울 은혜교회로 내가 잘 아는 전도폭발 목사님이 시무하시는 곳이었다. 유명한 목사님이 인도하는 것도 아닌데 성전 안이 비좁을 정도로 사람들로 꽉 차있었다. 나는 그 답답함에 그게 무엇인지 깨닫게 해달라고 다시 하나님께 졸라댔다.

나를 그곳에 인도한 권사님은 이곳에서 무엇을 발견하셨길래 나를 집요하게 이곳으로 인도하고 싶어 하신 것일까? 한 번쯤 생각했어야 했다.

나는 하나님께 여쭙고 또 여쭈었다.

하나님은 너 있는 곳은 회칠한 무덤 같다고 하셨다. 영적인 충격이 아닐 수 없었다. 회칠한 무덤. 나는 31년을 하나님을 잘 믿었다고 생각하며 살았지만 인격적인 하나님을 만나지 못했었고 다시 하나님께 돌아왔노라 이제는 정말 잘 믿어보리라 다짐했지만 '잘못된 믿음'으로 자녀를 병들게 했다.

내 열정만 앞세우고 기도에만 몰두했던 4-5년 기도, 기도, 기도. 기도에 빠지다 보면 한 시간 두 시간 세 시간도 부족하다. 그러다 보면 환상도 보고, 환청도 듣고 그러면서 나는 무엇을 보았네, 무엇을 들었네, 하며 영적 교만에 빠져서 기도하지 않는 권사님들을 무시하고 나만 이 교회에서 기도 많이 하고 체험 많은 사람으로 내가 우상이 되어있었다.

그런데 정작 나는 하나님을 모르고 있었다. 하나님은 우리 교회를 회칠한 무덤이라고 하시면서 "내 백성이 나를 아는 지식이 없어 망한다." 하고 탄식을 하셨다. 하나님을 너무나 모르면서 내 열정에 내 감정에 내 교만에 빠진 삶이었던 것이다. 결론은 무식이 용감했던 무모한 열심이었던 것이다. 그럼 하나님을 알기 위해서는 어떻게 해야 하지? 하나님은 성경 말씀을 읽으라고 하셨지만 나는 또 하루하루를 미루고 피곤한 삶을 핑계대고 있었다.

어느 날 저녁에 티브이에 정신이 팔려 보고 있는데 큰아이가 와서 나를 보더니 "엄마 티브이 보고 있는 거야? 내가 엄마라면 그 시간에 성경을 보겠다." 하는 것이다. 나는 그 소리가 내 머리를 망치로 때리는 것 같은 느낌이 들었다. 잠자다가 누가 깨워서 벌떡 일어난 것처럼 정신이 번쩍 들면서 바로 작은 방으로 갔다. 그리고 성경을 읽기 시작했다. 처음에는 두 달에 한번 그 다음엔 한 달에 한번 그 후엔 일주일에 한 번씩 통독을 했다.

그런데 아무리 읽어도 무슨 내용인지 무슨 말씀을 하는 건지 알 수가 없었다. 한 달에 한번은 모를까 일주일에 성경 신구약을 통독하려면 정말 아무것도 하지 않고 심지어 먹지도 자지도 않아야 가능한 것이었다. 나는 정말 모가지가 꺾어져라 성경만 읽었다.

왜? 하나님을 알고 싶었다. 성경을 읽으면 하나님을 안다고 해서 하나님을 정말 알고 싶었다. 네 번째 읽으니 스토리는 이해가 갔다. 역사가 재미있게 다가오기는 했다. 그런데 그것만이 아닌 것 같았다. 나는 또다시 몸부림치는 기도를 했다.

"하나님, 하나님은 저의 아버지라고 하셨잖아요. 제가 너무나 하나님을 무섭게 심판하시는 하나님으로만 섬기면서 또다시 벌을 받아 자식들이 아프게 될까봐 강박증 환자처럼 교회일을 할 때 하나님이 그러셨잖아요. 아버지로 생각하기를 원하신다고 나는 너의 아버지라고 나는 아버지의 딸이라고. 아버지 안에서 쉼을 얻으라고 종처럼 노예처럼 매어있지 말고 안식을 얻기를 바라신다고 하셨잖아요. 그런데 이게 뭐예요? 하나님은 아버지시고 나는 하나님의 딸인데 어떻게 자녀가 아버지의 말씀을 못 알아들을 수가 있죠? 그게 무슨 아버지와 자녀입니까? 아버지의 말씀을 제가 알아듣기를 소망합니다. 알아듣고 이해를 해야 말씀을 읽을 수가 있죠.

제 눈을 열어주세요. 게하시의 눈이 열리기 전에는 보아도 보이지 않았던 것처럼 아직 어두운 저의 눈을 밝혀주옵소서. 보게 하시고 깨닫게 하여 주옵소서."

몸부림치는 기도로 떼를 쓰다가 내가 공황장애 때문에 시달리면서 고통 가운데 벽을 긁어가면서까지 하나님을 찾았던 절규의 순간들이 떠올랐다. 그래, 난 지금 영적 공황상태에 놓였구나. 나는 너무 혼란스러웠다. 내가 평생 알고 온 하나님 도대체 그 하나님은 어떤 분이시란 말인가. 아는 게 없다.

내가 복을 빌면 복을 주는 하나님? 병을 고쳐달라고 하면 병을 고쳐주시는 하나님? 뭐야? 그럼 하나님의 존재 이유가 무엇일까? 우리에게 복 주기 위해 우리 잘 먹고 잘살게 하기 위해 필요를 채워주시는 존재일 뿐일까? 그러면 나는 그 필요가 채워지지 않으면 하나님도 필요 없어지겠지. 아니, 필요가 다 채워져도 더 이상 하나님은 찾을 필요가 없겠지.

여섯 번을 읽고 낙심하였다. 다시 한 번만 더 읽어보리라. 성경을 펴고 창세기부터 읽어가는데 정말 신기했다. 가리어졌던 비늘이 벗겨진다는 것이 이런 것일까? 글을 읽을 때마다 의미가 전달되었다.

하나님은 천지를 위해 사람을 창조하셨을까? 사람을 위해 천지를 창조하셨을까? 전에는 자연으로 알았던 것이 창조로 받아들여지고 천지와 함께 사람도 그렇게 만드셨다는 것만 알았지 사람을 위해 천지를 지으셨다는 것을 깨닫지 못하고 살았다. 사람인 나를 위하여 이 천지만물을 창조하신 하나님이 믿어지면서 드디어 하나님이 아버지로 다가오기 시작하였다. 나는 피조물이고 하나님은 창조주이신 신이라는 사실은 이론적으로는 알고 있었지만 아버지가 나를 위해 준비하셨다고 깨달아진 적은 없었던 것이다. 마치 내가 결혼을 하여 첫아이를 임신하고 아이를 위해 필요한 모든 것을 준비한 엄마처럼 위대하신 하나님이 은혜로운 하나님으로 다가왔다. 또한 새롭게 눈에 들어온 것이 사람은 역시 교만하구나, 사람은 역시 이기적이구나, 성경도 하나님 말씀도 자기 필요한대로 해석하는구나, 창세기에 6일 동안 하나님의 창조사역을 마치고 첫날부터 좋았더라, 좋았더라 하시다가 사람을 창조하시고는 심히 좋았더라고 하셨다고 감탄하셨다고 듣고 알고 있었다.

내가 일곱 번째 읽은 성경에는 사람을 창조하시고는 심히 좋았다, 라고 하는 말씀이 없었다. 하나님은 6일 동안 천지를 창조하시고 모든 일을 마치시고 천지창조를 보시고 종합적으로 심히 좋았다고 감탄하셨는데 사람들은 그중에 자기들만 보시고 심히 좋았다고 감탄하셨다고 해석하였던 사람들이 아주 이기적이고 편협하게 느껴졌다.

우리는 하나님께서 감탄하신 존재라고 우쭐할 필요도 없고 교만할 자격도 없다는 사실이 바로 다음 장에 이어진다. 모든 창조물들은 있는 그대로 하나님을 찬양하고 경배하지만 유일하게 사람만이 하나님을 배신한다.

하나님을 배신하고서도 자신의 잘못은 절대 인정하지 않고 하와는 하나님이 지으신 뱀 때문이라고 하나님 탓을 하고 아담은 하나님이 내게 주신 하와 때문이라고 발뺌을 한다.

그런데 나는 하나님 탓을 하는 하와와 아내 탓으로 발뺌을 하는 아담을 보면서 내 자신이 보이는 것이 신비로웠다. 내가 성공하지 못한 것은 엄마가 큰 오빠만 사랑했기 때문이었고, 내가 신앙생활을 건강하게 하지 못한 이유는 율법적이고 완고한 아버지 탓이고, 내가 불신 결혼으로 불행한 것도 부모님이 적극적으로 반대하지 않아서였다. 그럼 나는 창세기에 나오는 노아처럼 아브라함처럼 요셉처럼 하나님과 동행하며 살지 못한 것일까? 의문을 품고 출애굽으로 들어간다.

출애굽. 더 잘살기 위해 욕심으로 선택한 곳이 아닌 죽지 않고 살기 위해, 죽지 못해 내려갔던 땅, 내려가지 않으면 살 수 없어서 마지막으로 선택한 땅이 애굽이었다. 그곳에는 사랑하는 아내에게서 얻은 요셉이 있었고 먹을 음식이 있었고 세상 물질이 풍요로웠다. 그러나 그곳이 곧 야곱의 매장지가 되어버리고 죽어서까지 시체라도 다시 가나안으로 돌아오길 소망하게 된다.

나는 사랑하는 남편과 살기 위해 결혼을 선택했고 가나안을 버리고 애굽 시댁으로 내려갔다. 애굽에는 남편이 있고 자녀가 있다. 하나님께서 출애굽 하라고 명하신다. 떠나라고 명하시는데 완고해진 나는 열 가지의 재앙을 모두 받을 때 까지 깨닫지 못했다. 결국에는 사랑하는 자식을 잃고서야 포기하는 바로 왕.

상견례 때 결혼하면 제사는 모시지 않기로 하고, 종교의 자유는 인정하기로 했어도 시어머니께 순종하는 것이 복음을 전하는 길이라 생각한 어리석은 나는 먼저 나서 제사음식에 귀신 섬기는 일에 충성하였던 죄. 작은아이의 장애를 보고도 전혀 깨닫지도 의심도

_____ 이제는 너를 들여다봐 줄래

할 수 없었던 무지함의 삶! 큰오빠가 죽어가면서 지옥에 간다고 절규를 했어도 감각도 없이 무시했던 내 죄. 결국 큰 자녀를 칠 수밖에 없었던 하나님의 심정.

그 가운데 우리 큰아이는 지옥을 눈으로 보았던 것이다. 날마다 새벽마다 지옥을 보았을 딸을 생각해보라. 어른도 감당하지 못할 시련과 고통을 여덟 살짜리 어린아이가 감당하면서 죽지 않았던 것이 기적이었다. 큰아이는 나를 하나님께로 인도한 영적 인도자였던 것이다.

출애굽을 명령하신 하나님. 내가 가나안에 도착하기까지 나를 기다리는 것은 전쟁이었다. 싸워서 이겨야할 영적 전쟁. 나는 성령체험을 하고 기도를 많이 할 때보다 성경이 더 잘 읽히면서 더 성장하고 영적으로 철이 들어감을 느낄 수가 있었다.

나는 그 뒤로 성경을 12번을 더 읽었다. 성경을 누구를 가르치기 위해서 지식으로 알기 위해 읽었던 것도 아니고 몇 번 읽었다고 자랑하기 위해 읽은 것도 아니다. 육신의 아버지의 말씀도 듣지 않고 알고 싶어 하지도 않고 보려고도 않는다면 그 관계가 어떻게 좋은 관계가 될 수 있을까? 얼굴만 보고 아무 대화도 없이 산다면 그것도 정상적인 관계라고는 생각이 들지 않는다. 사랑하는 사람과는 함께하고 싶고 대화도 많이 나누고 싶듯이 나는 하나님과 함께하고 싶고 많은 대화도 나누고 싶기 때문이었다.

성경에 보면 므두셀라, 노아, 아브라함, 엘리야 등이 하나님과 동행했다는 표현이 많이 나온다. "동행", 동행은 일방적일 수가 없다. 서로의 교제가 없는 동행은 있을 수가 없다. 성경에서 많은 축복이 나오지만 동행하는 축복이 가장 큰 축복으로 느껴진다. 그러면서 하나님은 나에게 무엇을 원하시는가 궁금했는데 하나님은 나와 동행하기를 원하시는구나 하는 것을 깨달았다. 하나님은 내가 복을 받을 때 내가 건강하게 살 때 세상에서 성공할 때 누구보다 나와 동행하기를 원하시는구나.

14 ——— 복음에 빚진 자

나를 날마다 큐티하는 집사님께 인도하여 주신 권사님은 내가 94년 결혼 후 몸담은 첫 번째 속의 속장님이셨다. 친정엄마같이 참 푸근하게 잘해주신 분이셨는데 뜻하지 않은 일이 일어났다.

우리 집은 전세를 살았는데 우리는 1층에서 살고 집주인은 2층에 살고 있었다. 주인댁 아들이 재수를 하는데 2층에서 1층으로 내려와야 아이가 대학에 합격한다고 우리보고 이사를 가달라는 것이다. 우리는 이사를 갔고 속장님과도 헤어지게 되어 정말 많이 섭섭했었다.

———— 이제는 너를 들여다봐 줄래

그 후 8년이 지났다. 교회가 크다 보니 교회 내에서 부딪치는 것도 없었다. 그런데 그 뒤 권사님은 디스크 수술을 하셨고 연골이 깨져서 관절염 수술에 병원 신세를 많이 지셨다고 했다. 뼈 때문에 얼마나 고생을 많이 하셨는지 하나님께 제발 나 좀 하늘나라로 데려가 달라고 기도가 아닌 절규를 하셨다고 했다. 그러면서 회개를 시키시는데 정말 많은 회개를 면서 나한테 미안한 게 떠오르게 하셨단다. 나는 내가 성령 체험할 때 그렇게 회개를 시키시던 일이 기억났다. 내 의지와는 상관없이 일주일 이상을 회개만 하라고 하셨던 하나님.

아아~ 같은 성령님이시니 어떻게 하셨는지 말씀하지 않아도 알 것 같았다.

그렇게 힘들 때 친구 소개로 날마다 큐티하는 집사님의 큐티를 알게 되었고 말씀을 새롭게 깨닫게 되면서 정말 복음을 빚진 내가 그 빚을 ○○이 엄마에게 갚아야겠다 생각하고 생명으로 인도하는 이곳으로 인도하고 싶은 맘이 간절하였단다. 나를 위해 정말 오랫동안 기도를 많이 하셨다고 했다.

그 권사님 덕분에 큐티라는 것을 알게 되고 성경통독과는 다른 말씀묵상에 들어가게 된다. 나는 큐티로 인해서 내 삶의 연단의 훈련을 무사히 통과할 수 있었다 내 평생에 정말 은혜로운 분으로 기억되고 있다.

나도 그 복음의 빚을 다른 이들에게 전하는 삶을 살고자 다짐하

게 된 계기도 되었고 나중에 그 권사님은 다리가 불편하셔서 못 오
셔도 나는 한번도 큐티에 빠지지 않는 모범생이 되었다. 성경통독
으로 말씀의 맥을 잡았고 성경의 핵심이 요약되면서 깊은 묵상에
들어가니 정말 내 영이 풍성해지는 새로운 경험을 하게 되며 기쁨
이 샘솟는 경험을 하게 된다.

권사님은 큐티를 다니면서 "우리 아이들이 어렸을 때 내가 큐티
를 알았더라면 얼마나 좋았을까? 나는 정말 아이들을 말씀으로 훈
육하지 못해서 너무나 너무나 후회가 된다. ○○이는 큐티 잘 배워
서 아이들 어려서부터 말씀으로 잘 길러야 된다. 알았지?" 했다.

정말 가슴 아프게 후회하시는 권사님을 보면서 같은 후회를 하는
것은 아니라고 생각했다.

나는 당장 아이들과 큐티를 시작하기로 하였다. 아이들에게 큐
티가 어려울 거라고 생각했던 것도 나의 편견이었다. 아이들 수준
이 나보다 훨씬 높았다. 아이들은 깨달음도 빨랐고 적용에도 어려
움이 없었다. 그러면서 우리는 삶의 나눔까지 가게 되었다. 삶을
나누고 각자 원하는 것 한 가지씩 나누기로 했다.

큰아이의 바람은 "엄마가 나를 사랑해주었으면 좋겠어……."였
다. 큐티 잘하다가 갑자기 싸움으로 끝나는 것은 아닌가 하는 불길
한 생각이 들었다.

아니 엄마가 자기를 사랑해주었으면 좋겠다고? 쟤가 지금 제정
신인가? 끝까지 듣기도 전에 화부터 났다.

"○○아, 왜 엄마가 ○○이를 사랑하지 않는 것 같아?"

하고 물으니

"응, 태어나서 한번도 나를 사랑해준 적이 없었던 것 같아."

한다.

나는 점점 화가 더 나기 시작했다. 아니 내가 저를 어떻게 키웠는데……. 나는 산바라지 하러온 엄마도 믿지 못해서 아이를 맡기지 않았다. 화장실 갈 때도 아이를 내려놓을 수가 없어서 아이를 안고 갔고 파스를 손목에서 뗄 날이 없이 얼마나 애지중지 키웠는데. 그리고 자기가 그렇게 아파서 나를 그렇게 힘들게 해놓고 어떻게 다른 애도 아니고 쟤가 나한테 저런 말을 할 수가 있을까? 어떻게 저렇게 엄마의 고마움이나 수고는 까맣게 잊어버릴 수가 있는 것일까?

나는 너무나 기가 막혀서 이런 것이 정말 기가 막힌 상태 상태구나 싶었다. 너무 기가 막혀서 잠시 뇌가 생각하는 기능을 상실해버린 것 같았다.

하나님도 이런 기분이셨을까? 하나님은 나를 위해 독생자 아들까지 주셨는데 나는 "해주신 게 뭐 있어요~, 기도 들어주신 게 뭐가 있는데요? 이것도 안 주시고 저것도 안 주시고……."

기도에 미쳤고, 교회에 미쳤고, 말씀통독에만 미쳤던 내가 조금씩 조금씩 질서가 잡히고 아주 조금씩 성장하고 있음을 느낀다. 이제는 아이가 아니고 부모님의 맘을 한 번씩 돌아볼 줄 아는 어른이 되는 것일까? 묵상을 하면서 삶에 적용하기 위해 애쓰면서 내 삶을 세밀하게 다루시는 하나님. 아~ 정말 하나님은 대충 보면 안 되겠다. 섬세하신 하나님……. 엄마인 나보다 더 섬세하게 아이들의 감정과 정서를 다루시는 하나님의 손길.

나는 신앙으로 아이들을 훈육했을까? 내 성격으로 아이들을 가르치려고 했을까? 보여주신 것은 믿음과 신앙이 성격대로 온다는 것이다(성화되기 전). 각자 성격대로 믿음생활을 하고 있다. 많은 사람들이……. 아니 나도 마찬가지였다. 율법주의 완벽주의 아버지 밑에서 훈육받은 나는 나도 모르게 아버지 성격을 많이 닮았다. 아버지는 참으로 칭찬에 인색하셨다. 열 가지를 잘해도 한 가지 못한 것을 찾아내서 야단을 치셨다. 그런데 내가 아버지를 형제들 중에 제일 많이 닮은 것이다. 아버지는 그거 하나만 더 잘하면 아주 완벽하게 잘할 수 있을 거라고 우리들을 위해서 그렇게 하셨다는데 칭찬을 받고 자라지 못한 우리들은 자신감이 많이 부족하다.

그래서 나도 큰아이에게 유독 더 심하게 가르치려고만 했던 것 같다. 초등학교 4학년인데 한 과목만 빼고 모두 백점을 맞아 왔는데도 나는 그 한 과목을 100점 맞지 못한 게 그렇게 아까워 야단을 쳤다. "왜 한 과목은 뭐 때문에 100점을 못 맞았는데? 충분히 100점 맞을 수 있는데 왜 집중하지 못하고 실수를 했어? 왜?" 하면서 야단만 쳤다.

나는 80점보다는 90점이 낫고 90점보다는 100점이 나으니까 더

_____ 이제는 너를 들여다봐 줄래

잘해서 자기 잘되라고 한 것이다. 내가 엄마가 아니면 왜 야단을 치고 더 잘하라고 했겠어.

엄마니까, 사랑하니까, 야단도 치고 더 잘하라고 한 것이다. 그렇다고 사랑하지 않은 게 아닌데. 더 사랑해서 더 잘하기를 바랐고 세상에서 성공해야 하니까 성공하는 자녀가 되라고 도와준 것뿐이다. 그런데 아이에게 남은 것은 엄마에 대한 섭섭함과 엄마는 나를 사랑하지 않는구나 하는 원망밖에 없었다.

그동안 내가 말씀 묵상으로 인내하는 훈련을 하지 않았더라면 나의 서운한 감정만 앞서서 아이에게 또 소리를 지르고 화를 냈을 것이다. 내 수고와 헌신을 몰라주는 자식에게 화가 나서. 나는 아이에게 "엄마가 오늘부터 큐티 적용으로 ○○이가 원하는 것을 들어주는 것으로 할 테니 엄마에게 바라는 것을 10가지만 적어봐." 했더니 ○○이는 '엄마 10가지 말고 20가지 적으면 안 될까 한다. 아이들과 함께 큐티를 끝낸 후 나는 정말 기분이 좋았다. 왜지 모르게 춤을 추고 싶을 정도였다.

많은 부모들이 준비되지 않은 상태에서 아이들과 맘을 나누다가 오히려 상대에게 상처만 주고 영원히 아이들의 맘을 닫게 하는 경우가 얼마나 많은가. ○○이와 엄마의 관계에 하나님의 말씀이 다리가 되어주셨다.

나는 아이들에게 최선을 다하는 엄마라고 착각하며 살면서도 진실을 몰랐다. 아이들을 향한 내 열심, 일방적인 내 방법이 아이들에게 무조건 좋았을 것이라고 생각한 교만한 엄마였는데 큐티를 통해 묵상과 나눔을 통해 이렇게 자연스럽게 알게 하시고 풀어지게 인도하시는 세밀하신 하나님을 경험하면서 나는 내적 기쁨과 충만을 체험하게 된다. 그렇게 나는 조금씩 조금씩 하나님 아버지 안에서 성장하고 있었다. 그러는 동안에 교회는 이전하여 건축을 하게 되었고 예전보다 교통이 더 불편하여 버스를 두 번 갈아타야 갈 수가 있었다.

15 ──────── 음란마귀를 체험하다

어느 날 버스 정류장에서 두 아이 손을 붙들고 버스를 기다리고 있는데 자가용이 내 앞에 서더니 타라고 했다. 교회 권사님이시고 지금 속회 속장님 남편분이셨다. 지금 교회 가는 길이라며 태워주겠다고 하셨다. 같은 동네에 살고 같은 교회를 다니다 보니 예배 가는 시간이 맞을 때 가끔 골목에서 부딪히게 되었고 그때마다 두 아이를 데리고 버스를 두 번 갈아타고 가면 힘드니 타라고 하셨다. 그래서 한두 번 신세를 지게 되었다.

언젠가부터 나는 새벽기도를 매일 가지는 않았다. 그런데 절기 새벽제단은 빠트리지 않고 성공한다. 다니엘 특별새벽기도를 10일

동안 하는데 속장님 남편분이 그 동네 신도를 모두 태우고 다닌다며 나도 같이 타고 다니라 했다. 불편하고 신세 지는 것이 싫었으나 속장님 말씀도 있고 해서 같이 타고 다니게 되었다.

어느 날 새벽기도를 끝내고 집에 가려는데 성경책 위에 내 이름이 쓰인 봉투가 하나 있었다. 열어 보니 돈이 있었다. 누가 갖다 놓았는지 몰랐다. 무슨 돈이지, 하고 성경책에 넣어 집에 와서 그 돈봉투를 놓고 고민하다가 속장님한테 전화를 해서 말씀을 드렸다. 그랬더니 알아보시겠다고 했다. 그런데 다음날 새벽기도 가는데 또 그 권사님이 차를 대면서 타라고 하셨다. 차에 타니 그가 "어제 내가 집사님 성경책 위에 봉투 하나 놓고 갔는데 얼마 안 되지만 용돈으로 쓰세요." 한다. 나는 너무나 기분이 나빴지만 아무 소리도 아니 어떤 대답도 하지 않고 새벽기도가 끝난 후 속장님이 운영하시는 슈퍼에 찾아가서 속장님께 돈봉투를 드렸다. "왜 권사님 남편분이 저한테 용돈으로 쓰라고 이런 봉투를 주시는지 모르겠네요. 속장님 갖다드려야 할 것 같아서 갖고 왔어요." 하고 슈퍼를 나왔다.

그 다음날 새벽기도 시간에 한참 기도에 열중하는데 누군가 내 옆자리에 와서 앉는 것 같더니 내 손을 덥석 잡는 것이었다. 눈을 떠 보니 그 속장님 남편분이셨다. 놀라서 손을 빼려고 하니 "집사님, 내가 집사님 위해 기도해주러 왔으니 기도 받으세요." 하는 것이다. 참 기가 막혔고 뭐하는 짓인가 했지만 교회 어른이 나를 위해 기도해주신다니 어쩌겠는가.

다음날 새벽에는 그 권사님 차를 타지 않고 더 이른 시간에 택시를 타고 교회에 와서 늘 앉던 자리가 아닌 2층에 올라와 자리를 잡았다. 예배가 끝나고 기도하는 시간에 나는 어처구니없는 모습을 발견한다. 그 속장님 남편 되시는 분이 기도는 하지 않고 3000석이나 되는 예배당을 구석구석 누군가를 찾고 다니는 것이었다. 그 모습이 사람이 아닌 짐승처럼 보이면서 온몸에 소름이 돋았다. 그러면서 아~ 사단이구나 싶었다.

그때 나는 큐티를 욥기서로 하고 있는 중이었다. 욥기를 묵상하면서 나는 욥기서가 끝날 때까지 '입 다무는 적용'을 하기로 하나님과 약속을 한 터였다. 나에게 욥기 같은 시련이 와도 나는 입을 좀 다무는 적용을 하겠습니다. 남편에게도 잔소리하지 않고 아이들에게도 아니 세상에도 너무 시끄러운 자기들 목소리 내느라 소란한 터였고 교회까지 그 사람들의 말로 인한 상처로 신음소리가 하늘을 찌르는 것 같아 나 혼자라도 입을 다물고 인내하는 적용을 하기로 했다. 그런데 사단이 욥을 잔인할 정도로 시험하듯 너 어디까지 입 다물고 있을지 한번 시험이라도 하는 양 나를 시험하기 시작했다. 처음에는 확 고소를 해버릴까 하다가 나는 지금 입 다무는 적용 중이지, 일단 침묵하며 기다려 보자 했다.

그 주 금요일 날 속예배를 드리는데 속장님께서

"자기야, 그때 자기가 들고 슈퍼로 왔던 그 돈봉투 내가 우리 권사님한테 물어 봤는데 자기가 새벽기도 차 얻어 타고 다니면서 남편이 생활비를 잘 안 갖다 준다고 생활비가 부족하다고 하면서 권사님 돈 좀 빌려 주세요 했다면서? 그래서 빌려 주는 것도 그렇고 해서 그냥 쓰시라고 줬는데 가져왔네 하시던데. 우리 권사님이 준 거면 그냥 써도 되는데. 근데 자기네 생활이 그렇게 어려웠나? 나도 몰랐네."

하고 속도원들 다 있는 데서 다 들으라고 일부러 공개하신다.

어떻게 저렇게 새빨간 거짓말을 만들어서 아내에게 할 수 있지? 저런 분이 교회권사라고? 집사인 나를 위해 기도해준다고?

'오 주여, 세상에 이런 일도 있을 수가 있네요. 교회에서 그것도 속장님을 통해서 이런 꼴을 당하네요.'

했다.

집으로 돌아오는데 더 침묵할 수 있겠냐, 하는 음성이 들렸다. 이틀 지나서 주일 아침 성가대 연습에 한참인데 성가대 연습실에 버젓이 그 권사님 남편분이 들어오시더니 성가대 총무가 누구냐고 부르셨다. 총무권사님이 일어서니 그분에게 다가가니 120명이 넘게 모여서 연습하는 자리에서 소프라노에 ○○○ 집사님 잘 부탁한다, 나하고 특별한 관계인데 신경 좀 많이 써주었으면 한다, 그렇게 인사하고는 나가는 것이었다. 그 순간 진짜 나는 절규라도 하고 싶었다.

나는 그 권사님 남편분 차를 얻어 타고 다니기는 했어도 그분과 차에 오를 때 안부인사 외에는 대화를 나눠본 적도 없었다. 집에서 교회까지 차를 타면 5분에서 10분 거리였다. 그리고 새벽기도 때는 다른 권사님 네 분이 함께 타고 다녔다. 그런데 왜 저분이 나를 특별한 관계라고까지 숨기는 것이 아니고 만인 앞에 공표를 하고 다니는 것일까, 나를 얼마나 우습게 여겼고 다른 사람들은 나를 어떻게 생각할까?

그 다음날부터 날마다 집으로 선물이 배달되었다. 뜯어보지도 쳐다보기도 싫은 선물이 베란다에 쌓여갔다. 주일이든 수요예배든 예배가 시작하여 10분쯤 지난 시간에 일부러 사람을 비집고 들어와 내가 어디에 앉아 있든 내 옆자리에 와서 예배를 드리는 것이다. 기도 시간에 나는 다른 자리로 피했고 그래도 내가 침묵으로 일관하니까 점점 더 나를 우습게 여기기 시작했는지 이제는 매일같이 편지를 보내기 시작했다. 한 통도 개봉하지 않은 채 선물과 함께 모두 내버리기에 바빴다. 더럽고 치가 떨렸다.

하루는 교구 전도사님이 나에게 전화를 하셨다. 집사님과 식사나 하면서 상의할 일이 있다고 나오라는 것이었다. 전도사님을 만나 식사를 막 시작하려는데 세상에 그 속장님 남편이 버젓이 들어와 우리 자리에 앉는 것이었다. 나는 벌떡 일어나 식당을 나오려는데 그 손님들 많은 자리에서 소리를 지르며

"집사님! 집사님! 교회 권사가 전도사님 하고 상의 좀 할 게 있다는데 어디서 집사가 되어서 버르장머리 없이 식사하는 도중에 자리

에서 일어나나갈 수가 있어? 집사님은 그런 예의도 모르나?" 하는 것이다.

그러든가 말든가 사람의 소리같이 들리지도 않았다. 나는 뒤도 안 돌아보고 나오는데 정말 살이 벌벌 떨렸다. 현기증이 나고 구토가 나왔다. 속에서 뱀이 우글거리는 느낌이었다.

그날 이후 며칠이 지났을까? 이번에는 교구장님이 전화를 하셨다.

"집사님, 나 교구장인데. 그동안 아이들 때문에 고생한다는 소리는 많이 들었어. 한번도 챙겨주지 못해서 미안하기도 하고 우리 장로님이 집사님이랑 식사 한번 같이 하시고 싶으시다는데 시간 좀 내봐요."

나가 보니 장로님 옆에 그 속장님 남편이 떡 하니 앉아있는 것이 아닌가. 들어가다 말고 다시 나가려고 하니 교구장님이 내 팔을 꽉 붙들었다.

"무슨 짓이야. 우리 장로님이 집사님 위해서 일부러 마련한 자리인데 이렇게 나가버리면 그건 정말 말도 안 되지. 그런 경우가 어딨어?"

그 자리를 떠나 집으로 오는데 나는 죽음을 생각했다. 아 사람들이 왜 자살을 하는지 알 것 같았다. 정말 죽고 싶었다. 죽고 싶어지자 침묵하는 적용에서 여기까지인가 하면서 극동방송에 전화 상담을 신청했다. 그러나 상담사는 오히려 지금까지 아무에게도 말을 하지 않은 것은 잘한 것 같다며 다른 내용과는 달리 예민한 부분

이고 가벼운 내용이 아니니 지금처럼 아무에게 섣불리 말을 하지는
말고 교회 담임목사님 사모님을 직접 찾아가라고 하셨다.

혼자 갈 용기가 나지도 않고 교구장님도 한편이고 심방여전도사
님도 한편이시니 결국 나는 나를 큐티로 인도하셨던 권사님께 도
움을 청해서 함께 담임목사님 사모님을 찾아갔다. 버려도 버려도
끝이 없이 보내온 선물과 편지 그중에 편지 하나를 증거물로 가지
고 갔다. 사모님 앞에서 처음으로 공개되는 편지 내용이 기가 막혔
다. 사모님은 "음란 마귀가 들어갔구나……." 하며 내가 기도할 테
니 앞으로 무서워하지 말고 선물과 편지가 오면 버리지 말고 그것
을 그대로 모아두었다가 모두 들고 속장님이 계시는 슈퍼에 찾아가
바닥에 패대기쳐 버려라 한다. 패대기치고 그냥 오라는 것이었다.

사모님은 나보고 강하고 담대해지라는데 내가 과연 속장님 가게
에 가서 패대기치고 올 수 있을까? 내가 왜 이런 짓까지 해야 하는
것일까. 나는 사모님 시키는 대로 선물과 편지를 들고 갔지만 패대
기치지는 못하고 카운터 위에 올려놓고 도망치듯 집으로 돌아왔다.
그것만도 얼마나 떨리던지. 속장님이 얼마나 상처를 받으실까, 얼
마나 속상하실까. 내가 왜 이렇게 속장님께 상처를 주는 사람이 되
어야 하는 것인지 정말 가슴이 아팠다. 이번 일로 나도 말도 못하게
힘들지만 이 일로 상처받고 속상했을 또 한 사람 속장님을 그렇게
걱정했는데 내가 전해드린 선물과 편지도 다 보셨을 덴데.

속회예배에서 속장님은 또다시 속 식구들 있는 자리에서 공개적

으로 질문을 하셨다. "자기 딸 귀신 들렸었던 거 맞지? 그러다 정신과 치료받지 않았나? 그 뒤에 자기도 정신과 다닌 걸로 나는 알고 있는데……. 그거 다 치료는 된 거야? 아직 완치된 것은 아니지? 우리 권사님이 자기 걱정 얼마나 하시는데. 자기 위해 얼마나 기도하시는지 알아? 자기 위해서 걱정하고 기도하다가 돕고 싶은 맘으로 호의를 베푼 거였어. 자기가 얼마나 불쌍했으면 그랬겠냐. 그런데 그런 호의를 이렇게 누명까지 씌우면서 피해를 주면 자기 벌 받는다. 선을 악으로 갚으면 안 되지. 사람 그렇게 안 봤는데 정말 사람은 보여지는 게 다가 아니라니까."

나는 집에 돌아와 그대로 사모님께 알려드렸다. 사모님은, 부인에게 알려서 자연스럽게 멈추게 하려고 했는데, 안 되겠다면서 그 권사를 직접 불러서 경고를 해주어야겠다고 했다. 당신은 음란 마귀에 놀아나고 있으니 여기에서 멈추지 않으면 교회와 성도들을 위해서 당신을 출교시키겠다고. 그래서 이제 멈추겠구나 했다 자기도 사람이라면.

그런데 며칠 지나서도 아니고 바로 그 다음날 집으로 누가 찾아왔다. 그것도 밤 9시가 넘어서였다. 나는 아이들과 방에서 있었고 거실이 시끄러워 아이보고 나가보라고 하니 슈퍼 권사님이 오셨다고 하는 것이다. 정말 미쳐 버리겠네. 내가 뇌가 있는 것이 원망스러웠다. 뇌가 폭발해서 없어져 버렸으면 차라리 좋을 것 같은 순간이었다. 그 권사가 "저 안양 감리교회 권사입니다. 요 위에서 슈퍼

하고 있어요. 잠깐 문 좀 열어주십시오." 하니 아무것도 모르는 남편은 문을 열어준 것이다.

나는 얼른 큰아이에게 방문을 잠그라고 했다. 남편은 손님 왔다고 나오라고 한다. 나는 배가 아파서 누워있다고, 못 나간다고 핑계를 댔지만 근육이 쪼그라 들 정도로 긴장이 됐다. 그런데 그 미친 권사는 맥주를 잔뜩 담아 와서는 남편과 맥주를 마시고 있는 것이다. 교회 권사라는 사람이 믿지 않는 남편과 술을 마시고 있다. 정말 세상에서 사라지고 싶은 시간 그 미친 권사가 이제 우리 집까지 밀고 들어와 남편과 술을 마시고 있는데 나는 정말 세포가 다 파괴되는 시간이었다.

그 작가는 12시가 넘어서 갔다. 내게는 죽음보다 힘든 시간이었다. 남편은 그가 가자 나에게 핀잔을 주었다. 당신은 교회 권사님이 오셨는데 어떻게 나와 보지도 않냐고 그런 사람이었냐고.

사모님께 이번 일도 말씀을 드렸고 사모님은 다시 그 권사를 불렀지만 사모님이 은밀히 처리하려고 하는 것을 눈치 챘는지 오히려 사모님께 큰소리를 치더란다. 사모님이 무슨 힘으로 나를 쫓아낼 거냐고 나는 이 교회에서 장로가 될 거라고, 나는 절대 이 교회를 떠나지 않을 것이라고, 큰소리를 치고 나갔다는 것이다. 사모님은 나를 부르시고 내 손을 꼭 붙잡고 기도를 해주시면서 "정신 차리자. 이것은 사람의 힘으로는 안 될 것 같다. 같이 기도하자. 오늘부터 작정기도 하는 거다. 나도 같이 한다. 저녁에 금식하고 그 사람이 교회에서 내쫓을 때까지 기도하는 거다."

나는 하염없이 눈물이 나왔다. 왜 이런 남모를 고난이 나에게 찾아오는 것일까? 왜 이렇게 수치스럽고 부끄럽고 치욕스런 고통을 주시는 걸까? 하나님께 돌아왔는데. 하나님 열심히 믿고, 하나님 열심히 알려고 애쓰고, 함께 동행하는 삶을 살려고 그렇게 노력하는데. 하나님 저 정말 힘들어요. 저를 이렇게 내버려두지 마세요. 아이들이 아팠을 때보다 제가 공황장애를 앓았을 때보다 지금이 몇십 배는 더 힘들다구요. 어찌할 바를 모르겠어요. 이 세상에 있고 싶지 않아요. 사라져버리고 싶습니다.

한 달여 동안 문제는 해결되지 않았고 내 기도도 끊이지 않았다.

"내 백성이 순결하기 원한다."

순결……. 순결……. 순결을 원하시는 하나님? 나에게 회개하기를 원하셨고, 자녀가 되기를 원하셨고, 동행하기를 원하셨고, 이제는 나에게 순결을 원하신다고 했다. 순결……. 나는 순결하다고 생각하는데 무슨 의미일까?

결혼 후에 내 스스로 제사를 섬기고 어머님이 절에 가자고 하면 거절하지 못하고 따라다니고 결국에는 아이가 아플 때 굿까지 하려고 했던 내 모습을 기억나게 하시고 깨닫게 해주셨다. 그러면서 한 가지 더, 큰아이 초등학교 1학년 때 악몽을 꾸고 아프기 전에 메일을 주고받았던 남자를 기억나게 하셨다. 내가 지금 교회 권사님이 뱀처럼 보이고 더럽고 끔찍하고 징그럽게 느껴지는 것처럼 하나님은 내가 영적인 외도로 우상을 섬길 때 이렇게 끔찍하게 싫으셨을 거라고. 이 정도로 뼈가 녹는 고통. 그리고 내가 남편 탓을 하며 그 남자와의 관계를 지속하여 외도를 하게 되었다면 남편과 내 사이 우리 가정은 어떻게 되었을까?

몰랐습니다. 하나님, 내 행동이 그렇게 하나님이 싫어하시는 죄 중에 죄인지 개념이 없었던 것입니다. 제게 생명이 허락되는 날 동안 저는 정말 깨끗한 주님의 신부가 되겠습니다.

그렇게 회개를 하는 시점에서 '욥기서'의 긴긴 큐티가 끝나가고 호세아로 넘어가게 된다. 성경통독으로 여러 번 읽었어도 통독과는 다른 큐티에서 새로운 호세아 내용을 접한다. "내 백성이 지식이 없으므로 망하는도다." 하나님을 아는 지식이 없으므로 망한다는 것이다.

내 죄로 고생시킨 내 자녀들 여호와께로 돌아오고 여호와를 알되 힘써 알기를 원하시는 하나님. 하나님은 여전히 역사하고 계셨다. 하나님의 역사가 늦춰지거나 일어나지 않는 것은 내 죄 때문이었다. 결국 하나님의 역사는 나를 통하여 이루어져야 하는데 내가 깨닫는 것이 먼저다. 죄를 보는 것이 먼저다. 내가 변화를 받아야 나를 통하여 역사가 이어지는 것이었다. 결국 내가 하나님의 역사를 늦추고 있는 것이다.

그 해가 가지 않아 하나님은 그 속장님 하시는 슈퍼 건물주의 맘을 움직이셔서 건물주가 직접 슈퍼를 하시겠다고 나가라고 하셨다. 어떻게 보면 불법인데 건물주에게 쫓겨난 것이다. 두 달여를 길거리에서도 다투고 하더니 결국 다른 지역으로 이사를 하면서 한 동안은 이사 가서도 나오더니 거리상의 문제였는지 무엇이 문제였는지 나중에는 스스로 교회를 그만두었다. 그렇게 그 집을 떠나게 하시고 우리 집 장막도 하나님이 허락하신다.

16 ———— 춤추는 하나님

생활비도 넉넉히 갖다 주지 않고 혼자 벌어서 쓰라고 했던 남편이 어느 날 33평 아파트 분양 사무실에 가자고 했다. 나는 사실 우리 형편에 33평은 무리라고 생각했다. 17평 빌라에 살다가 25평도 감사한데 33평은 많이 무리가 가서 걱정이 되어 물었다. "25평도 충분한데 무슨 33평을 분양받는다는 거야?"

그런데 남편의 뜻은 따로 있었다. 아파트로 이사를 가면 우리만 따로 살 수가 없다고 시골에 어머님 혼자 사시는데 모시고 와야 한다고 했다. 그러면서 25평은 좁아서 안 될 것 같다고. 그렇게 우리는 어머님을 모시고 살아야 된다는 이유로 넓은 평수 아파트로 이사를 오게 된다.

분리불안장애를 앓고 있던 작은아이 때문에 6개월 정도 이사를 미뤘는데 오히려 이사를 오고 나서 접한 새로운 환경이 치유되는데 도움이 되었다. 큰아이가 4학년 때 이사를 왔는데 이사를 오자우리 집 형편이 아주 좋아진 줄 알았는지 "엄마 나 극동방송 어린이 합창단 하고 싶어. 사실은 3학년 때부터 하고 싶었어. 그런데 모두 자비량으로 하는 것이라 엄마가 매일 돈 때문에 힘들어 하는것 같아서 감히 얘기를 꺼낼 수가 없었던 거야. 이번이 마지막이야 5학년까지밖에 모집을 안 해 제발 오디션만 보게 해주면 안 될까? 떨어지면 그냥 포기할게. 제발 엄마." 한다.

나는 아파트로 이사는 갔지만 대출금 때문에 생활비를 더 갖다 줄 수는 없다고 한 남편 때문에 경제적으로 힘든 것은 변한 것이 없어 이 아이가 무슨 생각으로 극동방송 합창단을 하고 싶은지 무슨 겉멋이 들어서 그런지 아이의 생각이 궁금했다.

"무슨 이유로 극동방송 어린이 합창단을 하고 싶은 건데?"

"엄마, 엄마는 하나님이 춤추는 모습을 본 적 있어?"

정말 생뚱맞은 질문에 어안이 벙벙하였다.

"하나님이 춤을 추는 모습?"

다윗이 법궤를 찾아오면서 그 기쁨을 감추지 못하고 바지춤이 벗겨지는지도 모르고 춤을 추는데 그 모습을 업신여겼던 미갈처럼 딸아이의 모습을 업신여기며 물었다.

"하나님이 춤을 추신다고? 왜? 언제?"

"엄마 내가 교회에서 찬양단 하잖아 다른 아이들은 서서 찬양하는데 나는 춤을 추면서 찬양하거든. 나는 찬양할 때 너무나 기뻐서 가만히 서서 찬양할 수가 없어. 그러면 하나님은 내 손을 잡고 나랑 같이 춤을 추신다고 그러면 나는 더 기뻐서 더 신나게 춤을 추면서 하나님과 같이 찬양을 하는 거지.”

나는 딸아이 앞에서 부끄러웠고 가슴이 뭉클했다. 나는 아무리 하나님과 동행하려고, 말씀묵상하고 교제시간 늘리려고 애를 써도 아직도 여전히 하나님은 두렵기도 하고 어려운 존재인데. 우리 아이는 하나님과 손을 잡고 춤을 추며 찬양을 한다고 하니 나보다 친밀한 관계였다. 엄한 아버지한테서는 절대로 느낄 수 없는 친밀감. 마음은 원이라도 뜻대로 안 되는 관계.

눈물 나게 고생했던 우리 딸이 이렇게 자랐구나. 그때도 보혈 찬송을 백번 천번 부르게 하더니 우리 아이는 아직도 보혈 찬송을 부르면 마음이 뜨거워지고 성령님의 임재를 느낀다고 한다. 가정형편이 어렵고 아무리 강한 엄마라고 하지만 딸아이의 그런 신앙고백을 듣고 거절을 할 수 없었다. 그렇게 해서 큰아이는 중학교 2학년까지 3년을 극동방송 어린이 합창단 활동을 하는데 해외에 갈 때마다 큰돈은 아빠가 선뜻 내주고는 했다. 그러나 아이가 공연할 때는 한번도 참석해주지는 않았다.

“엄마, 세상사람 모두 와서 축하해주어도 아빠가 오지 않았잖아. 나는 아빠가 오지 않아서 맘이 허전해. 아빠 보여주려고 연습도 열심히 했는데.”

아이들에게 아빠가 필요할 때 아이들을 외롭게 하는 남편이었다.

"그래, 그러니까 우리가 아빠의 영혼을 위해서 빡세게 기도해주자. 알았지?"

둘째 아이는 큰아이와 성향이 아주 달랐다. 큰아이는 엄마나 아빠의 사랑을 많이 받으려고 했고 둘째는 사랑을 많이 주려고 했다. 나와 큰아이는 때때로 아빠가 밉고 이해되지 않는 때가 있었는데 작은아이는 항상 아빠가 불쌍하다고 했다. 그리고는 초등학교 2학년 때 자기는 이다음에 자라서 꼭 목사님이 되고 싶다고 했다. 작은아이가 목사님이 되고 싶어 하는 이유는 다름 아닌 아빠 때문이라고 했다.

"엄마 우리는 죽으면 모두 천국에 가는데 아빠만 지옥에 가야 되잖아. 그래서 나는 목사가 되어서 아빠가 죽기 전이라도 세례를 줄 거야. 아빠 옆에 붙어있다가 꼭 구원시킬 거야. 그래서 나는 반드시 목사가 되어야 해 알았지?"

얼마나 예쁜 딸들인가? 얼마나 착하고 얼마나 사랑스러운지. 교회에 아무리 오래 다녔어도 사실 구원의 확신이 생기는 것이 그렇게 쉬운 일은 아니다. 그런데 우리 아이들은 구원의 확신이 분명한 것 같아 감사하다. 우리 아이들은 티브이에서 사람이 사고로 죽었거나 살인을 당했거나 자살을 했어도 그 사람들의 죽음이 중요한 것이 아니고 그 사람이 예수님을 믿고 죽었는지 안 믿고 죽었는지 그걸 궁금해 했다. ○○이는 죽음 소식이 나오면 하던 일도 멈추고 나에게 물어본다.

"엄마 저 사람 예수님 믿고 죽었대 안 믿고 죽었대? 안 믿고 죽었으면 어떡하지? 지옥에 갈 텐데……." 하고 얼마나 안타까워하는지. 죽어가는 영혼들을 보면서 저렇게 안타까워하는 아이들을 보면서 내가 이대로 살고 있어도 될까 하는 의문이 들기 시작했다.

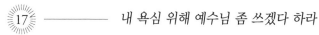

17 ─────── 내 욕심 위해 예수님 좀 쓰겠다 하라

"너를 기다리고 있는 영혼들을 잊지 마라."

그래요. 하나님 저도 누구보다 전도하러 나가고 싶은 사람입니다. 그런데 몇 년 전에 제가 전도에 열중하면서 교회 나가서 살 때 우리 아이가 어떻게 되었나요? 저보고 엄마의 때에 아이들을 최선을 다해 키우라고 하셨잖아요. 그리고 무엇보다 남편도 전도하지 못한 제가 다시 전도대에 나가서 설칠 수는 없어요. 그것처럼 부끄러운 짓이 어디 있겠어요?

언제나 하나님은 내 질문에는 즉답이 없으시다. "너마저 주저앉아 있으면 누가 복음을 전하겠느냐."

하나님과 매일 실랑이하고 있을 때 오빠의 기일이 다가왔다. 벌써 오빠가 죽은 지 4년이 되었다. 그래, 나는 그동안 나의 삶이 무거워 오빠의 죽음을 뼈아프게 아파하며 생각해본 적이 없었다. 갑자기 하나님께 화가 났다. 하나님 왜 우리 오빠 지옥에 보내셨어요? 왜요? 나는 몰랐지만 오빠의 죽음을 알고 있었던 하나님은 왜 우리 오빠를 그대로 지옥으로 가게 하셨는지 정말 하나님이 원망스러웠다. 하나님께 버림받고 가족에게도 간절한 전도 한번 받아보지 못한 오빠가 그렇게 절실하게 불쌍할 수가 없었다. 오빠가 불쌍해서 울고 또 울었다

시간을 내서 울고 예배 때마다 울고 시간만 나면 우느라 바빴다.

"네 오빠 한 사람 지옥에 간 것이 그렇게 마음이 아파서 울고 또 울고 기도할 때마다 울고 그렇게 끊이지 않고 울고 있는 거냐? 나는 내 사랑하는 자녀들이 매일 수도 없이 지옥으로 끌려가고 있는 것을 바라보고 있다. 그것을 바라보고 있는 내 마음은 어디까지 이해할 수 있겠니. 슬픈 네 감정도 중요하지만 이제는 내 심정을 알아주는 자녀가 되어주면 안 되겠니?"

그럼 제 남편은요? 제 남편도 그렇게 지옥에 끌려가는 것인가요?

"네 남편은 나에게 맡기고 네가 할 일은 나가서 전하는 일이다."

4년이라는 시간이 지난 뒤 나는 전도폭발이라는 전도 프로그램에 동참하게 된다. "오늘밤 이 세상을 떠나신다면 천국에 들어갈 것을 확신하고 계십니까?" 가슴이 뭉클하고 눈시울이 붉어져온다. 오늘밤! 그 오늘밤을 넘기지 못하고 가버린 오빠, 오빠~ 미안해! 내가 5년 전에 이런 구원의 확신이 있었어도 오빠를 지옥으로 보내

───── 이제는 너를 들여다봐 줄래

지는 않았을 텐데……. 나는 교회만 다니고 있었지 오늘밤 내가 죽을 수 있다는 것도 몰랐고 천국과 지옥이 대한 확신이 있었던 것도 아니었다. 그렇게 믿음이 없었다. 믿음은 있으면 좋고 없어도 할 수 없다고 생각했다. 그냥 교인이었지 하나님의 자녀는 아니었어. 오빠, 정말 미안해. 나에게는 살아있는 자를 대표로 오빠가 죽은 것 같았다.

내 가족을 지옥에 보냈으니 더 이상 사람들이 천국과 지옥이 있는 것을 모르고 방황하다가 지옥에 가게 할 수는 없었다. 교육과 전도 훈련 제자 훈련으로 2년여를 보냈다. 3년째 되는 해 전도폭발 프로그램을 운영하는 팀들의 부조리가 눈에 들어오기 시작했다. 전도대에 총무권사님이 있었는데 그곳에는 부목사님도 계시고 전도사님도 계셨지만 실세는 그 권사님 같았다. 외모로는 나이에 비해 유난히 날씬하셔서 여성적인 매력을 풍기셨고, 영적으로는 잘 보이지 않았지만 말씀 하나는 청산유수로 하는 은사가 있어 보였다. 나는 복음을 전하러 나온 사람인데 어느 부분에서 실수가 있고 허물이 보인다고 그것을 어찌 지적해서 은혜를 가리는 행동을 할 수 있을까 싶어 애써 눈감고 좋은 게 좋은 거지 하며 넘어가고 넘어가고 했다.

그러다 도가 지나친 듯 보였다. 죄가 아귀까지 차면 반드시 드러나게 돼있다. 더 이상 숨겨지지 않고 물이 빠지면 뭍이 드러나듯 알려지는 게 세상의 진리인 것 같다. 교회 안에서 한다고 모든 것이 하나님이 원하시는 일도 아니고 오히려 하나님을 등에 업고 자신들의 사리사욕을 채우느라 급급한 사람들이 곳곳에 있었다. 교회에서 어느 정도 직분이 생기고 봉사의 시간이 길어지면서 자기의 자리가 굳어져갈 때 교회 것은 모두 자기 것이고 교회 돈도 명목만 내세워 본인의 필요에 사용하는 데 전혀 거리낌도 없어지는 상태에 이른다. 교회 돈? 사실 교회 돈이라는 게 어디 있겠는가? 다 성도님들이 피땀 흘려 일해서 하나님께 드린 헌금이지. 아니 전도대에 나와서 온갖 자기 생활비 다 쓰고 본인 가정을 위해 쓰고 시장 보는 등 돈을 마치 물 쓰듯 쓰고 다니는데 정말 눈뜨고 봐줄 수가 없었다. 세워진 회계집사님이 있었지만 예산은 항상 총무가 받아 온다는 것이다. 그러고는 본인이 다 지출하고 회계는 쓰라는 대로만 기재하였다고 본인은 아무것도 모른다는 것이다.

그러다 어느 날 전도폭발 본부와 트러블이 생겼다. 교육생 1단계, 2단계는 교회에서 지원을 해주셨고, 개강식 때 피로연비와 졸업식 때 출장뷔페를 불러주셨고 따로 지원비도 주셨다. 그런데 이 모든 돈이 총무를 통하여 본부에 전달이 되는 것이다. 교회가 크다 보니 금액이 적은 금액이 아니었다. 한 학기에 1000만원이나 되는 금액이었다.

어느 날 본부 전도사님이 울면서 나한테 전화를 하셨다. 총무권사님한테 본부 통장으로 입금을 하라고 한다. 그래야 나중에 확인도 되고 서로 좋다고 했다. 입금을 부탁해도 계속 미루더니 전도사님 교회 오시는 날 드릴 게요 하더란다. 그리고 받은 적이 없는데 본부 원장님 찾아가서 돈은 전도사님 드렸으니 영수증을 써달라고 했다는 것이다. 그러면서 교회에 제출해야 하니까 영수증을 받으러 왔단다. 전도사님은 받은 적이 없다며 매일 미루고 교회에서 준다고만 했지 준 적도 받은 적도 없다고 했다. 그런데도 원장님은 우리가 계속 그 교회에 가서 교회를 빌려 전도를 해야 하므로 트러블 있어서 좋을 게 없단다. 전도사님은 안 받았다는데 원장님은 실랑이하면 좋을 것 없을 것 같다며 그냥 받은 것으로 써주셨다고 한다. 전도사님은 너무 억울해서 나한테까지 전화를 다 하신 것이다.

"아니 영수증을 써주시면 어떻게 하냐고 결국 내가 받은 거로 되잖아. 어떻게 나랑 10년도 더 같이 일을 했는데 내 말을 안 믿고 그 권사님 말을 믿고 영수증을 써주시냐고."

누가 들으면 누구 말을 믿어야 할지 모르겠지만 나는 그 전도사님을 믿는다. 왜? 그 권사님 행태를 이미 보아 알고 있었으니까. 나는 도저히 모든 사실을 알고 있는 한 평안한 맘으로 전도를 할 수가 없었다

그렇다고 내가 나서서 드러낼 수도 없었다.

한 주 쉬고 그 다음 주도 집에서 쉬면서 기도를 하며 맘을 달래고 있었다. 그런데 전도폭발 훈련이 끝난 다음 기도모임을 일부러 만들어 그 본부 전도사님 인신공격하는 시간을 가졌다는 것이다. "본부에서 오는 전도사님이 돈 욕심에 사로잡혀 교육비를 받고도 안

받았다고 하네요. 그런 사람과 하나님일 같이 할 수 있을까요? 그런 분은 쫓아내야 합니다."

그러면서 그분 쫓아내고 그 자리에 본인이 앉을 수 있게 해달라고 전도대원들과 합심기도를 했다는 것이다. 강사들은 강사들끼리 모여서 그런 전도사님과 함께 일할 수 없다고 본부에 항의 전화를 하게 만들었다. 교회 권사님이 그것도 다름 아닌 교회 안에서 이렇게 엄청난 짓을 꾸밀 생각을 어떻게 하게 되었는지 정말 궁금했다. '이분이 명예욕에 사로잡혀 있다가 자기도 모르는 사이에 사단의 꼬임에 넘어갔구나.' 싶었다.

그러던 어느 날 교회 사무실에서 전화가 울리는데 아무도 받지 않아 들어가 받게 되었다. 외국에 나가 있는 선교사님이셨다. 선교사님은 선교비가 입금이 되지 않아 기다리다 기다리다 전화를 한 것이다. 왜 입금이 안 된 것인지 두 달 지나고 벌써 세 달째다. 전화를 받으면서도 기가 막혔고 어떻게 이런 일이 있을 수 있는지 참 황당했다. "제가 알아보고 연락드리겠습니다." 하고 전화를 끊었다.

나중에 사무장님으로 계시는 장로님께 알아보니 선교부에 회계 권사님이 바로 전도폭발의 그 총무권사님이셨던 것이다. 그 권사님이 선교사님들 선교비 보내는 통장을 8개나 갖고 계신다는 것이다. "장로님, 다른 것도 아니고 선교비는 감사를 해보셔야 하는 것 아닌가요? 한국도 아니고 선교지에서 선교비가 안 들어오면 얼마나 난감하고 힘드시겠어요."

그런데 그 장로님은 엉뚱한 소리를 하셨다. "장로는 장로라서 더 크게 사고를 칩니다. 그래도 권사니까 권사만큼 적게 사고치는 거라고……. 누가 누구를 나무르겠어요. 아무도 그럴 자격 없습니다."

부목사님을 찾아가서 말씀드리니 부목사님도 마찬가지셨다. "저도 언제 떠날지 모르는 입장인데 있는 동안 불미스런 일에 엮이고 싶지 않습니다."

그런데 나도 모르는 사이에 불미스러운 일이 담임목사님께 들어가게 되었다. 담임목사님 은퇴가 2년 남았는데 그때까지 교회적으로 조용히 있었으면 좋겠다. 담임목사님 은퇴 시까지 일단 전도대는 쉬는 것으로 하고 다시 새로운 목사님 오시면 그때 시작하라고 말씀하셨다. 누가 뒤에서 시한폭탄을 터뜨린 것일까. 사실은 그 권사님이 그만 두셔야 하고 전도는 계속되었어야 하는데 사람 하나 때문에 하나님이 원하시는 전도대의 길이 막혀버렸다.

우리의 죄 때문에 하나님과 단절되었듯이 한 권사님의 욕심 때문에 세상으로 향한 전도의 문이 닫히게 된 것이다 나는 정말 가슴을 찢고 싶은 심정이었다. 전도대는 그렇게 마무리하라고 하셨다는데 그 권사님은 모든 전도대원을 교회로 소집해놓고 일장연설을 했다고 한다.

나는 전혀 알지 못하고 있었다. 알고 보니 나는 일부러 빼고 다른 대원들한테만 연락을 한 것이다. 속 예배 때 그 모임에 갔다 온

권사님이 들은 이야기를 대신 해주셔서 듣게 되었다.

"너무나 안타깝게 8년을 이어온 전도대가 없어지는 이유는 바로 ○○○ 집사님 때문입니다. ○○○ 집사님의 시기와 질투 때문에 비롯되었습니다. 그 집사님이 2년 넘게 교육받고 4단계까지 마치자 교만이 머리끝가지 차올라 나를 시기 질투하여 내 자리를 탐내다가 결국 나를 모함하기 시작했습니다. 어떡하면 나를 내칠까 수단과 방법을 가리지 않고 부목사님 은밀히 만나서 유혹하고 장로님들 찾아다니면서 로비하다가 담임목사님한테까지 들어가셔서 담임목사님이 화가 많이 나셨습니다. 고민하시다 담임목사님은 전도대 문을 닫으라고 엄명하셨습니다. 그러니까 앞으로 우리 교회 전도대가 왜 없어진 거야 하고 누가 묻거든 그렇게 대답을 해주세요. ○○○ 집사의 시기와 질투로 총무자리를 빼앗으려는 욕심 때문에 전도대를 무너뜨렸다고. 결국 한 집사님 때문에 하나님이 제일 바라시는 전도를 못하게 되었다고 꼭 말해주세요.

여러분들이 꼭 그렇게 해야 하는 이유는 어젯밤에 담임목사님 사모님이 나한테 전화를 하셔서 전도대원들한테 이렇게 선포하라고 신신당부하셨기 때문입니다.

그러니까 이 말을 사모님이 시키신 내용이니 시키시는 대로 하셔야 합니다."

그 말을 전해주시면서 우리 속 권사님은 나 때문에 전도대가 해체되었다고 믿고 계시는 것 같았다.

나중에 알게 된 사실이지만 그때 사모님은 해외에 계셨고 그 권사님한데 전화를 한 적도 없으셨다고 했다. 교회서 어떻게 그렇게 엄청난 거짓말을 교인들에게 공식적으로 할 수 있는지 나는 지금도 이해할 수 없다.

다음 주에 교회에 갔는데 로비에서부터 모든 사람이 나를 바라보는 시선이 '잡아 죽일 년' 하고 바라보는 듯한 시선들이었다. 나는 다시 깊은 동굴로 들어가게 된다. 사람이 싫다……. 목사님이 싫다……. 장로님이 싫다……. 권사님은 더 싫다. 정말 지긋지긋하다 내가 이 교회를 아니 교회라는 데를 다시 나갈 수 있을까?

"하나님 왜 저를 이렇게 힘들게 하셔요? 가만히 집에만 있겠다고 했잖아요. 그런데 하나님이 시키셔서 나간 거잖아요. 언제 제가 나가겠다고 했나요? 나가라고, 나가라고, 기도할 때마다 다그치셔서 할 수 없이 나갔는데……. 교회의 따돌림 한두 사람이 아니고 교회 단체의 집단따돌림이 뭔지나 아시나요? 사람이 나를 사람이 아니고 벌레를 보듯 하는 그 시선을 받아보셨나요? 하나님 눈물이 납니다. 울지 않기로 했는데 자꾸 눈물이 나요. 예전에 아이들 어렸을 때 너무나 힘들었습니다. 속회예배에 갔는데 기도제목 이야기하라고 하셨습니다. 기도제목 이야기하다가 저도 모르게 눈물이 났어요. 인도자님이 왜 우냐고 그 눈물의 의미가 뭐냐고. 그 눈물은 아무것도 아닌 눈물입니다. 운다고 모두 성령충만해서 흘리는 눈물이 아니고 그냥 신세타령일 뿐입니다.

저는 그때 얼마나 상처를 받았는지 몰라요. 속도원 식구들 가족 같아서 위로받고 싶어서 나도 모르게 오픈하면서 눈물이 났는데 너무나 수치스럽게 만들어버린 인도자님께 너무나 큰 상처를 받았습니다. 그때부터 어떤 예배에서도 눈물이 안 났어요. 아니 예배 때 울면 큰일 나는 줄 알았습니다. 그래서 그 보이지 않았던 상처로 제가 속 예배에 더 나가기 싫었었던 것 같네요. 하나님 울면 안 되나요? 눈물이 이렇게 나는데 울면 안 되는 것 같아 맘껏 울지도 못하겠어요."

"○○야, 이제는 사람들 앞에서는 울지 말고 내 앞에 나와서 울어라. 내가 네 눈물을 닦아주마……. 사람은 믿음의 대상이 아니란다."

"그랬어요. 저도 알았습니다. 남편을 사랑하고 믿었는데 가장 먼저 실망과 배신을 준 것이 남편이란 사람이었으니까요. 그런데도 저는 여전히 사람을 의지하고 믿고 기대하다 이렇게 상처를 입습니다."

2부

모든 사람은
상담이 필요하다

"○○야, 이제는 힘든 사람들과 함께해야
지……."

'이제는'을 또 붙이셨다. 이제는……. 하나님 세상에 저보다 더
힘든 사람도 있을까요? 저는 세상에서 제가 제일 힘들게 사는 것
같은데…….

"○○야, 웃는 자들과 함께하는 자들은 많이 있다. 너는 우는 자
들과 함께하렴……."

새벽예배는 가지 못해 안타까웠지만 하나님을 만났던 철야예배
는 애들 아빠한테 아이들을 맡길 수 있으니 평안히 갔다 올 수 있었
다. 아쉬움이 남지 않을 만큼 맘껏 기도하고 모든 사람이 다 돌아
간 뒤 나는 예배당을 나선다. 추운 겨울인데도 추위를 느끼지 못한
다. 전심으로 온 맘을 다해 두 시간 이상 기도를 하고 교회를 나올
때는 정말 시원하고 상쾌하고 하늘로 날아올라갈 것 같은 기분으로
추위도 느껴지지 않았다.

교회는 아파트로 이사를 가서 20-30분만 걸으면 되는 거리가 되
었다. 찬바람을 맞으며 집으로 걸어가는데 교회를 지나고 아파트
를 지나고 다시 다른 아파트가 나올 무렵 하나님은, "저기 저 아파
트에 너보다 더 힘든 내 자녀가 있다 네가 함께하라……." 하셨다.
엥? 이게 무슨 뜬금없는 소리일까? 저 아파트에 나보다 더 힘든 자

가 있다고? 이렇게 막연하게 말씀을 주시다니……

  그 다음 주 수요예배 시간에 나는 뒷자리에 앉아서 예배를 드렸다. 그날이후 앞자리에 앉는 것조차 죄스러워 뒤에 앉아서 예배를 드렸다. 그런데 한 집사님이 늦게 왔는지 나보다 세 칸 정도 앞에 들어가 자리에 앉았다. 예배를 드리는 시간 내내 그 집사님 등이 내 눈에 들어왔다. 그런데 그 집사님 뒷모습만 보일 뿐인데 보면 볼수록 가슴이 뭉클하면서 눈물이 계속 나는 것이다. 왜 우는지 이유도 모른다. 그냥 그 집사님의 눈물을 내가 대신 흘려주는 것처럼 나와는 상관없는 눈물이 계속 흘렀다. 이건 뭘까 이게 무슨 맘일까?

  "○○야, 그다. 내가 말한 너보다 더 힘든 자. 네가 보듬고 함께할 자. 네가 끝까지 같이 가주어야 할 자. 내가 너를 믿고 너에게 맡길 자."

  나를 믿고? 참으로 난감했다. 내가 무엇을 어떻게 도울 수 있다는 것인지. 내가 목사도 아니고 어떻게 하라고?

  다음날 큐티 책을 펴고 찬송을 하고 기도를 하고 말씀을 읽고 묵상하는데

  "그 딸과 함께하라."

  또다시 그 딸과 함께하라고 재촉하셨다. 무엇을 어떻게 함께하라는 말씀인지 고민하다가 그래, 내가 하고 있는 이 큐티는 함께할 수 있지. 그때 벌써 큐티를 함께하던 김양재 집사님은 목사님이 되

셨다. 그 목사님도 여자 집사가 감히 사람들을 모아놓고 성경을 가르친다고 해서 문제가 심각해지자 말씀을 전하기 위해 신대원 준비를 하셔서 목사안수를 받으셨다. 그리고는 서울 휘문고 강당을 빌려서 수요일마다 큐티 인도를 하셨다. 나는 전도대 때문에 상처로 힘들고 아팠을 때 정말로 우리 교회를 떠나 이곳으로 옮기고 싶은 맘이 굴뚝같았다.

하루도 빠지지 않고 낮에는 본교회서 수요예배를 드리고 저녁에는 휘문고에 와서 큐티예배를 드렸다. 그러면서 그렇게 간절히 이 교회로 옮기려고 할 때 하나님은 적극 말리셨다. 이곳에서 훈련받고 본교회에 돌아가서 하나님이 시키는 일을 하라고 하셨다. 그 일이 이 일인가? 나보다 더 힘들다는 그 집사님과 같이 큐티하라고 하신건가 하는 생각이 들었다. 그 집사님은 같은 여 선교에서 한두 번밖에 얼굴을 본 적이 없었다. 여선교 연락처에서 전번을 알아서 전화를 했다. 하나님의 명령이니 수행을 해야지.

"집사님, 나는 같은 여선교회 ○○○ 집사예요."

그런데 그 집사님은 명단이 잘못됐다며 자기는 교회에 나간 지 얼마 안 된 성도라고 했다. 나는 내 이야기만 잠깐 했다. 나는 자녀 때문에 고난이 많았던 여자다, 지금도 남편 고난이 끝나지 않은 여자인데. 성경공부는 아니고 큐티를 혼자 하다가 집사님하고 같이 하고 싶은 맘이 들어서 삶도 나누고 기도도 같이 하고 싶다고 내 맘을 전했다.

생각해 보겠다든가, 기도해 보겠다며 뒤로 빼지도 않고 나를 의심도 하지 않았다고 바로 답을 주었다 "그래요, 집사님. 전화 줘서 고마워요. 그럼 다음 주부터 집사님 집으로 가면 되나요?"

하나님, 이거였군요. 죄송해요, 하면서도 제가 의심이 많아서……. 오랜만에 날아갈 듯 기뻤다. 그런데 내가 좋아할 일만이 아니었다. 나는 교회집단 따돌림을 경험한 사람이다. 질서의 하나님이신데 교회에도 질서가 있지 않은가. 나는 심방전도사님을 찾아갔다. 그리고 내가 김양재 목사님과 큐티훈련을 4년 정도 받다가 이 좋은 것을 나 혼자만 누리고 있는 것이 안타까워 같은 여선교 성도랑 집에서 큐티 나눔의 시간을 갖고자 하는데 이렇게 개인이 가정에서 따로 모임을 갖는 것이 교회에 누가 되거나 덕이 되지 못하는 일인지, 허락을 받는 절차가 어떻게 되는지 상의를 드렸다.

다행히 심방 전도사님은 같은 교재로 큐티를 하고 계시는 분이셨고 김양재 목사님의 책도 몇 권 읽으신 후라 좋은 감정을 갖고 계셨다. 나는 예의상 절차를 밟기 위해 전도사님께 말씀을 드린 것이어서 당연히 허락받을 줄 알았다. 그런데 금요 철야시간에 전도사님이 부르시더니,

"집사님, 어쩌지? 그동안 다른 권사님들이 벌써 김양재 목사님 큐티에 다니면서 큐티 모임을 시작했는데 나중에는 불협화음이 생기고 어디에서는 속 예배를 드리지 않고 큐티만 하고 큐티를 하지 않으면 교인 수준도 떨어지는 것처럼 차별을 해서 많이 시끄럽게

되었나봐. 그래서 담임목사님이 가정에서 하는 큐티 모임을 모두 금지시킨다고 하셨다네. 어쩌지?"

한다. 어쩌긴 담임목사님이 하지 말라고 하시면 못하는 것 아닌가. 그게 내가 배우고 훈련받은 큐티니까. 그런데 맘이 불편하다. 내가 하고자 했던 것도 아니고 하나님께서 하라고 명하신 건데. 교회에서는 하지 말라고 하시고.

하나님 저는 하나님께서 시키신 대로 했어요. 지금부터는 내 책임이 아닙니다. 시키셨으면 하나님이 길을 열어주시겠죠? 믿고 기다리겠습니다. 여선교 그 성도에게는 잠시 기다리자고 했다. 3주 정도 흘렀을까 전도사님께서 전화를 주셨다.

"교구목사님이 소식을 듣고 사모님을 찾아가서 말씀드렸대요. 전에는 어땠는지 몰라도 큐티가 문제가 아니고 인도하는 사람이 문제인 것 같습니다. 만약에 ○○○ 집사님이 큐티를 인도하다가 무슨 문제가 생기면 100% 내가 책임지겠습니다 했어요."

그래서 허락을 해주셨다는 것이다. 교구목사님과 내가 특별하게 친분이 있는 것도 아니었고 2년에 한 번씩 바뀌시고 3-4년이면 다른 임지로 떠나셨다. 그러다 보니 교구목사님과는 일부러 거리를 두게 된다. 정들었다가는 내가 더 힘들어져서. 그런데 그 목사님이 나를 얼마나 안다고 사모님을 찾아 그렇게까지 해주셨을까? 그것은 힘든 자들의 돕는 손길이 절실했기 때문에 하나님께서 길을 속히 여신 것이다. 그렇게 해서 시작한 큐티 모임이 6년째 되었다.

____ 이제는 너를 들여다봐 줄래

6년여 동안 우리 큐티 모임을 다녀간 지체들은 수도 없이 많다. 그러나 구경 오거나 보러왔을 뿐 자기들의 삶을 나누며 함께하고 싶어 온 자들은 드물었다. 와서 말씀을 보면서 묵상을 하면서 자기 죄를 보게 하시는 하나님. 그러나 자기 죄를 발견하고 내 모습 알았으면 죄에서 돌이키고 돌아서야 하는데 자기 죄를 인정하기 싫어서 떠나고, 돌이키기 싫어서 떠나고, 세상에서 이대로가 좋다고 떠나고. 더 깊이 빠지고 싶지 않다고 떠나고.

　지금 자기의 삶에서 겪는 고통이 누구 때문인지, 진정 내 죄 때문임을 누가 강요해서가 아니라 하나님의 말씀을 비추어 자기를 조명할 줄 알며 다름 아닌 그 죄인인 나를 통하여 하나님의 역사가 내 가정에 소망하는 역사가 시작된다는 믿음으로 성장하는 지체들만 걸러지게 되고 모임이 주가 되고 있었다. 하나님을 몰라 구원받지 못하는 사람들도 있지만 하나님을 알면서도 구원의 확신이 없어 여전히 불안 가운데 사는 사람들도 많다. 큐티에 오면 말씀을 읽으라고 하지 않고 말씀을 먹으라고 한다. 소화력이 좋은 사람은 많은 양을, 소화가 잘 되지 않는 사람은 조금씩 조금씩 소화를 시키다 보면 어느새 내 영혼이 건강하게 자라고 있음을 눈으로 확인할 수 있다. 그러나 정말 우리가 날마다 큐티하는 여자가 되는 것은 쉬운 것이 아니었다.

아무리 가르쳐도 말씀을 먹지 못하고 소화도 시키지 못하여 이혼을 하고 자녀를 두고 집을 나가고 별거에 들어가고. 전도하러 현장에 나가서 목이 터져라 복음을 외쳐도 들리지 않는 사람도 있고 들어도 영접을 하지 못하는 사람도 있고 말씀을 아무리 묵상을 해도 깨닫지 못하는 지체들 속에 나는 안타까움과 답답함으로 또 다른 갈증이 생기기 시작하였다. 여러 가지 이유가 있었겠지만 내가 그렇게 사모했던 철야예배 시간에 몸만 가서 앉아 있지 기도가 막힌 지 오래였다. 오랜 습관으로 찾아가 앉아있는 것뿐이었다.

내가 기도가 막히고 기도를 하지 못한 이유가 무엇이었을까? 철야예배에 가면 항상 내가 앉는 자리가 고정되어 있다. 세 번째 끝자리. 그런데 맨 앞자리에 앉아서 내 시야에 들어오는 분이 있었다. 전도폭발 총무를 했던 그 권사님. 그 여자 뒷모습이 내 눈에 들어온 그날부터 나는 기도를 할 수가 없었다. 기도뿐 아니다. 말문까지 막혔다. 그 여자가 철야에 나와서 앉아있는 것 자체가 피가 거꾸로 흐르는 것을 참고 견디는 시간이었다.

얼굴은 찬양을 하고 있지만 사실 찬양도 나오지 않았다. 맘 같아서는 교회를 뛰쳐나가고 싶었다. 화가 나서. 참고 자리를 지키고 있는 것만으로도 얼굴이 화끈거리고 분을 삭이지 못해 씩씩거릴 뿐이었다. 저 도둑년, 5~6년 동안 교회 돈 수천만 원을 가져가겠지? 그것도 부족해서 남에게 누명까지 씌우는 상습범, 감히 전도사님 한테까지 모함하며 사람 억울하게 하면서 얼굴색 하나 변하지 않는 철면피가 어떻게 성전에 나와 철야예배 시간에 몸을 흔들며 찬양을 하고 있을까? 저런 여자가 다니는 교회를 안 나오고 싶어졌다.

저 여자는 어떤 사람일까? 사람은 다 속일 수 있어도 어떻게 하나님 앞에 버젓이 나와 앉아있을 수 있을까? 하나님이 두렵지 않을까? 나로서는 정말 이해할 수가 없었다. 나는 다시 억울하고 분하고 속상해서 계속해서 눈물만 났다. 기도는 한마디도 하지 못하고 울다가 울다가 돌아오곤 하였다. 그러면서 그때부터 기도의 줄을 놓쳐버린 것 같다.

나는 큐티로 로마서를 시작하였고 나는 어느 누구도 정죄할 수 없는 죄인임을 묵상하게 된다. 하나님 앞에 내 죄나 그 권사님 죄나 얼마나 차이가 있을까 싶었다. 그래도 떠날 수 없었던 자리, 포기할 수 없는 철야예배에 나는 가고 있다. 자리를 잡고 묵상을 한다. 묵상만 하다가 돌아가곤 한 것이 몇 번인가.

예배가 시작도 되기 전부터 집에 있는 두 아이들한테서 계속 전화가 왔다. 엄마 예배 중이니까 문자로 남기라고 했다. 두 아이는 조금이라도 뒤질까 서로 경쟁하며 문자를 보내기 시작했다. 내용은 두 아이가 다툼이 있었는데 서로 자기가 잘했다는 것이다. 자기들은 잘못이 없고 상대방이 잘못했는데 서로 우기고 있다고 그러니까 엄마가 판단을 해달라는 것이다. 그것도 빨리 지금 당장 해달라고 다그치기 시작했다. 엄마가 판단해주면 엄마 뜻에 따르기로 했다고. 그것은 합의를 보았다는 것이다.

두 아이 중에 한 사람이 내가 "니가 더 잘못했네."라고 하면 그 아이가 받아들일까? 그 아이들이 확신하는 것은 분명 자기는 잘못이 없고 엄마는 반드시 내가 아니고 상대가 잘못했다고 하겠지 하는 확신으로 나를 이용하는 것이다. 그런데 엄마 입장에서 그 아이 둘 다 내 딸인데 어떻게 한 사람만 잘못이 있다고 할 수 있겠는가. 나는 대답을 하지 않고 기도 끝나고 집에 가서 말해주겠다고 했다. 그동안 생각하고 있으라고. 그러면서 나는 하나님이 보시기에 내가 그렇게 싫어하고 나쁜 여자라고 생각하는 그 권사님과 내 모습이 바로 이런 모습이 아니었을까 하는 생각이 들었다. 하나님 입장에서는 그 권사님도 자녀이고 나도 하나님의 자녀다.

우리 큰아이는 "엄마 동생 좀 혼내줘. 나한테 대든다고."

나는 알았어, 엄마가 혼내줄게, 하고 말은 하지만 타이르는 정도지 혼내고 싶은 맘은 없다. 또 동생은 "엄마, 언니는 너무나 못됐어. 언니는 너무나 이기적이야. 엄마가 야단쳐주면 안 돼?"

응, 알아, 엄마도. 그래도 우리는 한 가족이잖아. 그러니까 서로 이해하면서 살아야지. 나는 이렇게 말한다.

엄마인 나는 두 아이가 왜 다투는지 너무나 잘 안다. 큰아이가 이기적이고 욕심이 많고 동생 보살필 줄 모르는 것 다 알고 있다.

아니 그 아이 뱃속까지 다 안다고 해도 과언이 아닐 것이다. 그러나 그럼에도 불구하고 그 아이가 축복받고 잘되기를 소망하는 것이 엄마인 것이다. 하나님도 나와 그 권사의 일을 너무나 잘 알고 계실 것이다. 그래도 하나님은 나도 그 권사도 하나님 안에서 잘되기를 소망하고 계실 것이다.

겨울방학 두 달여를 기도로 씨름하다 이제 3월을 앞두고 많은 생각이 들기 시작했다. 깊은 강에서 나를 일으켜주시고, 구원의 감격을 노래할 수 있게 하시고, 세상에서 정말 나약했던 나로 강하게 하시고, 가난하였던 나로 말씀의 부자가 되게 하시고 눈멀고 귀 멀었던 나에게 빛으로 소망으로 다가오셨던 주님. 날마다 감사드리며 주의 자녀로 복된 삶을 살게 해주셨다. 이렇게 나만 누리고 사는 것이 죄인 것 같아 전도에 열심을 내어보지만 해도 해도 막히는 현실과 큐티 모임으로 말씀에 변화가 되기를 간절히 소망해보지만 은혜의 자리를 떠나고 가족을 떠나고 자녀와 남편을 떠나는 지체들을 보면서 내려진 결론이 있었다.

"하나님 저는 사람들을 모르겠습니다. 오히려 저는 사람보다 하나님을 더 잘 아는 것 같아요. 교회장로님 그 권사님 부목사님께 실망을 해서가 아니고 사실 제 남편도 잘 모르겠습니다. 살면 살수록 더 알 수 없는 것이 남편인 것 같습니다."

넓은 아파트에 이사는 왔지만 시어머님은 오시지 않겠다고 했다. 우리랑은 같이 살기 싫다고 하셨다. 남편은 많이 실망하는 것 같았다. 아파트 융자 때문에 여전히 생활비는 더 갖다 줄 수 없다고 해서 나는 이사를 와서도 여전히 공부방을 하게 되었다.

월요일은 다른 교회서 하는 전도폭발에 나갔고 화요일은 우리 집에서 큐티 모임을 하고 수요일은 수요예배가 있고 금요일은 금요속 예배가 있었다. 내가 세상적으로 시간을 내서 대인관계를 가질 수 있는 날은 목요일 하루였다. 나는 하나님을 인격적으로 만나기 전보다 오히려 대인관계가 좋아졌다. 예전에는 아줌마들이 우르르 몰려다니는 것도 싫었고 아이들이 우리 집에 와서 지저분하게 노는 것도 짜증났다. 남의 집에 가는 것도 부담됐고 누가 우리 집에 와서 오래 뭉개고 있는 것은 더 싫었다.

그런데 하나님을 만나고 이 세상 모든 사람에게 편견이 사라지고 이 세상 모든 사람을 하나님이 사랑하시고 오늘도 그들이 구원받기를 바라고 계신다고 생각하니 정말 옷깃만 스쳐도 전도의 대상이었다. 그러면서 내 입술을 통하여 복음이 전파되기를 원하시니 내 입술의 범죄 있고 내 입술에 악이 있으면서 어찌 그 입술로 복음을 전할 수 있으며 내 삶이 본이 되지 못하면서 어찌 입술로만 전하는 복음이 능력을 나타낼 수 있을까 하는 체험을 하게 되었다.

나는 사람에 대한 거부감이 없어졌고 누구든 정말 주님의 사람으로 만나려고 했고 사귀려 하였는데 점점 사람을 모르겠다. 알면 알수록 친해지면 친해질수록 알 수 없는 존재들이 사람이었다. 간절함 속에 기도 속에 묵상 가운데 하나님은 내게 사람에 대한 지식이 부족하다고 하셨다.

"네가 사람에 대한 지식이 없어 내 사역에 막힘이 있구나."

사람에 대해 공부를 하라고? 좀 우습기도 했고 사람에 대한 공부는 어디서 하는 것일까 싶었다. 그런데도 있나, 하면서 시간이 부족함이 안타까웠다.

교회생활만 열심히 하던 편협한 신앙생활에서 조금씩 성숙하여 남편을 위해서도 자녀를 위해서도 세상을 향하여도 시간을 골고루 균형 있게 쓰다 보니 하루 24시간이 부족했다. 그래도 사람 공부를 하라고 하시니 귀를 열게 되었고 어느 날 극동방송에서 경기대 사회교육원에서 상담심리 학생들을 모집하는 광고를 듣게 되었다. 내 입장에서 내 형편에서 그렇게라도 공부할 수 있는 길이 있음에 너무나 감사했다.

사람을 공부하기 위해 모인 사람들이 나 말고도 참으로 많았다. 그런데 이상한 것은 그 사람들이 긍정적인 맘보다 부정적인 맘을 가지고 온 사람들이 더 많아서 조금은 이해하는 데 어려웠다. 그러나 나는 7년여를 큐티를 하면서 입 다무는 적용을 끊임없이 시키셨기 때문에 그들과 어울리며 다행히 트러블 없이 지낼 수 있어 감사했다.

이 사람이 불평을 해도 들어주고 저 사람이 교수를 헐뜯어도 들어주고 누구는 저 사람이 있으면 같이 밥을 먹지 않고 누구는 이 사람은 꼭 끼어야 하고 학교에 대한 불평 등등 사람들의 불만불평은 정말 끊이지 않았다. 어디에 가든 누구를 만나든 사람 속에 불만불평은 늘 한결같았다. 그 속에서 갈등과 혼란이 있었지만 하나님께서 주신 기회라고 생각했기에 많은 사람들이 포기하는 가운데 나는 한 학기를 무사히 마치게 하신 하나님께 감사를 드렸다. 그렇게 해서 배우게 된 것이 심리학이었는데 정말 기초학문이었지만 그렇게 나는 심리학의 여정을 시작하게 되었다.

20 ──────── 이제야 남편을 알다

심리학을 2년, 3년 배우면서 많은 변화가 있었던 것 같다. 그것은 나를 바라보고 있는 남편의 변화를 보면서 느끼게 되었다. 7-8년 전에 새벽시간 남편을 깨우며 회개하고 사과한 것은 사실 하나님이 시키셔서 어쩔 수 없이 했던 입술의 고백에 불과했고 심리학 공부를 시작한 후에는 내 행동과 삶에서 자기를 대하는 맘이 거짓이 아닌 진실로 느껴지기 시작하는 것 같았다. 내가 남편을 진심으로 이해하고 믿어준다는 확신이 생기기 시작했는지 둘째아이 출산과 장애 진단 후 입을 다물고 살았던 남편이 입을 열기 시작했다. 남편은 정말 입 다무는 적용을 하는 나보다 더 말이 없는 사람이었다. 정말 세상에 이렇게 말이 없는 사람도 있을 수 있나 싶을 정도였다.

그런데 술은 참 좋아했다. 아니 시댁식구 모두 술을 좋아하지 않는 사람이 없었다. 그렇게 술을 좋아해도, 그렇게 술이 취해도, 내 앞에서 속을 드러낸 적이 한번도 없었던 사람이 남편이다. 나는 정말 벽과 같은 사람과 살았다. 남편이 자기 스스로 입을 열어 자기 이야기를 한다는 것은 정말 기적 같은 일이었다.

남편은 32세에 나를 만나 6개월 정도 만남이 있었고 33세 1월에 급하게 결혼을 했다. 그런데 32년 동안 살아오면서 자기 엄마하고 같이 살았던 시간은 2년 정도밖에 안 된다고 했다. 처음으로 듣는 소리다. 지금 엄마가 있고 동생들도 있는데 잘 이해가 가지 않았다. 그 이유는 남편도 모른다고 했다. 자기만 할머니댁에서 컸고 동생들은 엄마랑 아버지랑 같이 살았다고 한다.

시아버지는 직업군인이셨다. 폐암에 걸리시기 전까지 군대생활을 하시다가 시골로 오신 것으로 알고 있다. 그래서 나는 "어머님이 당신을 더 특별히 사랑하셨네. 큰아들 고생할까봐 당신만 할머니댁에 맡긴 것 아닐까?" 했다. 그런데 남편은 그렇게 생각하고 있는 것 같지 않는 것 같았다.

"시골에 할머니가 늦둥이를 낳으셔서 3살 된 삼촌이 있었어. 그곳에 이제 돌 지난 아들을 두고 가버렸으니 할머니가 나를 엄청 구박하시며 키웠어."

그래서 자기는 지금도 할머니 제사에는 가지를 않는다는 것이다.

"엄마 보고 싶어서 울 때마다 아예 닭장에다 재워서 나는 어려서 닭장에서 잔 적이 더 많았다."

그렇게 시작한 자기 이야기가 끝이 없었다.

"엄마는 내 기억으로 초등학교 들어갈 때까지 한번도 온 적이 없었던 것 같아.

초등학교 입학하고서도 6년 동안 한두 번밖에 안 왔다 간 것 같고 왔다 가실 때도 용돈 한번 주고 가신 적이 없었다. 나는 초등학교 내내 소풍 때 김밥 한번 싸간 적 없고 평상시에도 점심 도시락을 싸서 가지고 다녀본 적이 없다."

들으면 들을수록 점점 이해가 가지 않는 내용들이었다.

우리 아이들이 학교에서 무슨 행사를 할 때마다 남편은 자기의 어린 시절을 떠올리고 우울해 하곤 했다. 합창단에서 그렇게 연습을 많이 했는데. 자기는 키가 커서 지휘자로 뽑혀서 연습을 했는데 결국 대회가 있는 날에는 하얀 폴라티가 없어서 다른 아이가 지휘를 하고 본인은 합창대회에 아예 나가보지도 못했다는 것이다.

어린 시절을 떠올리며 자기 연민에 빠져 자기 슬픔을 추스르기도 힘에 겨워 아이 돌보는 것은 뒷전인 남편. 나를 믿고 자기 이야기를 해주는 남편이 좋기도 하면서 아예 자기를 더 이해하라는 식으로 그러니까 나는 우울해서 아이들에게 아빠노릇을 할 수가 없으니 네가 이해를 해달라는 것인가 싶었다.

생각해보면 큰아이 임신 때도 남편은 처음에만 기뻐했지 출산 날

_____ 이제는 너를 들여다봐 줄래

이 다가오자 우울해 보였다. 산후우울증은 엄마한테 있다는데 우리는 남편이 많이 우울해 했었다. 그러다 큰아이를 키우면서 좋아졌는데 둘째아이 장애 진단을 듣고 아예 동굴 속으로 들어가 버린 것이다. 그러면서 때때로 우울하고 종잡을 수 없이 슬픔에 잠겨 우리 가족과 따로인 사람처럼 지낸 적이 많았다.

서운하기도 했지만 남편이 안타깝고 불쌍한 것은 사실이었다. 자기의 성장과정으로 상처가 많아 많이 외롭고 고독한 남자였다. 사랑을 받지 못하고 자랐으니 아내와 자녀를 사랑할 줄도 몰랐을 것이다. 그런데 이런 사실을 조금더 일찍 알았더라면 얼마나 좋았을까. 그러면 적어도 나만은 남편 편이 되어 주었을 텐데. 마누라까지 적으로 만들고 살아온 시간이 참으로 안타까울 뿐이다.

그러나 지금이 가장 좋은 때일 것이다. 내가 성숙하지 못한 상태에서 남편이 오픈을 했어도 내가 감당할 수 없었을 것이고 그럼 더 안 좋은 관계가 되었을 수도 있었겠다 하는 생각으로 위로를 해본다. 이제 남편은 날마다 힘들다고 투정을 부리는 투정쟁이가 됐다.

남편은 나와의 관계가 풀어지자마자 요구한 것이 차를 바꾸고 싶다는 것이었다. 안 된다고 할 수가 없어 나에게 들어오는 생활비는 더 줄어들게 된다. 남편은 나를 믿지 못해서 집에 자기 서류 하나 도장 하나 통장 하나가 없다. 모두 사무실에 놓고 다닌다. 남편은 아파트 융자금도 있는 데다 자동차를 할부로 구입하는 것이다. 할부기간을 더 길게 해서 2년으로 결제를 해서 자동차 할부금만 69만원씩 나간다고 했다. 정말 그건 아닌데 얼마나 무리가 될까.

그러다 보니 남편이 주는 생활비에서 아이들 학원 하나 보내기도 힘들었다. 큰아이는 학원도 못 다니고 외고에 진학하려다 떨어지고 급성우울증에 빠지고 남편도 할부에 대출금까지 감당하려니 많이 지쳐 보였다. 하루를 술에 만취해서 "엄마가 시골에 있는 땅을 조금 팔아서 도와주셨으면 좋겠다."고 했다. 그래서 "자기가 엄마한테 말씀 드려봐. 이렇게 힘들면 그 방법으로 해결되면 좋은 거지." 했다. 어느 날 또 술에 만취해서 "엄마가 안 된다고 하네. 시골 땅은 절대 팔지 말라고 하셨어."

하면서 남편은 정말 많이 실망을 했는지 베개 밑으로 눈물이 주르르 흘러내렸다. 다음날 나는 너무나 가슴이 아파서 어머님께 전화를 드렸다.

"어머님, ○○이 아빠가 많이 힘든 것 같아요. 사실 아파트도 어머님 모시겠다는 맘으로 넓은 평수에 왔는데 어머님은 올라오시지도 않고 이번에 차를 구입한 것도 어머님 모시고 다니는데 남편차가 똥차라고 사람들 보기 창피하다고 많이 핀잔을 주셔서 어머님 때문에 구입했다고 하는데 아파트 융자랑 자동차 할부랑 감당하기가 어려운 것 같아요. 아버님 돌아가시고 10년 지나서 어머님이랑 삼촌, 고모, 모두 나누어 명의이전한 상태잖아요. 어머님 땅을 팔아서 도와 달라는 것은 아니고 ○○이 아빠 앞으로 된 것 일부만 팔아서 빚을 조금 해결했으면 합니다. ○○ 아빠가 너무나 힘들어 해서 안 되겠어요."

참으로 어렵게 어머님께 부탁을 드렸는데 어머님은 일언지하에 거절을 하셨다.

"그 땅은 내가 죽기 전에는 절대 못 판다. 너라도 그럴 생각은 꿈에도 하지 마라."

왜지? 왜 남편 땅을 어머님 죽기 전까지 팔지 말라고 하시는 것일까?

그러나 어머님 말씀을 거절하지 못하는 남편은 혼자만 괴로워하고 있다. 어머님이 평소에 욕심이 많으시다는 것은 알고 있었지만 남편명의로 된 땅을 어머님이 죽기 전에 팔지 말라고까지 하시는 이유를 모르겠다.

남편은 공무원인데 참 부지런하다. 게으르지 않다. 자기 회사라도 그렇게 일하기 힘들 정도로 회사일에 목숨을 걸고 사는 사람 같았다. 그 와중에 시골에 가서 농사일을 해야 했다. 어머님은 시골에 있는 논이 네 이름으로 돼있으니 와서 농사를 지으라고 하셨다. 그런데 농사만 지으라고 했지 수학해서 보내주시는 돈은 한 푼도 없었다. 오히려 우리는 가끔 썩은 쌀을 먹어야 했다. 그래서 이번에 썩은 쌀이라고 하면 어머님은 그럼 그 썩은 쌀 니네가 먹지 누가 먹냐, 하면서 오히려 구박을 하셨다.

결혼 초부터 남편은 지나칠 정도로 어머님께 복종적이었고 어머님은 이해가 안 갈 정도로 남편한테 냉정했다. 직장 다니면서 시골에 내려가 농사일 하면서 남편은 살이 찔 겨를이 없었다. 거기다가 처음에는 내가 시골에 더 내려가 있었지만 나중에 내가 하나님을 인격적으로 만난 후 주일을 지키지 않는 것도 죄인 것을 알면서 주일에는 따라 내려가지 않았으니 혼자서 더 힘들었을 것이다.

그러다 허리가 점점 아파오기 시작했고 드디어는 앉아서 밥도 제대로 먹지를 못하고 서서 먹고 화장실 가는 것조차 힘들어했다.

아무리 건강한 사람이라도 그렇게 몸을 혹사 시키면 견디어낼 장사가 있을까 싶었다.

어느 날 집으로 전화 한번 하지 않던 사람이 전화를 했다. 대학병원인데 MRI를 찍으라는데 카드를 안 가지고 왔다고 가지고 오라는 것이다. 대학병원에서는 당장 수술을 해야 한다고 했다. 의사 선생님은 이 지경이 될 때까지 어떻게 견뎠냐고 무식한 사람이라고 야단을 치셨다. 그래서 어머님께 이번에는 남편이 아파서 못 내려갈 것 같다고 하니 어머님은 화를 내셨다.

"그럼 저 일을 누가 다 한다는 말이냐."

나는 또 이해가 안 갔다. 아들이 아프다는데 일이야 사람을 사서하면 되지 아들이 어머님 부리는 종도 아니고. 아들이 아니고 종 이상으로는 생각이 들지 않게 하시는 어머님을 보면서 이상했다. 그런데 그렇게 아프고 그렇게 심한데 수술까지 못하게 하셨다.

"아니 왜 엄마가 수술을 못하게 하는데? 언제 그랬는데?"

내가 놀라 말했다.

시골에 혼자 내려가서 일할 때마다 허리 아프다고 했는데 수술은 절대 하지 말라고 하셨단다. 나는 정말 이해가 안 가는 부분이 많았지만 아들이 아파서 수술을 하라는데 어머님은 왜 못하게 하시는지 궁금해서 전화를 했다.

　어머님은 "야, 수술하면 디스크는 더 아프다더라. 잘못돼서 더 병신 되는 사람이 많대. 그러면 이 농사는 누가 지으라고 그러냐. 절대 수술하지 못하게 해라." 하신다.

　왜 이렇게 점점 가슴이 답답해 오는 것일까.

　시골에 땅도 나는 관심이 없었고. 애초에 우리 것이 아니었으니 아버님이 주시고 가셨건 어머님이 주셨건 우리 것은 아니었으니 그것에 욕심을 내면 나만 힘들 것 같아 욕심을 내려놓은 지 오래이기 때문에 사실 나는 별관심이 없었다. 다만 남편이 힘들어할 때 어머님이 좀 도와주셨으면 좋으련만 하고 말았는데 이건 갈수록 이해범위를 넘어서고 있다. 땅에 욕심을 내는 것도 아니고 남편 농지에서 수확한 돈을 달라는 것도 아니고 사람이 아프다는데. 아픈 정도가 아니고 밥도 못 먹고 화장실도 못 가는 사람이 어떻게 회사에서 일을 제대로 할 수가 있겠냐고.

　아니나 다를까 며칠 뒤 남편은 아주 만취한 상태로 나에게 전화를 했다.

　"○○야, 오늘 나 기다리지 마라. 나는 죽고 싶다. 사는 게 너무나 힘들다."

하고는 전화를 뚝 끊어버렸다. 내가 아무리 전화를 해도 받지 않았다. 그러더니 1시간 후에 다시 전화가 왔다.

"○○야, 나 기다렸냐? 나 오늘 죽는다고 했지? 기다리지 마라."
하고 다시 뚝 끊었다. 그냥 있을 수 없어 일단 집을 나왔다. 아파트 주변만 돌아다니다가 혹시나 해서 지하 주차장에 내려가 봤다. 남편은 차들과 차 사이에 앉아서 라이터를 켰다 껐다 하면서 불 싸지르고 죽어버릴 거라고 협박을 했다. 나는 경비아저씨 도움으로 30분가량 실랑이를 하다가 집으로 남편을 데리고 들어왔다. 정말 사람 꼴이 말이 아니었다. 새벽 3시가 넘어 들어와 겨우 잠들더니 아침 7시에 다시 회사에 나가는 모습을 보면서 이대로 남편을 방치하면 큰일 날 것 같아 다시 시골에 계시는 어머님께 전화를 드렸다.

"어머님, 이러다 애들 아빠 죽을 것만 같아요."
하면서 어젯밤에 있었던 일을 말씀드렸다.

어머님은 "야 난 그 새끼 죽든지 말든지 상관 안 한다. 맘대로 하라고 해라. 그리고 나는 니네 아파트에 절대로 가서 살지 않을 거니까 그 아파트 팔아라. 팔아서 쓰고 나한테 땅 팔아달라고만 하지 말아라."

어머님과 전화를 하고 나면 정말 가슴이 먹먹해서 숨이 막힐 지경이다.

내가 이렇게 서운한데 남편은 엄마한테 얼마나 서운했을까? 우리 남편은 어쩌면 좋을까.

이제는 너를 들여다봐 줄래

시어머님은 남편이 어디 있든 무엇을 하든 필
요하면 불러 차로 모셔 가라고 하시는 분이다. 당신께서 혼자 어디
를 다니시려고 하신 적이 없다. 데리러 와라, 데려가라, 왜 안 오
니? 언제 오니? 차가 이게 뭐니?

　그런데 이번에는 혼자 스스로 오셨다. 오시자마자 소파 끝에 앉
으셔서 말씀을 꺼내셨다. "그때 그 점쟁이가 시킨 대로 아주 먼 데
갖다 버렸어야 하는데. 그렇게 하지 않은 것을 후회한다. 나는 그
애 죽든지 말든지 상관하지 않으니까 나한테 그런 일로 전화하고
하지 마라. 그리고 그 땅은 내가 팔아서 실버타운 들어갈 때 쓸 거
니까 앞으로 그 땅에 대해서 절대 이야기하지 못하게 해라."

　"어머님, 점쟁이가 시킨 말이 뭐예요? 그게 무슨 말씀이에요?"

　"그 애를 내가 낳는데 피를 옴팍 뒤집어쓰고 나왔더라. 그래서
내가 절에 이름 올리러 갔다 이야기했더니 그 애를 죽이라고 하더
라. 죽여야 집안에 화근이 없다고 집에 액운을 불러올 아이라고 죽
이라고 했어. 그래도 나나 되니까 죽이지도 않고 버리지도 않고 지
할머니한테 데려다 둔 거다. 그런데 지금 생각하면 그것도 후회스
럽다."

　아니 어떻게 이런 말을 며느리 앞에서 아무 일도 아닌 영화 이야
기처럼 저렇게 아무렇지도 않게 말씀을 하실 수가 있을까?

아아, 그랬어. 그런 거였어. 이제 나의 궁금증과 이해불가였던 어머님이 다 이해가 됐다. 맞추기 어려웠던 퍼즐이 다 맞춰진 기분이었다.

어머님은 바로 내려가셨고 나는 생병으로 몸져눕게 됐다. 너무나 충격적이었다. 남편은 이런 내용을 알고 있을까? 평생을 엄마 사랑 한번 받아보지 못하고 한이 된 남자 그러면서도 어떡하면 엄마한테 칭찬 한번 들을까 허리가 다 닳아 없어지도록 일만 하고 또 하던 그 남자. 이제 내 머릿속의 궁금했던 퍼즐은 완벽하게 맞춰졌다.

기도하다 누워있고 묵상하다 누워있고 찬양할 힘은 없었다. 그러면서 이제라도 알게 하신 하나님께 감사했다. 그리고 정신을 차리고는 어머님께 장문의 편지를 썼다.

"어머님, 지금 심정으로는 어머님을 어머님으로 부르고 싶은 맘이 없는 게 사실입니다. 아니 도저히 예전처럼 어머님이라는 말이 나오지 않을 것 같습니다.

지나온 이야기는 하고 싶지도 않습니다. 해봤자 아무 의미도 없을 것 같네요. 그러나 어머님, 어머님이 오셔서 그렇게 뱉어버리시고 쏟아버리시면 그만인 이야기가 아닙니다. 결혼하여 지금껏 행복한 날보다 불행하고 지긋지긋한 날이 더 많았다고 생각한 게 사실입니다. 그러나 저는 하나님의 은혜로 조금씩 조금씩 변화될 수 있었고 제 결혼의 불행이 언제나 남편의 잘못 때문이라고 생각하며 남편을 미워한 적이 많았습니다. 그러나 나름대로 심리학 공부도 시작하고 여러 곳에서 배우려고 애쓰면서 남편으로 인해 내가 불행한 것 보다 나로 인해 남편도 많이 힘들었겠구나 깨달으면서 참 많은 시간 회개하고 가슴 깊이 반성하며 하나님의 말씀으로 치유 받고 건강한 가정을 만드는 것이 저의 사명이라고 생각했습니다. 그래서 오늘 삶은 힘들어도 순종하며 열심히 살아보려고 노력했는데 그것이 아니었어요. 불행의 원인은 남편도 저도 아니었습니다. 불행의 원인은 바로 어머님이셨어요. 어머님 정말 잔인하신 분이세요. 정말 무서운 분이십니다. 어머님이 배 아파서 낳은 자식입니다. 무슨 악운을 얼마나 갖고 태어났다고 자기 자식을, 점쟁이가 뭐라고 점쟁이 말 때문에 내 자식을 죽일 생각을 하실 수 있었는지. 아이가 악운을 갖고 태어나서가 아니라 아이는 엄마의 사랑을 받고 자라지 못해 병들고 아파서 건강한 생활을 할 수 없었던 것입니다. 어머님은 어머님 때문에 정신도 영혼도 병들어버린 환자를 저한테 장가보내신 것입니다. 저는 그 과정을 알기까지 17년이라는 시간이 걸렸네요.

어머님 때문에 건강하게 자라지 못한 한 남자가 결혼하여 어떻게 살았는지 말씀드릴게요. 아버님 건강 이유로 급하게 결혼식하며 몸살이 나서 신혼여행도 가지 못했지만 그 후로도 어디에든 아내와 여행 한번을 가지 못하는 남자입니다. 두 아이를 낳았지만 백일잔치, 돌잔치 한번을 해주지 않는 아빠였습니다. 아이들 자라면서 아빠와 함께한 여행은 단 한번도 없었습니다. 유치원에서 하는 아빠와의 여행도 3년 동안 세 번의 기회가 있었지만 단 한번도 따라가 주지 못한 남자입니다. 시간만 나면 시골에 내려가 농사를 지어야 하고 그 많은 휴가기간에도 아내와 아이들 데리고 시골 이외에 아무데도 가본 적이 없는 남자, 명절이 오면 일주일 전에 내려가고 명절 끝나고도 일주일 후에나 올라가게 하고 본인은 처가 한번 가지 않는 남자입니다. 그걸 단 한번도 나무라신 적 없으신 어머님이시구요. 명절 끝나고 처가 한번 다녀오라고 하신 적 단 한번도 없으셨습니다.

남편이 시골에 와서 일을 하든 말든 어머님은 전국 어디에라도 여행을 가셨습니다. 어머님이 여행 가셔서 집에 없으시면 내려오지 말라고 하신 적 없으셨습니다. 내려가서 집에 어머님이 안 계셔서 전화 드리면 그때서야 어머님은 '내려왔으면 일하고 가면 되지 내가 있으면 뭐하고 없으면 어떠냐?' 그 시골은 어머님이 아버님 편찮게 되자 나중에 오셨고 남편은 그곳에서 자란 곳입니다. 그곳이 고향이고 마음의 휴식처였습니다. 남편이 어려서 삼촌이랑 심은 나무가 많았습니다. 그런데 남편과는 상의도 없이 하나하나 베어내기 시작하더니 하나 남은 은행나무를, 정말 보기 좋게 자라서 그늘을 만들어주었던 나무, 그렇게 크게 자라서 동네사람들이 오며 가며 쉬었다 가는 그 나무를 베어버리셨죠. 남편은 엄마같이 정을 붙이고 그 나무를 좋아했습니다 그나무까지 잘려버려질까봐 '엄마? 다른 나무는 잘라도 이 나무만큼은 베어버리지 마세요. 이 나무 없으면 허전할 것 같아.'고 하면서 그렇게 부탁을 했어도 아들의 부탁은 안중에도 없이 싹둑 잘라서 팔아버리신 어머님. 제가 다 서운해서

'어머님 나무 자르셨네요 ○○아빠가 이 나무 잘릴까봐 그렇게 걱정했는데 결국 자르셨네요.' 하니까 어머님은 '그 나무 때문에 와서 사람들이 쉬었다 가는 게 꼴 보기 싫어서 베어 팔았다.'고 하셨죠. 그런데 그때도 나중에 동네어른들한테 들은 이야기지만 그 은행나무 자른 것도 삼촌을 위해 점쟁이가 자르라고 해서 자른 거잖아요. 그 나무를 남편이 심어서 그 나무 기운 때문에 삼촌이 일이 잘 안 된다고. 남편은 그 사실은 모릅니다. 저는 알아도 한번도 남편에게 말을 한 적이 없으니까요. 그러나 그럴 때마다 남편의 맘이 얼마나 상처를 받는지 눈곱만큼이라도 이해를 하실까요?

시골에 내려갈 때마다 어머님이 계셔도 맘이 허전하여 강아지를 데려다 매어서 키우면 어머님은 그 개가 자라기가 무섭게 남편한테는 물어보지도 않으시고 개소주를 해서 삼촌한테 고모부한테 주시곤 하셨죠. 그럴 때도 남편이 얼마나 상처를 받았는지 어머님은 아셔야 합니다.

남편은 아내와 아이들과 여행도 물론 가지 못하지만 외식 한번을 하지 못합니다. 어머님 안 모시고 갈 수 없다고……. 그 흔한 가족 사진 한 장 우리는 없습니다. 어머님과 같이 찍지 않으면 의미가 없다고……. 찍지도 않고 어머님도 안 오시고……. 어머님 빼고는

가족사진도 찍지 못하는 남편. 가족사진까지 찍기 싫어서 오지 않으시는 어머님. 대한민국에 가족사진 한 장 없는 집은 우리 집밖에 없을 거예요.

남편과 살면서 아이들과 같이 여행 한번, 외식 한번, 아니 외출 한번 못하고 사는 가정이 이 대한민국에 얼마나 있을까요? 그렇게 살아온 며느리나 손녀들 보면서 어떤 감정이 느껴지시나요? 제가 앞서갔나요? 어머님이 낳으신 자식한테도 감정이 없으신 분이 저나 아이들한테까지 무슨 감정을 바란다는 자체가제 잘못이겠죠.

어머님은 재산 있으시고 아버님 때문에 다달이 연금이 100만원 넘게 나오시고 아프신 데 없이 건강하시고 거기다 땅까지 많으시니 무슨 걱정이 있으시겠어요? 그래도 아들이 그렇게 어머님을 모시고 싶어 하고 같이 있고 싶어 하는데 어떻게 그렇게 냉정하실 수가 있는지 정말 며느리인 저도 감당하기 힘들었습니다.

요즘 모든 며느리들이 시어머님 모시고 싶어 하지 않는 게 당연한데 저는 결혼 초부터 어머님 모신다고 했고 같이 살자고 할 때마다 어머님은 "니네 집 코딱지만 한 데서 어떻게 사냐." 그 말에 한이 맺혀 넓은 평수로 이사 갔어도 어머님은 "내가 니네랑 왜 사냐 나는 둘째 아들이랑 살 거다." 그렇게 같이 살고 싶다고 하신 삼촌은 아직도 장가를 안 가고 계시고 삼촌이 장가도 안 가고 사업을 해도 잘안되는 모든 이유를 남편이 재수 없는 사람이라고 탓하고 그 모든 이유가 따로 있었다는 게 이렇게 충격적이고 절망스러울 수가

——— 이제는 너를 들여다봐 줄래

없네요.

　남편은 결국 들것에 실려 가서 수술을 하게 되었고 어머님은 수술하는 날도 결혼식 있다고 와보시지도 않으셨는데 수술 후에 집으로 오셨지만 남편은 늘상 있던 만성우울증보다 더 심한 우울증에 시달렸습니다. 그 이유를 아세요? 남편은 젊어서 군대 갔다가 허리를 다쳤다고 합니다. 군에서 허리를 다쳤다고 집으로 연락했는데도 어머님은 와보시지도 않았다고 하면서 그때를 떠올리면서 깊은 우울증에 빠지게 되었습니다.

　수술 후에 피를 많이 흘렸으니 영양 보충을 해야 한다고 해서 영양탕을 사다가 주었지만 남편은 음식을 거절하고 굶고 있는데 어머님은 맘 아파하시는 게 아니고 비싸게 사온 거 안 먹으면 상해서 버려야 하니까 내가 먹게 가져와라 하시고 모두 어머님이 드셨던 거 기억이나 하시나요?

　어머님 저 이제 모든 퍼즐이 다 맞춰졌어요. 아버님이 돌아가시기 전에 많은 땅 중에 5000평을 남편 이름으로 먼저 명의이전하신 이유를. '나머지는 나 죽은 후에 나눠서 갖고 이것은 내가 살아있을 때 먼저 ○○ 앞으로 해주는 거다.' 하셨죠. 그런데 그때 밤마다 어머님이랑 다투신 기억이 선명합니다.

　정말 그때는 아무것도 몰라서 무슨 내용인지도 이해가 가지 않았습니다.

　저는 결혼 초 신혼이었는데도 남편이 원해서 편찮으신 아버님 때문에 저 혼자 시골에 가 있었고 안방에서 아버님과 주무시던 어머님은 왜 그 땅을 ○○한테 주냐고 매일 밤 아버님을 못살게 구셨어요. 그러던 어느 날 아버님이 '당신은 큰애가 불쌍하지도 않아? 당신이 큰애한테 어떻게 했는데. 한번만 더 그 땅 이야기하면 며느리한테 당신이 ○○한테 어떻게 했는지 다 말할 테니 그렇게 알아?' 하셨던 기억이 나네요.

맞아요. 아버님은 어머님을 누구보다 잘 알고 계셨네요. 아버님 돌아가시면 어머님은 절대 그 땅을 남편한테 해주지 않으셨을 겁니다. 그것을 아버님이 너무나 잘 알고 계셨기에 돌아가시기 전에 먼저 해놓으실 수밖에 없으셨네요."

나는 이렇게 편지를 써놓고 아직도 부치지 못하고 있다. 매일 내일이면 부쳐야지 하면서 갈등만 하고 있었다. 어느 날은 어머님이 충격 받으실까봐 못 부친다고 하니 큐티 모임에 오시는 분들이

"아이고 그런 편지로 충격 받으실 분이면 아예 그런 일을 하지도 못하신다."고 했다.

어머님께 드릴 편지가 중요한 게 아니고 이것은 정말 엄청난 일이다. 그동안 살아오면서 겪었던 어떤 고난보다 더 큰 긴장감과 중요성이 느껴진다. 하루에 한 끼씩 금식을 하면서 기도를 하는데 하나님은 여전히 침묵하신다. 그러고는 계속 금식 기도를 시키셨다.

하나님은 7-8년을 냉정으로 살았던 부부관계를 회복시켜 주시고 우리 관계가 완숙하게 회복되었을 때 시댁과의 영적 전쟁을 선

포하게 하신다. 전쟁은 이미 선포되었다. 이제는 승리만이 남은 것이다. 그 승리는 시어머니를 버리는 것이 아니고 모든 관계를 끊어버리는 것이 아니고 악한 영에 사로잡힌 시어머님을 끌어내는 것이었다. 나는 누구보다 충격을 받았고 가슴도 아프고 상처도 많이 받았지만 하나님은 말씀하신다. "이제 너는 너를 위해 울지 말고 남편을 위해서도 울지 말고 오직 시어머니와 시댁을 위해서만 울어라." 깨어서 기도하고 근신하며 말씀으로 무장하라고 하셨다.

기도를 하면 시댁의 대문에 새끼줄이 쳐져 있는 게 보이는데 가까이 가서 확인하며 새끼줄이 아니고 뱀이었다. 다시 기도를 하면 지붕 위에 새끼줄이 칭칭 감겨 있는데 가서 보면 도 모두가 뱀으로 보였다. 다시 기도를 하면 이제는 집이 아니고 집을 통째로 뱀들이 칭칭 감고 있었다.

하나님께서는 집사영성으로는 도저히 감당하기 힘든 영적 전쟁임을 보게 하셨다. 나는 그날 이후로 날마다 시어머님을 위해서 기도를 하는데 먼저 사랑하게 해달라고 기도를 하였다. 이렇게 어머님이 저주스러울 만큼 미운데, 미운 정도가 아니고 정말 끔찍할 만큼 무서운데 어찌 시댁과 어머님을 위해서 영적인 전쟁을 시작할 수가 있겠는가. 나는 정말 처절할 만큼 시어머님을 사랑하게 해달라고 아니 저는 제 힘으로는 도저히 사랑할 수 없으니 하나님께서 사랑할 수 있는 맘을 주셔야 한다고 기도했다. 한 달 두 달 세 달 기도드릴 때마다 예배 때마다 철야기도 가서 한 시간 두 시간 공황장애로 그 병을 극복하기 위해 몸부림쳤던 것 이상으로 우리 어머님을 사랑할 수 있게 해달라고 애통해 하며 몸부림치는 기도를 드렸다. 그러다 사랑보다는 정말 미혹에 빠져서 한평생 자식까지 버리는 악한 죄를 지었어도 죄가 죄인지도 알지 못하고 사시는 어머님이 불쌍해지기 시작했다.

"너를 위해 울지도 말고 남편을 위해 울지도 말고 시댁과 시어머니를 위해 울라."고 하신 하나님. 정말 시어머니를 위해 울게 하시는 하나님. 내게 하나님이 주시는 맘이 없었다면 과연 그 어머님을 위해 이렇게 가슴을 치며 눈물을 흘릴 수 있을까. 나는 이제 시어머님이 불쌍해서 날마다 울며 기도를 한다. 어머님의 삶이 불쌍하고 어머님의 영혼이 불쌍해서 40일을 넘게 저녁금식을 해서 몰골이 말이 아니게 되자 그대부터 신기하게 미움이 모두 사라지고 긍휼만이 남았다.

 22 ──────── *사역의 길을 갈 것인가 내 인생을 살 것인가*

하나님께서 시어머님에 대한 미움이 사라지게 하시고 불쌍하고 긍휼한 맘을 허락하신 후 나를 인도하신 길은 사역자의 길이었다. 내가 사역자의 길을 가야 하는 이유 중 하나는 큰 영적 전쟁을 치르기 위해서 준비시키셔야 했기 때문이다. 영적 전쟁을 위해서.

　나는 세상 어떤 무엇보다 비교가 되지 않을 만큼 믿음이 충만하여 목사고시까지 잘 보고 막상 안수를 앞두고 망설여졌다. 내성적인 성격에 망설여지기도 했지만 이번에도 역시 돈이 문제였다. 안수비도 만만치 않았기 때문이다. 공부는 다 마쳤지만 안수는 다음 기회에 받아도 된다며 다음으로 미루고 말았다. 총장님이 부르셨다. 다음 기회로 미루는 일을 물어보셨지만 사실대로 말씀드리지는 못했다. 총장님은 3일만 금식기도해보고 다시 결정하라고 하셨다. 그래, 그동안 내 생각대로 결정했지 기도를 집중적으로 해보지는 않았잖아? 오늘부터 금식기도로 들어가는 거야.

　첫날 아침 아주 이른 시간에 교회의 한 권사님이 전화를 하셨다. 권사님은 새벽기도 끝나고 가면서 전화를 하셨는데 내 주민번호를 물어보셨다. 나는 보험관련 이런 거 가입하라고 하시나 하고 거절을 못하고 가르쳐 드렸다. 나중에 안 사실이지만 권사님은 학교에 전화를 하셔서 내 목사안수비를 직접 내주시려고 주민번호를 물어보셨던 것이다. 같은 날 오전 11시쯤 넘었을 것이다. 아파트 초인종이 울렸다. 문을 열어보니 한 집사님이 오셔서 대뜸 봉투는 주고는 급하게 엘리베이터도 안 타고 내려가 버리셨다. 봉투 안에는 메모가 써있었다.

권사님이 목사안수 받게 되면 목사 가운은 본인이 해주고 싶어서 돈을 모았었다고. 나는 갑자기 머리가 멍해졌다 기쁘고 감사하다기보다 너무나 뜻밖이고 상상조차 해보지 않았던 일이라 어안이 벙벙한 게 사실이었다. 그 집사님 형편은 누구보다 내가 잘 아는데 50만원이라는 돈을 모으시기 위해 얼마나 절약하셨으며 쓰고 싶은 것 못 쓰시고 드시고 싶은 것도 참아가며 모으셨을까 생각하니 가슴이 먹먹해서 잠시 움직일 수가 없었다.

그렇게 해서 총장님은 3일 금식기도를 하라고 하셨지만 나는 하루도 안 돼서 금식은 마치고 감사기도만 드리게 되었다. 그리고 두 달 정도 되었을 때의 일이다. 스마트폰을 사용한 지 얼마 되지 않아 사용법도 잘 모르고 고작해야 전화나 문자밖에 애용하는 것이 없었다. 그러던 중 시간을 내어 한 가지 한 가지 쓰임새를 천천히 알아보는데 녹음기능이 있었다. 핸드폰에 녹음기능이 있었네, 하고 들어가 보니 나는 녹음을 한 적도 없는데 녹음된 파일이 대여섯 개나 있는 것이다. 무슨 내용인지 궁금했다. 누가 녹음한 것이고 언제 어떻게 된 것인지 하나하나 들어보는데 모두 통화 중에 된 녹음이었다. 두 개 듣고 세 개째 듣는데 남편과의 통화 내용이었다. 아니 사실대로 말하면 통화 내용이라기보다 통화가 끝나고 난 후의 내용이 30분가량이나 녹음이 되었다. 왜 어떻게 녹음이 되었는지는 모르지만 남편이 술자리에서 나와서 어떤 여자와 대화로 실랑이하는 소리가 들렸다. "오빠 우리 집에 가면 안 가려고 해서 안 돼."

이렇게 시작하더니 너랑 살고 싶다고 나 정말 너랑 한번 살아보고 싶다고 애절하게 매달리고 있었다. 결국 남편은 그 여자네 집으로 가고 있었다. 택시를 타고 내리고 그 여자네 현관 비밀번호를 누르고 들어가 옷을 벗는 소리까지.

이 글을 쓰고 있는 지금 나는 잠시 멈추어있다. 글인데도 진행이 쉽지 않다. 그때의 감정에 머물러 있게 되니 진도가 나가지 않는다. 17년 남편과의 삶이 그렇게 순탄하지 않았지만 내면에 내 나름대로의 기준이 있었다. 물질 고난, 성격장애, 아빠의 자리 부재 등 많은 부분에 노출되고 우리를 방치시켰지만 바람만 피지 않는다면 참고 견딜 수 있을 자신이 있었다. 왜? 나는 기도하는 여자이고 믿음 좋은 사람이니까? 그런데 내 인지 왜곡에서 오는 일방적인 의심도 아니고 오해도 아니었고 어떻게 이런 상황이 아니 결정적 증거가 고스란히 녹음이 될 수 있을까? 이것은 흥신소에 부탁을 해도 어려운 거 아닌가? 그런데 어떻게 이게 내 손안에 있는 거지? 아니 세상에 어떻게 이런 일……. 이것을 어떻게 녹음하게 하셨으며 아무것도 몰랐던 내게 핵폭탄보다 더한 것을 내 가슴에 안겨주시는 이유가 무엇일까?

드라마에서는 많이 보았던 장면인데. 귀가 먹먹하고 가슴에 바위같이 무거운 물체가 쿵 떨어져 들려야 들 수 없어 계속 짓누르고 있는 상황이다. 그래서 팔다리에는 피가 통하지 않고 얼굴에는 내려가야 할 피가 거꾸로 올라와 붉어져서 좀처럼 식을 기미가 안 보이고 머릿속에는 먹물로 가득 차서 아무 생각도 할 수 없는 상태였다. 이렇게 계속 있다가는 금방이라도 숨이 막혀 아니 혈압이 터져 머리가 돌아 죽어버릴 것만 같았다.

세상 어느 누구보다 불쌍한 사람이고 어떻게 회복된 부부 관계인데 이렇게 깨지고 마는 것인가. 이렇게 끝나고 마는 것인가. 내 인생은 이렇게 망하는 것이었어. 그런데 나는 놀라운 나를 보게 된다. 그렇게 멍하게 몇 시간을 아무것도 할 수 없었던 내가 남편이 퇴근하자 언제 무슨 일이 있었나 싶을 정도로 다른 얼굴로 남편을 맞이하고 있었다. 두 딸을 모두 불러내서 현관문에서 아빠를 맞이하게 하고 하루 동안 수고하셨다고 아빠한테 매달려 뽀뽀까지 하게 강제인사를 시키고 저녁상에 더 신경을 쓰고 있었다.

남편에게 묻고 따지고 확인이 필요하고 변명이라도 듣기를 원했는데 내 이성의 뇌는 오히려 내 감정을 두려워하고 나를 움츠리고 철저한 가면을 남편에게 내밀고 있었다.

그리고 남편이 출근을 하고 난 뒤에는 다시 그 문제 속으로 들어가 내 감정의 지옥에서 서서히 죽어가는 삶을 살게 되었다. 그러다 도저히 참지 못하고 뛰쳐나오게 되었다 집안에서 계속 그렇게 더 시간을 보내다가는 내가 정신병자가 될 것만 같아 만나는 사람마다 묻게 된다. 내가 아는 사람이 있는데 이런 일이 있었대. 그 여자가 어떻게 해야 할까? 어떤 결정을 내려야 하는지 조언 좀 부탁해.

그렇게 답답한 내 심정을 여기 저기 알리면서 결정은 내가 내려야 하는데 결정까지 남에게 의지하며 구걸하며 다니는 사이에 나는 다시 살이 빠지기 시작했다. 큰아이 아플 때처럼 9kg까지 빠지니 몰골이 말이 아니었다. 지인들은 어디 아픈 거 아니냐며, 아니 솔직히 죽을병에 걸린 것이 아닐까 하면서 수군거렸다.

어느 날 서울에 있는 지인에게 상의하러 전철을 타고 하염없이 달려가고 있는데 가슴에서 큰 울림의 소리가 들렸다.

"이제 사람들에게 물어보고 다니는 것 그만하면 안 되겠니?"

이제는 시간 낭비 감정 낭비 그만하고 정리를 하기를 원하셨다.

그런데 나는 "하나님께 물어봐야 뻔한 거 아닌가." 하나님께 묻는 것조차 하고 싶은 맘이 없다. 물어 봤자 용서해라, 이해해라, 이혼하지 말아라 등, 어떤 말씀을 하실지 너무나 잘 알고 있기에.

두 달이라는 시간이 지난 뒤에야 빈집에 앉아 두 무릎을 꿇고 눈을 감았다.

눈을 감고 아무 말도 하지 않았는데 눈물이 하염없이 흘렀다.

내가 입도 떼기 전에 하나님은 먼저 말씀하셨다.

"마지막 연단이다."

제가 어떻게 해야 할까요?

"아무것도 하지 마라, 아무것도 하지 않는 것이 네가 할 일이다.

묻지도 말고, 확인도 하지 말고 들었다고도 하지 말고, 증거가 내 손에 있다고도 하지 말고, 너는 네가 할 수 있는 것을 아무것도 하지 마라. 남편을 강보에 싸인 갓난아기를 보호하듯 조심스럽게 대하고 절대 건드리지 말아라."

하셨다. 네가 할 일은 모든 문제를 절대 건드리지 말고 더 알려고도 하지 말고 있는 그대로 놔둔 채 뛰어넘어야만 한다고 하셨다.

길을 가다가 장애물을 만났는데 돌부리면 뛰어넘을 수가 있다. 커다란 비위라도 어떡하든 돌아서라도 갈 것이다. 그런데 큰 산을 만났다면 그 산을 내 힘으로 옮길 수 있는 방법은 없다. 결국 나는 그 산 때문에 가던 길을 포기할 수밖에 없는 것이다. 그런데 포기할 수도 없는 길이 내가 가야 할 길이라는 것이다. 반드시 가야 할 길이니 그 산을 뛰어넘어서 가라고 하셨다. 그 길을 가지 않을 거면 뛰어넘을 필요도 없지만 나는 반드시 그 길을 가야만 한다고 하셨다.

제가 할 수 있을까요?

"할 수 있지. 내가 너와 함께 할 것이다. 뛰어넘고는 다시는 뒤도 돌아보지 말라. 뛰어넘은 뒤 다시 뒤를 돌아보면 너는 롯의 아내처럼 될 것이다."

뛰어넘는 것도 힘들겠지만 넘은 뒤에 내가 모든 것을 용서하고 잊어버리고 다시는 그 일을 돌아보지 않을 수 있을까가 의문이었다.

목사고시를 앞두었을 때 남편의 동의서를 제출해야 했다. 요즘 여자들이 목사안수를 많이 받는데 어느 남편이 신학교에서 자기 아내에게 목사안수를 주어서 자기 가정이 파탄이 났다고 손해배상 고소를 하여 이후로는 남편의 동의서가 제출되어야 했다. 남편은 거부감도 없었고 반대도 하지 않고 쾌히 동의서에 사인을 해주었다.

그런데 이제 내가 남편과 이혼을 하게 되면 나는 목사직을 내려놓아야 한다. 하나님께서 나에게 주신 사명을 감당하기 위해 목사가 되었는데 이제 와서 남편이 외도한 장면으로 모든 게 끝나버리는 상황이 되었다. 남편과 이혼을 하고 내 인생을 새롭게 시작할 것인가 아니면 남편을 안고 사역의 길을 갈 것인가.

나는 이 일이 나를 위해서도 남편을 위해서도 우리 가정을 위해서도 아닌 하나님의 복음 사역을 위하여 반드시 뛰어넘어야 할 사명으로 받았다. 내가 사명을 위해서 목사가 되지 않았던가. 내 문제를 넘어 하나님의 사명을 볼 줄 아는 시야를 허락하심에 놀라울 뿐이었다.

2011년 4월에 목사안수를 받고도 나는 그해 내내 다니던 교회를 떠나지 못하고 있었다. 총회에서는 평신도로 섬기던 교회를 떠나야 한다고 재촉하셨지만 생각보다 쉽지 않았다. 목사안수는 받았지만 사역지가 정해진 것도 아니고 결혼하여 정했던 교회에서 두 아이를 낳고 기르며 얼마나 풍파가 많았던 교회인가, 하나님을 인격적으로 만났던 철야예배당에 올해까지만 머물고 다음 해에는 떠나겠습니다. 이렇게 하나님께 말씀드렸다. 그러면서 정이 많이 든

이 교회를 떠나고 싶지 않아 예배 때마다 마음이 흔들렸다.

어느 날 철야예배시간에 기도 중이었다. 푸른 초장에 수많은 양 떼들이 모여서 풀을 뜯고 있었다. 그 양떼들 곁에 다가가 자세히 살펴보니 나도 그 양떼들 틈에 앉아있는 게 아닌가. 그런데 그 양 틈에 나도 양이라고 우기며 같이 앉아 있는데 내 손에 모세에게 들려 있던 지팡이가 들려져 있었다. 하나님은 나를 부르시면서 너는 누구냐 하고 물으셨다. 나는 이렇게 대답했다. 하나님 저는 양이에요. 하나님은 이렇게 말씀하셨다. 이제 후로는 너는 이 양떼들을 보살필 목자로 세웠다. 목자가 자기는 양이라고 쭈그려 앉아있는 모습이 얼마나 한심해 보였는지. 그게 내 모습이었다. 다음 달에 나는 바로 교회를 떠났다.

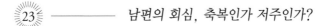

23 ───── 남편의 회심, 축복인가 저주인가?

경기대 상담심리학 주임교수님이시면서 목사님이신 손매남 담임목사님이 시무하시는 창조하는 교회를 섬기기 시작하였다.

상담목사로 상담사로 3년여를 섬기고 있는데 2014년 12월 24일 남편이 아침에 눈을 뜨면서 이렇게 말하는 것이었다.

"○○야, 나 내년부터 교회 나가고 싶다."

그런데 다른 교회 말고 애들이 나가는 교회, 네가 다녔던 교회 나가고 싶은데 혼자는 가기 싫고 너랑 같이 가고 싶다. 남편은 이렇게 말했다. 이것은 축복인가 저주인가. 결혼을 할 때부터 한평생 소원이었던 남편의 구원, 남편과 함께 하는 신앙생활을 얼마나 소망하였던가~

부부가 함께 교회에 나오는 모습만 보아도 부러워서 눈물도 많이 흘렸다.

남편이 있음에도 늘 과부처럼 교회 안에서 혼자였던 나! 그런데 이제 와서 나는 목사가 되었고 평신도에서 떠나 다른 교회를 섬기고 있는데 다시 평신도로 돌아와 남편과 같이 신앙생활을 하기 원했다. 앞에서는 기쁜데 돌아서면 바위 같은 짐을 지는 것 같은 느낌은 무엇일까…….

그래도 나는 오래 고민하지 않고 총회에 말씀드리고 담임목사님의 허락을 받아 1년만 남편이 교회에 등록하고 세례 받고 적응하는 기간을 파송식으로 보내달라고 양해를 받고 창조하는 교회를 떠났다.

그리고 2015년 1월 첫 번째 주일에 그래도 긴가민가했다. 남편이 교회에 나가고 싶다고 했어도 그동안 맘이 바뀐 것은 아닐까? 나는 다 정리를 하고 왔는데 다음으로 미루다 흐지부지되는 것은 아닐까 염려를 하며 눈을 떴는데 남편은 주일인데도 일찍 일어나 회사에 나가서 행사하는 거 챙겨 보고 온다고 하며 출근을 했다. 나는 교회 가기로 한 것에 대해서 물어보지 않고 그냥 배웅을 했다.

7시에 나간 사람이 9시 30분쯤 전화를 했다.

"어디서 만날래? 교회 앞에서 만날까?"

그러기로 했는데 남편은 얼마 후에 집으로 왔다. 아무래도 교회에 처음 가는데 옷을 양복으로 갈아입고 가야 할 것 같다고…….

'하나님 결혼하여 딱 20년 만에 남편과 함께 교회에 갑니다. 이런 날을 다 주시네요…….'

그날 우리는 예배가 끝나고 아이들과 인증샷도 찍고 집으로 돌아왔다.

다음 주에도 남편은 준비를 하고 예배당으로 갔다. 그 다음 주에 남편은 본당에서 예배를 드리기 원했다. 나는 초신자인 남편을 배려해서 3층에 올라가서 목사님과 아주 멀리 떨어진 곳에서 예배를 드리게 했는데 그곳은 늦게 오는 사람들이 많았다. 예배가 시작되었는데도 계속 사람들이 드나들어 예배에 집중하기가 어려웠다. 그래서 그랬는지 남편은 다음 주에는 본당 앞자리에 가서 예배를 드리고 싶다고 했다. 남편은 그렇게 다섯 주를 교회에 나가 예배를 드렸다.

그런데 참으로 이상한 일을 경험하게 된다. 내 평생 소원했던 남편과의 신앙생활을 시작했는데……. 왜 공허함이 찾아오는 것일까?

결혼 전에 내가 그렇게 남편을 좋아해서 남편과 결혼했는데 이상하게 결혼 후에 알 수 없는 공허함이 나를 서서히 찾아온 것처럼……. 내 평생 소원하면서 기다리고 또 기다렸던 게 이루어졌는데 왜 이렇게 행복하지 않는 것일까? 하나님, 저는 이제 기도 제목도 없고 더 이상 소망도 없고 남편 한 사람으로 인해 모든 것이 다 이루어진 것 같아요.

사실 나는 교회에서 남들보다 열심히 한다고 했어도 그 속에는 남편이 구원받았으면 해서 남편의 구원 때문에 노력한 게 더 많았다. 내 노력과 수고로 남편이 구원받는 데 조금이라도 좋은 점수를 받지 않을까 하는 마음이 더 컸던 것 같다. 그런데 지금 남편이 내가 그렇게 바라던 교회에 등록을 하고 신앙생활을 시작했는데 왜 이렇게 기쁨이 없고 허전한 것일까? 그러면서 상담실에 상담 나가는 것도 그렇게 큰 의미가 없는 것처럼 느껴지고 내담자들의 고민과 아픔이 절실하게 다가오지 않았다. 아니 10년 전이나 지금이나 날마다 힘들고 어렵다고만 하는 사람들의 목소리가 염증이 날 정도로 짜증이 나고 웬만하면 그 힘든 사람들과 멀리 하고 싶고 편하고 즐거운 사람들과만 함께할 수 없을까 하는 생각이 들었다. 우울하고 어려운 사람들과는 어떻게 하면 멀리 멀리 거리를 두려고 하는 맘으로 변하고 있는 내 자신이 스스로도 이해하기 힘들 정도였다.

하나님, 이상해요. 이래도 되는 건가요?

왜 이러는지 모르겠는데 남편이 교회에 같이 다니자고 할 때부터 이제는 제가 별로 세상에 할이 없는 것 같고 예전에는 다른 사람들의 아픔의 모든 것이 내가 함께할 일이라고 생각했는데 이제는 모든 일들이 나와는 상관이 없는 일같이 느껴져요. 이러면 안 되는데……. 안 되는데 하면서도 마음이 점점 멀어짐을 느낍니다.

마치 사랑하던 사람에 대한 사랑과 열정이 다 식어버린 불 꺼진 모닥불 같았다.

이건 아닌데요, 하면서도 내 맘이 그렇게 변해 가는데 이성으로 알고 있어도 맘과 생각을 하나로 연결하는 것이 뜻대로 되지 않아 영적으로 우울한 시기를 보내게 되었다

24 ──────── 재앙(남편의 질병)

그러다 남편은 그 다음 주에 대학병원에 입원을 하게 된다. 10년 전에 디스크 수술을 하고 6~7년은 통증 없이 잘 지냈는데 3년여 전부터 다시 통증에 시달리다가 혼자서 통증클리닉을 다닌 것 같다. 통증클리닉에서 해결될 사항이 아니었던지 결국 대학병원 가서 MRI를 찍어보라는 권유를 받았다. 검진결과는 심각했다. 디스크 2개가 다 파열되고 모두 닳아서 없어진 상태이고 척추뼈와 뼈만 남아서 뼈끼리 부딪친 상태로 오래 방치돼 지

금은 척추뼈가 마모되어 모양이 변형된 상태였다. 병원에서는 모든 신경이 눌려서 통증이 심했을 텐데 어떻게 견디었냐고 한다.

이제는 그 신경들이 시간이 많이 지나서 모두 괴사가 됐고 더 지체하면 다리를 못 쓰고 평생 휠체어 생활을 할 수도 있다고 했다. 디스크 수술이 선택이 아니라 필수가 되어버렸다. 정말 말이 없어도 이렇게 없는 사람이 있을 수 있을까 싶다. 자기 허리가 저 지경이 될 때 까지 혼자 고통 받고 혼자 치료 다니고 혼자만 알고 있었던 남편이다.

두 개의 디스크는 인공디스크를 넣고 척추뼈 마모가 너무 심해 동물 뼈로 교체하는 수술을 하기로 하였다. 2015년 2월 남편은 회사에서 연말에는 바쁘다고 계속 미루었다. 남편은 제일 한가할 때 빨리 하고 다시 출근한다고 2월 설명절 어머님을 찾아뵙고 그 다음 주인 화요일 오전까지 출근을 해서 일을 하고 오후에 2시에 입원을 하였다.

다음날 새벽 6시에 교회에서 목사님이 찾아오셨다. 수술실에 들어가기 전에 기도해주러 오신 것이다. 남편은 침대 위에 순한 양처럼 무릎을 꿇고 기도를 받았다. 그리고 6시 30분에 수술실로 들어갔다. 어느 병원 어느 수술실에서도 사고는 있을 수 있고 다시 회복되는 생명도 있겠지만 남편은 12시간이 지나도 아무 소식이 없었다. 새벽 6시 30분부터 수술실 앞에서 한 발짝도 움직이지 못하고 기다리고 있었다. 수술 중에도 보호자를 부르는 경우가 생길 수 있어서 자리를 뜰 수가 없었다. 수술 중에 보호자를 호출하면 좋은 상태가 아니라 한다. 중간에 두 사람을 호출했는데 한 사람은 수술 중 사망하였고, 한 사람은 중환자실로 가게 되었다. 그런데 내 남편은 저녁이 되고 밤이 왔는데도 소식이 없었다. 저녁 8시 30분이 되어서 남편은 회복실로 옮겨졌다고 알림판에 올라왔다.

극도로 긴장한 하루였다. 그래도 얼마나 감사한가. 무사히 수술을 마치게 하심을 감사드렸다. 입원실에 올라와 본인 확인하고 어느 정도 안정을 취하는데 처음에 얼굴의 상처를 보고 놀랐다. 수술하며 코에 연결했던 산소줄 두 줄이 얼굴에 박혔다 빠진 것처럼 살점이 떨어져 나간 상태였다. 13시간을 수술대에 엎어뜨리고 수술을 하면서 얼굴 한번 돌려주지 않았는지 어떻게 얼굴에 호스가 파고 들어가 살점이 모두 떨어져 나가게 했는지 기가 막혔다.

오후에 올라오셔서 저녁도 드시지 못하고 기다리시던 시어머님과 고모를 모시고 식당으로 가서 저녁 식사를 하는데 갑자기 가슴이 막 뛰면서 불안해지기 시작했다. 나는 어머님께 천천히 드시고 오라고 하고 병실로 달려갔다. 병실에 들어서자마자 깜짝 놀랐다. 남편 수술은 위험하기도 했지만 고난이도의 기술을 요하는 수술이라 수술 후 관리가 아주 중요하다고 했었다. 그래서 수술 후 관리하는 것을 교육을 받고 또 받고 보호자에게 숙지를 시켰다. 인공디스크에 동물뼈를 넣어 나사로 연결된 상태라 조금만 잘못 움직여도 나사가 튀어 나오고 다시 열어 수술을 해야 하는 고통이 따르니까 관리의 중요성을 알리고 또 알려주었다. 누워있다 일어나 앉는 데도 2–3일 후에 조심조심 천천히 앉으라고 했는데 글쎄 밥을 먹다 불안해서 달려와 보니 남편이 수술 후 병실에 올라온 지 한 시간도 되지 않아서 자리에서 벌떡 일어나 앉아 있는 게 아닌가. 그것도 무릎을 꿇고서.

다른 사람은 수술 후 진통 때문에 진통제로도 참지 못해 신음소리가 끊이지 않는데 남편은 그런 모습도 보이지 않고 그냥 벌떡 일어나 앉아서 두리번거리고 있었다. 주치의한테 주의를 얼마나 많이 들었던지 그런 모습을 보고 내가 심장이 다 멈추는 듯했다.

남편은 나를 보고 놀라면서 여기가 어디냐고 물었다. 나는 남편에게 모든 것을 설명해주고 다시 조심스럽게 침대에 눕히면서 아직 마취가 덜 깬 건가, 왜 저러지 했다. 그러면서 "여보, 병실에 올라온 지 한 시간 지났으니까 그냥 자. 수술 받느라고 많이 힘들었지? 아무것도 염려하지 말고 한숨 푹 자. 알았지?" 하고 잠을 재웠다.

그날 밤 남편은 무사히 잘 자고 아침에 일어났다. 그런데 다시 남편은 벌떡 일어나 옷장을 열었다. 또다시 심장이 쿵, 했다.

"여보, 왜 그래?"

하니 남편은

"출근해야지. 지금 7시야."

하며 바지를 꺼내 입으려고 했다. 정말 놀라고 당황하지 않을 수 없었다. 다시 남편의 수술 사실을 알려주고 진정시키고 침대에 누워있게 했다. 식사가 나오고 식사를 하고 교수님 회진을 기다리고 있는데 남편이 나를 바라보면서 "아주머니는 누구세요?" 하는 것이다. 나는 놀라서 "여보, 왜 그래? 당신 마누라잖아." 했다. 그러니 남편은 웃으면서 아무 말도 하지 않았다. 그래서 처음에는 장난인 줄 알았다. 그런데 하루가 지나고 이틀이 지나고 3일이 되니 더 심해졌다. 내가 병실에 있으면 "아주머니 누구세요?" 하며 남의 집에 있는 것처럼 느껴지는지 자꾸 병실을 나가려고 했다.

나는 너무나 놀라고 걱정되고 불안하기 이를 데 없는데 주치의는 심각하게 받아들이지 않았다.

"큰 수술 후 종종 오는 섬망증세입니다. 일 주 정도 지나면 다시 회복됩니다."

나는 너무나 크게 충격 받았지만 일주일이 지나면 좋아진다고 하니 안심이 되었다.

그런데 일주일이 지나고 이틀이 더 지나가도 남편은 점점 나빠졌지 좋아지지는 않는 것이다. 9일이 넘어서 나는 '뇌 MRI 촬영'을 부탁했다. 마냥 기다려 보라고만 하니 답답해서 견딜 수가 없었다. 만약에 다른 병이면 서둘러 치료를 해야 하는 것 아닌가 싶어서 제의를 했는데 촬영 후 검사 결과가 나왔다고 보호자를 내려오라고 해서 갔더니 남편이 '뇌경색'이라는 것이다.

병원에서는 신경과 선생님을 투입시켰다. 신경과 선생님은 나를 보면서 환자분이 "예전에 뇌경색이 있으셨네요?" 하는데 기가 막

_____ 이제는 너를 들여다봐 줄래

혀 말이 잘 나오지 않았다.

"무슨 소리 하시는 거예요? 예전에 언제요? 수술하기 전에 수술 전 검사를 그렇게 많이 시켜놓고 모든 게 정상이고 건강해서 수술할 수 있다고 해서 수술실에 들어가게 해놓고 이제 와서 갑자기 뇌경색이 있었다고 하시면 어쩌라는 건데요?"

남편 수술이 조금은 위험한 수술이라 이 병원에서도 이 수술을 시작한 지 3년 정도밖에 안 됐고 교수님도 걱정이 돼서 65세 넘은 환자들은 아예 수술을 시켜주지 않는다고 했다. 그래서 수술 전 검사를 아주 꼼꼼하게 받았다. 인지기능 검사까지 시키길래 이런 검사도 받아야 하나 싶었는데 이제 와서 무슨 소리를 하는 건지……

"MRI 검사결과 뇌경색 흔적이 있습니다. 그것도 한 군데도 아니고 두 군데서 보입니다."

저희는 검사 결과만 보고 말씀드리는 겁니다 하는데 기가 막히기만 했다.

"그럼 그게 수술 중에 생긴 거 아닌가요?"

"아뇨, 예전에 있었던 것입니다."

"예전이면 그 예전이 언제인데요? 우리 남편은 수술하는 날까지 회사에 출근해서 일을 하다가 오후에 입원한 사람입니다. 뇌경색이 있다고만 하시고 예전부터 있었다고 하면 그 상태에서 어떻게 수술을 하라고 하시는 건데요."

의사는 정말 납득이 가지 않는 말만 하고 있었다.

검사결과로는 예전에 있었던 것만 알 수 있지 언제인지 정확하게 알 수는 없다고 했다. 이런 답답한 일이 있나.

"그럼 지금 증상이 일시적인 섬망증상이 아니고 뇌경색이라는 건가요?"

"아니요. 뇌경색으로 인한 후유증으로 인지장애 기억상실로 봐야 할 거 같습니다."

도저히 이해할 수도 납득을 할 수도 없는 상황이었다. 수술 전까지 회사에 출근해서 일을 하다 입원한 사람이 수술 후에 바보가 되었는데 예전에 있었던 뇌경색 후유증이라고 하다니······.

그 후유증이 어떻게 수술 전에는 없다가 수술 후에 나타난 건지.

"그 뇌경색이 수술 중에 있었는지 예전에 있었는지 정확한 시간은 의학적으로 알 수 없다고 하시니 수술 전, 입원하기 전 상태로 만들어주세요. 더도 덜도 안 바랍니다."

그 후 병원에서는 기다리면 수술 전 상태로는 돌아온다고 하면서 매일 기다리라고만 했다.

위험천만하게 몸을 사리지 않고 본인이 누구인지 내가 지금 여기에 왜 있는지 날마다 혼돈상태에서 본인도 힘들고 보호자인 나도 힘든 시간이 한 달이 지나고 다시 보름이 지나고 있었다.

전혀 차도는 보이지 않았다. 다만 그동안에 척추 수술한 것은 많이 완치가 되어서 신경과로 전과를 해서 교수님만 바뀌었다. 남편은 치매 증상까지 보이기 시작했다. 밤이면 잠을 자지 않았다. 낮

　　　　　　　　　　　　——— 이제는 너를 들여다봐 줄래

에도 자지 않고 밤에도 자지 않고 그러면서 치매 증상은 더 심해지고 수면제 양은 늘어갔다. 나는 나대로 밤낮 간병을 하다보니 피곤에 지쳐 갔다.

시어머님은 수술하는 날 오후에 올라 오셔서 한달이 넘도록 집으로 내려가지 않으시고 나를 더 힘들게 했다. 여기 계셔도 별로 도움이 되지 않으니 시골에 내려가 계시라고 해도 내 말을 듣지 않으시고 병원에서 간병을 하시는 것도 아니고 아파트에서 혼자 계시는 것이다. 그러시는 속을 알 수가 없었다.

그러면 식사라도 혼자 차려 드시고 병원에 있는 나를 위해 반찬이라도 만들어주시고 하면 얼마나 좋은가 한 끼도 혼자 차려 드시지도 않고 아침에 학교 가는 것도 바쁜 아이들한테 7시부터 밥 차리라고 깨운다는 것이다. 아이들은 억지로 일어나 밥을 차려드리는데 반찬이 없다고 할머니가 짜증을 내신다는 것이다. 아이들은 반찬을 어떻게 하냐고 나한테 짜증을 낸다. 어쩔 수 없이 그 와중에서 집에 가서 반찬 만들어 놓고 다시 병원으로 정말 체력에도 한계가 오기 시작하는데 어머니는 전혀 배려나 이해는 없으시고 오히려 이중으로 나만 힘들게 하고 계시는 것이다.

하루는 고모가 오셔서 병원에서 엄마랑 같이 하룻밤 잘 테니까 나한테 집에서 자고 오라고 했다. 정말 오랜만에 집에서 하룻밤 자고 아침 7시에 병원에 가보니 너무나 속상해서 가슴이 찢어지는 것 같았다.

어머님과 고모한테 맡기고 집에 갈 때부터 불안했는데 밤새 남편의 팔과 다리를 꽁꽁 다 묶어놓고 재운 것이다. 환자복이 다 젖도록 땀을 흘린 것을 보니 맘이 너무나 아팠다. 제정신도 아닌 남편을 강제로 손발을 묶어서 재운다는 것이 너무나 비인간적이었다. 수술한 부위도 있는데 모로 누워 자지도 못하고 반듯하게 누워서만 자는 게 얼마나 불편했을까. 그 불편함 때문에 더 잠을 잘 수 없었을 것 같은데 그렇게 해놓고 수면제를 먹이고 수면제로도 잠을 자지 않아서 주사까지 놓고 초죽음이 되게 한 후 잠을 자게 한 것이다. 나는 너무나 속상해서 앞으로는 내가 아무리 힘들어도 다시는 고모나 어머님한테 부탁하면 안 되겠다는 생각이 들었다. 교수님은 잠을 자지 않으면 더 심해진다면서 강제로라도 잠은 재워야 한다는데……. 병원에서 너무 화가 날 정도로 답답한 시간만 보내고 있었다.

나는 내가 책임진다고 하고 수면제 양도 줄이고 밤이면 손발도 묶지 못하게 했다. 그런데 그것은 내 감정일 뿐 화난 감정으로 남편의 질병상태를 모두 책임진다는 것도 교만이고 아집이었다. 새벽 두세 시가 고비였다. 그 시간만 넘기면 밤을 새워도 견딜 수가 있었는데 내가 그 시간 넘기기가 너무나 힘이 들었다. 남편은 2시가 넘어가면 오히려 정신이 온전해지는 것 같았다. 정말 정확한 발음으로 "아무 걱정하지 말고 푹 자. 나 이제 괜찮아." 했다.

"○○아빠도 자. 벌써 3시가 넘어가고 있잖아. 어서 자."

────── 이제는 너를 들여다봐 줄래

하고 정말 잠깐 5분에서 10분 잠이 들었다. 깜짝 놀라 눈을 번쩍 떴다. 세상에 이걸 어쩌면 좋다는 말인가……. 침대 위의 남편이 사라지고 없는 것이다.

주사바늘과 피주머니 소변줄기까지 모두 뽑아 버리고 침대 밑에 피가 흥건히 쏟아진 채 남편은 없어져 버렸다. 남편이 위험한 상태라 간호사 대기실에서 남편 침대가 보이게 입원실을 잡아주었는데도 간호사들 아무도 남편이 병실을 나가는 것을 보지 못했다고 했다. 한참을 당황하여 우왕좌왕하다가 바닥을 보니 피가 한 방울씩 떨어져 이어져 있었다. 피의 흔적은 반대쪽으로 이어져 있었고 계단에서 끊어졌다. 병실이 이 병원 맨 위층 13층이라 한 계단만 올라가면 바로 옥상이었다.

계단에서 멈춘 핏방울과 한 계단만 올라가면 옥상. 당연히 옥상 문은 닫혀 있을 것이라고 생각했다. 그런데 왜 이렇게 불안한지……. 심장이 멎을 것 같은 불안함으로 옥상 문을 열었다. 그러나 옥상으로 들어가는 문은 잠겨 있지 않았고 열려 있었다. 어떻게 이럴 수가……. 병원 옥상 문은 왜 열어 놓고 있는지 정말 병원을 이해할 수가 없었다.

나는 남편이 옥상으로 올라가 자살을 했을 것 같은 두려움이 엄습해서 숨을 쉴 수가 없었다. 조심스럽게 옥상 문을 열고 한발 내딛었다.

3월 새벽 3시가 넘은 시간은 한겨울처럼 추위가 느껴졌다. 그리고 얼마나 깜깜한지 온갖 후황과 어마어마한 기계들로 더 큰 두려움이 밀려와서 감히 그 넓은 옥상을 돌아다니며 깜깜하고 무서운 곳을 찾아다닐 자신이 생기지 않아서 다시 내려왔다. 병원에서는 블랙코드가 내려졌다. 지하에서부터 남편을 찾아 올라가기 시작했고 다른 한 팀은 13층에서 아래로 내려가기 시작했다.

"하나님 이대로 남편이 죽어버렸으면 어떡하죠……."

"나는 누구냐? 내가 왜 여기에 있냐? 회사는 어떡하냐. 아주머니는 누구세요? 나는 누구야? 내가 왜 여기 있지? 회사는 어떻게 된 거지? 왜 아무 기억이 나지 않는 것이지……."

물어보고 또 물어보고 또 확인해도 자기는 기억이 나지 않으니 얼마나 힘들었을까. 남편같이 까다로운 사람이 어떻게 감당할까 걱정했는데 남편은 감당할 수 없었을 것이다.

"하나님 살려만 주세요. 살려주세요. 이대로는 말도 안 됩니다. 제발 살려만 주시면 바보가 되었든, 치매가 걸렸든, 살려만 주시면 제가 책임지겠습니다. 이대로 끝내지만 말아주세요. 제발……."

지하층에서 6층까지 걸어 다니면서 구석구석 찾고 다닐 때 간호사실에서 전화가 왔다. ○○○ 씨 찾았으니까 간호사실로 얼른 오시라고.

찾았다는 소리를 듣자 온몸의 신경이 굳어버리는 것 같았다.

감사합니다. 하나님 감사합니다…….

내 정신이 아닌 상태에서 올라와 처치실에 누워있는 남편을 보았

　　　　　　_____ 이제는 너를 들여다봐 줄래

다. 환자복을 벗겨 놓았는데 환자복이 위에 아래 모두 새빨간 피로 흠뻑 젖어있었고 옷을 벗은 알몸 상태로 눕혀 놓았는데 정말 얼굴부터 발끝까지 피로 범벅이 되어 있었다. 영화 '패션 오브 크라이스트'에서 예수님이 십자가상에 온몸이 피범벅이 된 채 매달려 계셨던 그 모습과 너무나 닮아 정말 끔찍해서 제정신으로는 바라보기 힘든 상황이었다.

죽고 싶었겠지. 살 희망이 없었겠지. 사는 것보다 차라리 죽는 것이 더 간단하고 쉬운 선택이었을 것이다. 나는 백번 이해하고 또 이해한다. 어느 날 예고도 없이 찾아온 기억상실. 내가 누구인지도 모르는 상태를 어떻게 받아들일 수 있겠는가.

그날 이후 교수님과 주치의가 날마다 퇴원을 종용하셨다. 병원에 갇혀 있어서 더 심한 것 같으니 일상생활로 돌아가면 좀더 회복이 빠를 수 있다고……. 날마다 차도가 없는 남편을 바라보면서 나는 그럴 수도 있다고 생각하여 결국 퇴원을 한다.

2월에 수술하러 병원에 들어갔는데 어느새 꽃이 피는 봄이 지나고 여름이 오고 있었다. 병원에서는 매일 오늘이 아니고 내일이면 나아지겠지 기대를 하였다. 강제 퇴원 후에도 그 기대는 여전했다. 병원에서는 오히려 퇴원하면 나아진다고 했는데 나아지는 모습을 포기해야 되나 싶을 정도로 남편에게서 달라지는 모습을 기대할 수가 없었다.

교회에서 전도사님이 전화를 주셨다.

"중보기도팀에서 환자들을 위해 기도를 하고 있는데 기도제목에 올려드릴까 해서요."

나는 감사하다고 하며 올려달라고 했다.

전도사님은 "익명으로 올릴까요? 이름을 실명으로 올리면 안 되겠죠?" 한다. 나는 "아니요. 실명으로 올려주세요. 감사합니다." 하고 끊었다. 생각할수록 기분이 나빴다.

'아니 왜 이름을 밝히지 않고 기도를 해준다는 것인지……. 왜 밝히면 안 되는 이유라도 있는 것일까?'

나는 아직도 순수한 것인지 기도하는 분들의 믿음의 인격을 믿었던 것인지 기도하지 않는 사람들도 아니고 그래도 다른 분들보다는 기도를 많이 한다는 분들이다. 그것도 내 기도도 아니고 남을 위한 중보기도를 하러 나오시는 분들이

"그 여자 목사안수 받고 다른 교회로 갔던 사람 아닌가? 하나님 모르는 무슨 은밀한 죄를 지었기에 남편이 그런 병에 걸렸대."

이 부분을 감당하기 힘들까봐 염려하셨던 것이다.

그날 이후 내속에서 떠나지 않는 그 말

"하나님 모르는 무슨 은밀한 죄를 지었기에 남편이 그런 병에 걸렸대?"

날마다 곱씹어지는 그 말은 나에게서 떠나지 않았다. 6개월이 지나도 전혀 나아지지 않는 남편을 보면서 남편의 질병도 중요하고 내 절망적인 맘도 중요하지만 경제적으로 앞으로 어떻게 살아가야

_____ 이제는 너를 들여다봐 줄래

할지가 더 심각했다. 남편은 시청 직원이었고 일주일 병가를 내고
입원을 했다. 다음에는 두 달 연장 신청을 했다.

지금은 1년 병가 신청을 한 상태다. 처음에는 "디스크 치환술"
두 번째는 "뇌경색 후유증 인지능력 장애 기억력 장애" 세 번째는
알츠하이머 치매증상.

아픈 남편과 대학생인 두 아이들을 내가 어떻게 끌고 나갈 수 있
을까?

25 ─────── 인생의 허망함

큰아이는 대학교 3학년, 둘째 아이는 고등학
교 3학년. 이 아이들에게 아빠로서 공급되는 모든 것은 스톱이 되
었다. 둘째 아이는 초등학교 1학년부터 불안장애, 분리불안장애로
공부를 열심히 시키는 것이 하나도 중요하지 않았다. 아파트로 이
사를 하면서 치유가 되는 듯싶었지만 손톱은 초등학교 5학년까지
씹어 대고 나중에는 발톱까지 씹는 버릇으로 본인의 불안을 대처한
아이에게 강압적으로 무엇을 강요한다는 것은 어려운 일이었다.

그러다 중학교에 가서 내신으로 아이들을 쫓아가기란 더 어려웠
다. 그래도 담임선생님들을 너무나 잘 만나게 해주셔서 우리 아이

는 정말 밝고 명랑하게 학교생활을 할 수 있었다. 중3이 되어서 고등학교 진학을 앞두고 고민하고 있을 때 이 아이가 이런 상태로 인문계 가서 버틸 수나 있을까 싶었다. 담임선생님과 진학 상담을 하는데 선생님은 "모델과를 추천하셨다. 둘째 아이 외모가 어려서부터 눈에 띄는 편이었다. 초등학교 때 학교 앞에서 나눠주는 에이전시 명함도 여러 번 받아온 적이 있었다.

그러나 그런 쪽에 관심이 없었던 엄마이기에 신경을 아예 쓰지 않았다. 중3 담임선생님이 "○○만큼은 인문계 가서 고생하지 않았으면 좋겠습니다. 학교 선생님이지만 모든 아이들이 ○○이처럼 해맑게 걱정 없이 생활했으면 좋겠습니다. ○○이마저 인문계가서 고생하는 거 저는 정말 너무나 안타까울 것 같습니다.

나는 집에 와서 고민 또 고민을 했는데 선생님은 입학 원서부터 소개서까지 얼마나 꼼꼼히 챙겨주셨는지 ○○이나 엄마인 내가 준비한 것은 정말 아무것도 없었다. 나보다는 본인이 원해서 결국 "예고 모델과"를 보내게 되었다.

그런데 그곳도 경쟁은 치열했다. 이 세상에 경쟁 없는 곳은 없는 것이 사실이다. 전국에 하나밖에 없는 학교라 제주도에서 부산에서도 올라온 아이들이 모두 모였다고 생각해보라. 중학교에서 조금 눈에 띄고 키가 컸어도 전국에서 모인 학교에서는 우리 아이가 살아남기가 너무나 힘에 버거웠던 것이다. 아이는 고민 끝에 연기를 하고 싶다고 했다. 연기 수업료가 100만원 150만원씩 하는데 그래도 엄마 형편 생각해서 친구 둘이 같이 레슨을 받는 조건으로 70만원에 레슨을 시작했다. 수시 보기 전 3달만 연기 수업을 받고 싶다고 해서 나는 어쩔 수 없이 하라고 할 수밖에 없었다. 아아, 막막하다. 막막함, 막막하다. 하늘도 막힌 것 같고 땅도 공기도 모두 막힌 것 같다.

어디 한 군데 숨통이 트인 곳이 없는 것 같다. 그러는 와중에도

"그 여자 하나님 모르는 무슨 은밀한 죄를 지었기에 남편이 그런 병에 걸렸데."

그 소리가 들릴수록 나는 하나님을 찾지 않았다. 찾고 싶지 않았다. 아니 솔직히 말씀드리면 아예 하나님을 보고 싶지도 않았다. 너무나 힘들지만 자존심 때문에 손 벌리기 싫어 일부러 찾아가지 않는 부모님처럼 하나님은 내 옆에 계시지만 내가 너무 힘드니까 쳐다도 보기 싫었다. 길을 가다 저곳에 내가 아는 사람이 서있으면 그 사람 부딪칠까 먼 길을 돌아서 가듯 하나님을 보게 될까 하나님을 만나게 될까 돌고 돌아 일부러 외면하려고 애쓰면서 살았다. 기도해야 하는데 일부러 하지 않는다.

하나님을 찾아야 하는데 더 찾지 않는다. 어떻게 나한테 이렇게 하실 수가 있어. 어떻게 나한테 이런 소리를 듣게 하실 수가 있어. 내가 어떻게 살았는데. 하나님 제가 언제 그렇게 세상에서 단 한 가지라도 누리며 호의호식하며 산 적이 있나요.

힘들게 살고 한 고비 한 고비 넘기면서 간당간당 살았어도 하나

님 은혜로 늘 감사하며 살았는데 나는 지금 단 한 번도 행복한 적이 없었다고. 정말 단 한 번도 행복한 적이 없었습니다.

늘 고생하며, 늘 아프며, 늘 참으며, 늘 억울하며, 늘 분하며, 늘 아등바등 노력하며, 단 한번을 편히 쉰 적이 없다. 게으른 적도 없다. 남들보다 나를 먼저 챙겨본 적도 없다. 도대체 저한테 왜 이러세요. 기도도 하기 싫고 하나님 쳐다도 보기 싫었다. 아니 나는 길을 갈 때도 땅만 보고 다녔다. 하나님, 하나님께서 말씀해보세요. 제가 하는 말이 아니고 하나님이 더 잘 아시니까 하나님이 말씀해보시라구요. 제가 하고 싶은 거 하고 산 게 단 한 가지라도 있었나요?

결혼하여 19년을 살면서 여행은커녕 여름휴가 단 한번 간 적 없잖아요. 저를 위해 10만원 넘는 옷 한번 신발 한번 사본 적이 없고 지금까지 집에 에어컨 한 대 없습니다. 추운 겨울에도 보일러 한번 틀지 못하고 페트병에 끓는 물 부어서 그거 끌어안고 살았습니다. 아이들이 빌라에 살 때 하도 춥게 살다가 아파트에 오면 자동적으로 따뜻하게 사는 줄 알았는지 여전히 춥게 살고 있으니 아이들이 그랬습니다.

"엄마 왜 우리 아파트로 이사 왔는데도 추워?"

남편 강요에 소변 보고는 물을 내릴 수도 없었고 밤에도 어두침침하게 전기를 켜고 살았고 냉장고 맘 놓고 한번 가득 채워 보지 못하고 살았습니다. 저보고 뭘 더 어쩌라고 무슨 죄를 지었다고 제가

————— 이제는 너를 들여다봐 줄래

더 이상 어떻게 하기를 원하셔서 남편을 이 지경까지 만드시는 건데요. 답답해서 여쭙고 싶은 것은 남편이 나을 수는 있나요? 기도하면 낫게 해주실 건가요? 제가 어떻게 하면 낫게 해주실 건데요? 하나님이 저한테 원하시는 게 뭐예요? 기도는커녕 부탁도 하고 싶지 않았다. 하나님이 서운하다 못해 이렇게 서러울 수가 없었다.

하나님 잘 믿고 믿음도 좋고 아이들도 다 공부 잘하고 남편은 너무나 아내를 사랑해주고 물질도 부족함 없고 모든 선교에 앞장서고 좋은 일만 하다가 천국까지 가는 사람은 뭐예요? 저는 어쩌면 이렇게까지 고생고생 시키시는 건데요.

하나님은 언제나 나보고 자녀라고 했지만 나는 하나님의 자녀가 아니고 의붓자식처럼 여겨져 서럽고 원망됐다. 누구는 사랑해주고 나만 사랑해주지 않는, 차별하는 새 엄마 같았다. 하나님에 대한 서운함과 원망이 나를 집어삼키고 말았다. 그날부터 나에게 하늘 문은 닫혀 버렸다

남편은 빚 때문에 힘들어 하고 죽고 싶어 했지만 그렇다고 나에게 떠넘기지는 못했다. 그런데 지금은 그 빚이 고스란히 내 몫으로 돌아오고 말았다. 한 달에 79만원씩 내던 원금과 이자를 6개월 이상 연체를 시키고 있으니 가만히 있을 은행이 아니었다. 독촉장이 날아오고 전화가 오고 날마다 사람을 다그치기 시작했다. 나는 낮에는 남편을 돌보야 해서 3월에 밤에 일할 수 있는 곳에 취업을 했지만 너무나 힘들어 낮에도 일할 수 있는 곳이 있으면 나가서 일을

할 수밖에 없었다.

남편은 본봉에 70%가 지급됐고 친정에서 형제들이 지원해주어도 생활하는 데는 턱도 없었다. 나는 시골 땅은 절대 팔 생각을 하지 말라시던 어머님 생각이 났다. 작년부터 생리 양이 많아지던 나는 이유 없는 어지러움증에 시달렸다. 사실 이렇게 신경을 많이 쓰는 상황에서 어지러움증이 생기지 않는 것이 더 이상했을 것이다. 그래도 너무나 심해서 걸을 수도 일상생활을 하기가 어려울 정도가 되었다.

이명검사에 메니에르 이석증까지 검사를 했어도 결과는 정확하게 나오지 않았다. 결국 남편 때문에 신경을 써서 신경성에 걸린 것이라 생각했다. 그런데 생리를 한 달 내내 하는 것이다. 겁도 났지만 그러다 보니 어지러워 남편을 잘 케어하기가 힘들어서 산부인과에 찾아가 상담을 했다. "자궁내막증식증"이었다 갈수록 생리 양이 느는 것이 아니라 하혈을 하는 것이라고 했다. 그래서 철분이 부족해서 빈혈이 심해져서 어지러웠던 것이다. 결국 빨리 나을 수 있는 방법은 수술이 제일 좋다고 해서 망설임 없이 바로 수술을 선택했다.

조금 더 생각해보고 다른 약물도 써보고 하지 왜 이렇게 수술을 서둘러 하느냐고 했지만 나에게는 나보다 남편이 먼저였다. 남편을 돌볼 사람이 나밖에 없는데. 남편을 낳은 남편 엄마인 시어머니에게 맡길 수도 없고 형제가 도와주는 것도 아니고 나밖에 없었다.

_____ 이제는 너를 들여다봐 줄래

내가 이런 상태에서는 남편을 케어하기가 점점 힘들어질 것 같았다. 당시 메르스가 창궐해서 병원에 수술 환자는 거의 없어서 더 좋았다.

수술 하루 전날 시골에 계시는 어머님께 장문의 편지를 썼다. 그동안에 쓰기만 하고 부치지도 못했던 편지들이 얼마였던가. 이제는 우리 가족이 살고 남편을 살릴 수 있는 사람이 나밖에 없으니 용기가 필요했다. 편지를 부치고 수술을 하러 들어갔다.

나는 수술도 혼자 하고 입원실에서도 혼자 있었다. 아이들은 아빠를 챙겨야 하니까. 그런데 아이들 말로는 아빠가 날마다 10분마다 엄마 어딨냐고 엄마만 찾는다는 것이다. 마치 엄마와 떨어진 어린 아이처럼……

나는 일주일 입원해야 한다고 했다. 병원에서는 적어도 5일은 있어야 한다고 했는데 2일 입원하고 3일째 퇴원시켜 달라고 했다. 집에 아픈 남편이 있어서 집에 갔다가 실밥 푸는 날 다시 오겠다고 하고 복대를 하고 퇴원을 하였다.

집에서 있는데 친구한테서 전화가 왔다. 남편 회사에 보험 들어 있는 것이 뜬다고 알아보라고. 나는 돈 한 푼이 소중한데 남편 회사에 보험 든 게 있다고 하니 당장 알아봐야 할 것 같았다.

집에 누워있거나 앉아있으면 괜찮은데 많이 걸으면 배가 당기고 뭉치고 해서 힘들었지만 집에 있을 때가 아니었다. 택시를 타고 갈까 하다가 한 푼이라도 아끼고 싶어서 버스를 탔다. 시청에 가서 총무과에 들러 알아보았지만 허탈했다. 직장 보험이 있는데 남편이 사인을 하지 않았다는 것이다. 올해부터 방법이 바뀌어서 단체 보험인데도 개인 사인이 들어가지 않으면 안 된단다. 남편은 단체 보험이라 생각을 하지 않았는지 대수롭게 생각하지 않았는지 사인을 하지 않아 결국 보험 혜택은 받지 못하게 된 것이다. 허탈해서 다시 버스를 타고 돌아오면서 핸드폰을 열어 보니 둘째 아이한테서 문자가 17통이 넘게 와있었다. 문자를 보는 순간 배가 끊어지는 듯 아파오기 시작했다.

"엄마? 엄마 나가자마자 나는 엄마가 다시 들어오는 줄 알았어."

"엄마? 할머니랑 고모가 오셨어. 엄마 나가자마자."

"엄마, 근데 할머니 이상해. 할머니가 엄마 수술한 거 맞냐고 물으시는데 그래서 수술하신 거 맞아요, 했는데도 진짜 맞아? 하고 자꾸 물으셔."

"엄마 엄마 빨리 와~ 지금 할머니랑 고모가 아빠를 데리고 어디 가려고 해."

"아빠는 내일 출근해야 해서 시골에 못 간다고 하는데 강제로 끌고 가려고 한다고."

"엄마~ 할머니랑 고모가 이제는 아빠 앉혀 놓고 엄마 흉을 계속 봐~ 엄마 욕만 하고 있어 엄마 나쁜 여자라고 계속 말한다니까."

"엄마, 할머니가 아빠한테 엄마가 밤에 일 다니면서 남자를 사귀었대."

"엄마가 남자랑 바람이 나서 시골에 있는 아빠 땅을 팔아서 아빠 버리고 도망가려고 하니까 땅 절대 못 팔게 해야 한다고 아빠한테 시골 가자고 한다니까."

"할머니랑 고모 미친 것 같아. 정말 왜들 저래? 아빠가 멘붕 오는 것 같고 아빠가 이상해지는 것 같아. 제발 빨리 와.

내가 할머니 왜 그러냐고 아빠 힘들어 하는데 했더니 나한테도 욕하고 그래."

문자를 읽다 말고 배가 너무 아파서 급한 마음에 고모한테 전화를 했다.

고모가 받았다.

"고모 뭐하는 짓이에요? 저 있을 때 오시든가 제가 집 나온 시간에 몰래 가셔서 지금 뭐하세요? 남편 힘들어 하니까 제가 간 다음에 저한테 이야기하세요."

그러자 아이들 고모는 신경 쓰지 말라고 하면서 그냥 끊어버렸다. 정말 가슴이 답답하며 숨이 잘 쉬어지지가 않고 수술한 부위는 통증이 더 심해졌다. 버스에서 내려 걸어가면서 맘은 급하고 걸어야 하는데 발이 잘 옮겨지지 않을 정도로 통증이 심해서 나는 아파트 입구도 가지 못하고 119에 전화를 했다. 119에서는 무엇을 도와 드리냐고 물었고 나는 아픈 증상을 말했다. 119에서 어떻게 아프냐고 증상을 말하라고 했다. 집에 고모랑 어머님이 오셔서 사람을 힘들게 한다고 했다. 조금만 기다리라고 하면서 사람을 보내 준다고 했는데 구급차가 오지 않고 여자 경찰이랑 남자 경찰 두 사람이 왔다. 나는 그제야 아파트 입구에 도착을 했고 두 사람은 나한 테 병원을 가기를 원하느냐고 하기에 지금은 조금 괜찮아졌다고 했다. 그런데 집에 들어가 고모랑 어머님을 만나기가 어려울 것 같다. 그래도 집에 들어가 쉬고 싶다고 하니 두 사람은 나를 부축해서 집으로 들어갔다. 우리가 들어가자 어머님은 갑자기 거실에 쓰러지시면서 엉뚱한 소리를 하셨다. 내가 내 아들집에 왔는데 며느리가 구박을 해서 살 수가 없네, 일어날 수가 없어, 하면서 흐느끼셨다.

그러자 남편은 "엄마, 왜 그래? 일어나." 하고 부축하는데 그러는데도 막무가내셨다. 나이 드신 어머님은 백번 이해한다고 하지만 갑자기 고모가 더 이상한 소리를 한다.

"오빠, 우리는 오빠가 불쌍해서 살 수가 없어 지금 내려가자. 내차 타고. 내가 데려다 줄게. 치매 걸린 오빠를 두고 다른 남자랑 바람난 올케한테 오빠가 학대 받고 사는 것 도저히 볼 수가 없어."

경찰이 있든 없든 내가 수술한 부위가 통증이 심하고 숨쉬기도 힘들어 작은아이 방에 쓰러지듯 눕든 말든 어떻게 해서든 남편을 데리고 나가기 위해서 정말 수단과 방법을 가리지 않는 사람들 같았다.

왜 저럴까? 왜 갑자기 와서 그것도 나 없을 때 몰래 무조건 남편을 데리고 가려고 하는 것일까?

나는 남편 때문에 힘든데 아무 때나 와서 데리고 내려가면 나야 편하고 좋을 텐데 왜 나 몰래 저렇게 강제로 데리고 가려고 하는 것 인지 정말 이해하기가 힘들었다.

나는 방에 있고 두 경찰은 어머님과 고모랑 대화를 했다. 방에서 듣고 있으니 사람이 어떻게 저렇게 바뀔 수가 있나 싶다. 내가 교회에서 그렇게 모함을 받고 억울한 경우가 있었어도 내 가족, 시어머님, 시누이한테 20여 년을 트러블 없이 좋은 관계를 유지했는데 정말 단 한 번도 고모한테 나쁜 감정, 서운한 감정 없었는데 어떻게 이렇게 변할 수 있는지 내 머리로는 죽을 때까지 이해할 수 없을 것 같았다.

"오빠는 집하고 회사밖에 모르는 사람이었습니다. 그런데 수술하다 갑자기 뇌경색이 왔고 지금은 알츠하이머 치매까지 와서 아무것도 기억을 못하고 있습니다. 오빠가 바보가 됐다고 올케 언니가 남자랑 바람이 난 것입니다. 오빠를 학대하고 밥도 제대로 안 주더니 이제는 시골에 있는 땅을 팔아서 그 남자랑 도망가려고 하고 있어요. 그래서 오빠가 너무 불쌍해서 제가 데리고 가려고 온 거예요. 오빠만 데리고 가면 되니까 신경 쓰지 마시라고. 그냥 가시라고."

두 사람은 그 얘기를 다 듣고 다시 방으로 들어왔다. 나한테 사실이냐고 맞냐고 물어봤다. 대답도 하고 싶지 않았다. 계속 실랑이하다 내가 숨이 막혀 죽을 것만 같았다.

나는 남편을 데리고 가든 두고 가시든 맘대로 하시라고 했다. 데리고 가시면 제발 끝까지 책임이나 지시라고. 그런데 남편은 자꾸 내일 출근해야 하는데 어디를 가냐고 같은 말만 반복했고 나중에는 자기 엄마한테 화를 냈다. "엄마, 나중에 갈게. 나 내일은 회사가야지 안 돼. 지금은 못 가."

남편과 어머님과 애들 고모와의 실랑이는 길어졌고 경찰은 나에게 다시 와서

"어떻게 할까요? 우리는 이만 돌아갈까요?" 하고 물었다.

"아뇨. 저는 지금 몸이 너무 아프니까 이대로는 통증이 가실 것 같지 않고 제가 너무 힘들어요. 고모집이 인천입니다. 남편을 데리고 가라고 해도 남편이 안 간다고 하고 두 분도 남편을 데리고 가지 못하잖아요. 오늘은 그냥 고모네 가셨다가 내일 다시 오시라고 해주세요. 아니 인천서 여기 오는데 30분이면 오는데 다시 오시면 되지 도대체 왜 오늘에 목숨을 거는지 정말 이해가 안 갑니다. 제가 수술하고 실밥도 안 뽑고 남편 때문에 집에 왔어요. 수술한 지 3일밖에 안 됐습니다. 제발 저 좀 쉬게 좀 해주세요."

그런데도 어머님은 다시 거실에 벌러덩 드러누우면서 아들 안 데리고는 못 간다, 이 집에서 한 발짝도 못 움직인다고 고함을 지르셨다.

내가 수술받기 전에 남편이 아파지면서 아파트 융자금을 갚지 못해서 계속 독촉 받는데 요즘 너무 심하게 독촉이 온다. 남편한테 전화도 하루에 몇 번씩 오니까 받지 못해도 신경 쓰고 어쩌다 받으

___ 이제는 너를 들여다봐 줄래

면 더 증세가 심해지는 상황을 말씀드리고 어머님이 팔지 못하게 하셨던 땅을 결국에는 팔아야 할 것 같다고 편지를 보냈는데 그것 때문에 오신 것이었다. 정신이 오락가락하는 아들을 데리고 내려가서 명의 이전을 해버리시려고. 그런데 그것만은 어머님 뜻대로 되지 않았다. 이런 상황에서 아들이 50세 나이에 바보가 돼서 오늘 내일도 구분 못하고 있는데 그 틈을 타서 땅을 빼앗고 싶어서 온 어머님과 시누이. 드라마에나 나오는 막장이야기가 오늘 내 앞에 벌어지고 있는 것이다. 사람은 이런 것이구나, 사람이라는 존재가 이렇게 무섭고 악한 것이구나 하며 진절머리가 났다.

빚 독촉은 계속 이어졌고 날짜는 날짜대로 흘러 어느새 11월이 되니 경매 경고문까지 우편으로 받았다. 내가 빚으로 너무 힘들어하는 것을 아는 지인이 말했다. "남편 이름으로 된 논이 5000평이 넘는다면서. 그것을 20년 가까이 어머님이 관리하신 거잖아. 농사는 남편이 뼈 빠지게 지었어도 그곳에서 나오는 도지 값은 한 번도 받은 적 없지. 나는 생각도 못했던 일이다 도지 값을 어머님이 준 적도 없지만 있는지도 몰랐다.

"1년에 500씩만 잡아도 20년이면 얼마냐? 어머님한테 남편 빚 갚아달라고 해. 아니면 도지값 달라고 소송한다고 해버려."

나는 할 수 없이 땅을 못 팔게 하실 거면 700만원 넘는 빚이라도 갚아주십사고 편지를 또 보냈다. 다음날 시누이한테 바로 전화가 왔다.

"왜 자꾸 우리 엄마한테 편지 보내요? 우리 엄마 말려 죽일 작정이에요? 우리 엄마한테 한번 더 그런 편지 보내면 가만 안 있을 겁니다."

아~ 진짜 살이 덜덜 떨려서 걷기가 힘들 정도였다. 700만원 되는 빚을 갚아 달라고 사정하는 편지를 보냈는데, 너무 힘이 들어 어머님이 도와주십사 하고 편지를 드렸는데 말려죽일 작정이냐고 전화를 하는 시누이.

3일 정도 지나서 어머님이 연락도 없이 집으로 오셨다. 오셔서 하시는 소리가 그 빚이 정말 있는지 없는지 확인이나 해보자 하시는 것이다. 진짜 어이가 없었다. 정말 뇌구조가 어떻게 되신 분들인지 궁금하다는 생각이 들었다. 같은 사람인데 어떻게 생각하는 게 저렇게 다를 수 있는지.

그 빚이 있는지 없는지, 그럼 없는 빚을 있다고 이 와중에 거짓말했다고 생각하는 시댁을 어디까지 이해를 하고 가야 하는 것일까

어머님을 모시고 국민은행으로 갔다. 번호표를 뽑고 기다리다 상담을 했다. 은행 측은 어머님 아니라 아내라 해도 공개할 수 없다고 했다. 본인이 직접 와야 한다는 것이다.

본인이 직접 올 수 없는 상황이라고 말하니 사유를 서류로 제출하란다. 아프면 진단서를 떼 오라고 했다. 어머님은 끝까지 직접 확인하셔야 한다고 하고 나는 병원에 가서 진단서를 발급받는데 병원에 입원하고 있을 때는 가능했는데 퇴원 후여서 본인이 아니라는

_____ 이제는 너를 들여다봐 줄래

이유로 여러 가지 서류가 또 필요했다. 준비하면서 짜증이 났다. 그러면서도 빚이 있는 게 확인만 되면 어머님이 갚아주시려나 그래서 알아보신다고 하는 거겠지 하는 기대가 있었다,

동사무소로 왔다 갔다 반복을 하고 서류 떼는 데만 하루가 다 가는 듯 했다. 그런 후 은행으로 갔고 결국 진단서 확인 후 어머님께 확인시켜 드렸다. 모든 것을 어머님 소원대로 다 확인을 하신 후에 어머님이 하신 말씀은

"그렇게 힘든데 뭐 하러 아파트를 끼고 사냐? 그냥 집을 팔면 되지."

어머님은 아파트를 팔라고 하시고 시골로 내려가셨다. 진짜 살이 찢어지는 듯 아픔을 느끼면서 어머님께 화가 났다. 그러나 어쩌랴 모두 내가 감당할 몫이지 어머님 몫은 아니니. 어머님 말씀대로 이 집을 팔면 된다, 더 걱정할 필요도 없다 생각했다. 그러나 아무리 생각해도 나는 이 집을 팔 수가 없었다. 내 욕심이 커서가 아니고 수술 후 뇌경색 후유증으로 모든 기억을 잃었어도 남편은 아파트만은 기억하고 매일 물었다.

"이 아파트 내가 산 거지? 나 정말 이 아파트 빚 갚느라 죽을 뻔했어. 여보. 이 아파트 빚 내가 다 갚았지? 이거 우리 집이지?"

날마다 확인하고 좋아하고 또 확인하던 남편에게 이 집을 홀랑 팔아서 상처를 주고 실망을 주고 싶지 않고 이 집 이외엔 나갔다가 다시 돌아올 수 있는 상태도 아니다. 그러면 지금보다 병이 더 심

해질 것 같았고 남편이 불쌍해서라도 팔 수 없다.

그런데 내가 남편을 위해서 집을 팔고 싶지 않다고 내 뜻대로 되는 것이 아니었다. 결국 은행에 넘어가게 생겼다. 어머님이 빚이 정말 있는지 없는지 거짓말을 하는 것인지 본인이 직접 확인을 하셔야겠다고 하시고 궁금하신 것만 해결하시고는 결국에는 집을 팔라고 히시고 떠나가셨지만 은행입장은 완전히 달라진 것이다.

그동안은 밀린 연체만 갚으면 됐는데 남편이 이제 경제활동 불가로 판정이 나서 대출이 취소되었고 모든 게 정지가 되었단다. 그러면서 밀린 빚이 아니고 남은 융자금을 100% 일시에 모두 갚으라는 것이다. 진단서 제출로 정말 생각지도 않은 폭탄 같은 결과를 맞게 되었다.

나는 참다못해 다음해 1월에 내가 알아서 땅을 부동산에 내놓고 팔아서 빚을 갚겠다고 어머님한테 전화를 했다. 어머님 때문에 지금 대출금 모두를 상환하라고 한다. 어머님이 와서 확인까지 하지 않으셨으면 700만원만 갚고 앞으로 다달이 79만원씩 갚으면 됐는데 이제는 7600만원을 갚으라고 한다고 전화를 했지만 어머님은 니가 팔수 있으면 팔든가 알아서 하라고 하시면서 화를 내시고 끊으셨다.

그리고 얼마 후에 스팸문자를 정리하는데 고모한테 문자가 온 걸 모르고 있었다. 나는 그날 그 사건 이후 고모한테 너무나 충격을 받아서 고모 번호만 떠도 심장이 두근거리고 감당이 안 돼서 스팸에 넣어 놨는데 문자를 보냈으리라고 생각도 안 했다.

문자 내용은 "오빠가 은행에 있는 빚이 7600만원이라면서요? 그거 우리가 갚아 줄 테니 오빠 땅을 우리한테 넘기세요. 다른 사람한테 파는 것보다 동생들한테 주면 오빠도 좋아할 테니 그렇게 하셔요."였다.

나는 당장 그 빚 문제로 하늘이 무너진 것 같았다. 아무 생각도 없었고 생각 할 수도 없었다. 그때 고모가 엄마 모시고 와서 나한테나 남편, 아이들한테 상처를 주었던 모든 기억을 뒤로 하고 빚을 갚아 준다는 말에 감사하다고 답장을 했다. 그리고 사실 감사하기도 했다. 시골 땅을 내가 판다고 누가 살 사람이 당장 나서는 것도 아니고 감당할 자신이 없었다. 그런데 고모가 빚을 다 갚아 주고 명의이전만 해주면 된다니 간단하고 고맙게 생각되었다.

그런데 그해 세무과에서 계속 전화가 왔다. 세금을 덜 냈다는 것이다. 땅을 거저 주었든 증여를 했든 시세에 대한 세금을 내야 하는데 세금을 적게 냈다는 것이다. 고모는 세금이 얼마이니 얼마만 내라고 나머지는 알아서 낸다고 해서 내가 알바해서 번 돈 100만원을 보냈는데 나중에 알고 보니 7600만원에 대한 세금을 냈고 명의이전한 땅은 그것보다 더 나가는 것이었다. 그래도 어쩌랴 이제 와서 물러 달라고 할 수도 없고. 씁쓸한 맘만 남고 그러면 그렇지, 손해 나는 짓을 했겠어, 나한테 그렇게 했는데 싶었다.

우리 아이들은 "엄마는 할머니랑 고모가 어떻게 했는데 그렇게 빨리 잊고 용서를 할 수가 있어." 하면서 자기네는 도저히 이해를 할 수도 용서도 할 수 없다고 했다.

허망함이란 이런 것인가 싶다. 한평생 시아버지께 시어머니께 시댁에 최선을 다한다고 노력하며 살았어도 결국 인생에 최선을 다한 내 삶의 결론으로 받은 것은 믿음에 대한 배신과 서운함으로도 표현이 부족한 허망함으로 남게 되었다.

그래도 그 빚 독촉에서 해방되니 그것보다 좋은 게 없었고 남편한테도 이제 더는 거짓말로 주는 평안이 아니고 진짜로 편안함을 줄 수 있어서 그게 너무나 감사하다.

26 ────── 환난 당한 자의 자녀들

남편은 봄인지 여름인지 겨울인지 계절도 몰랐고 날짜나 시간도 몰랐다. 여름인데 겨울옷을 꺼내서 입으려고 했고 자고 일어나는 때도 알려주지 않으면 몰랐다. 해주지 않으면 일주일 내내 씻는 것도 몰랐다. 밥을 차려주면 먹는데 배가 고픈지 부른지도 몰랐다. 나아지지 않는 남편을 바라보며 희망보다는 절망이 더 무게를 실어갈 때 빚 독촉은 심해지고 알바는 밤새껏 하고 한두 시간 자고 다시 낮에 시간만 나면 육체적 노동일을 하러 다니면서 정말 눈물을 흘리고 싶어도 흘릴 시간이 없어 나중으로 미루고 미뤘다. 나중에 시간이 조금 나면 그때 울어야지 지금은 울 시간도 없었다. 그런데 울 시간은 없었지만 눈을 감고 잠자리에 들어 편히 자게 되는 날이 오면 "이대로 내일 아침 눈을 뜨지 않았으면 좋겠다."

"이대로 눈감은 이대로 모든 게 멈춰 버렸으면 좋겠다."

이처럼 나는 내일이 다시라는 단어가 나에게 오지 않았으면 하고 바랐다.

나는 내일을 날마다 기대했다. 내일은 남편이 나아지겠지. 내일은 오늘보다 조금이라도 나아지겠지. 그 내일을 기다리고 기다리며 1년을 기다렸는데 아무것도 나아진 것이 없고 나에게 책임이라는 무게만 고통으로 다가오니 내일이 아예 없었으면 좋을 것 같았다.

내일이 오는 것이 두려운 사람들. 내일을 책임져야 하는 사람들. 소풍가는 날을 기다리며 설렜던 유년시절. 엄마가 김밥을 싸 주시려고 장을 보시고 소풍날 입으라고 새 옷을 사주시고 분주하게 준비할 때 설레는 맘으로 내일을 기대하며 꿈에 부풀어 정말 구름 위에서 자는 것인지 이불 위에서 자는 것인지 모를 정도로 황홀했다고 표현하는 게 맞을 것이다.

그런데 남편은 김밥을 싸 줄 엄마도 없고 새 옷을 사오는 누구도 없었다. 김밥은커녕 일반 도시락도 싸 가지 못하면서 소풍에 가야 하는 심정이 어땠을까? 모두의 즐거움에 동참할 수 없는 소외감과 박탈감. 그 비참함이 어땠을까? 오히려 내일이 오지 않았으면 했을 것이다. 비가 억수로 와서 소풍이 취소되기를 바라지 않았을까? 그런데 소풍 때만이 아니라 유년시절 소년시절을 통틀어 그런 날을 보냈을 테니 그 상처를 어느 누가 치료해줄 수 있었겠는가. 나는 이 시점에 왜 지금 나보다 더 아팠을 남편의 어린 시절이 회상되는 것일까?

사실 남편이 아프기 전에 날마다 투정처럼 엄마한테 사랑을 받고 자라지 못했다고 했을 때 그렇게 진지한 위로를 해주지 못했다. 정말 어른이 아이들 타이르듯이 이성적으로만 대답해 주었다. 그 시대에 당신만큼 힘들게 산 사람이 당신만은 아니잖아. 이제 와서 과거를 맘 아프게만 생각해서 무슨 유익이 있겠어? 지난날은 잊고 앞으로 앞날만 내다보면서 행복하게 살자, 하고 형식적인 말만 해주었다.

그런데 난 지금 남편의 어린 시절이 뼈저리게 아프다. 정말 가슴이 미어지도록 남편이 불쌍하다. 어려서도 그랬지만 이제 어른이 되어 아이들의 아빠가 돼서도 열심히 살아도 살아도 얼마나 버거우면 죽고 싶다는 말을 밥 먹듯이 했을까? 남편은 아마도 내일이 오지 않기를 소망하지 않았을까? 본인이 책임을 져야 할 가족이 너무나 버거워 이대로 오늘이 끝이었으면 좋겠다고 생각한 것은 아닐까?

지금의 남편에게는 내일은 없다. 오늘 하루 기억하는 것도 힘들다. 둘째 아이는 연기를 공부하고 수시에 합격을 했지만 아빠의 질병으로 많은 생각을 하게 되었다면서 수시합격을 포기하고 다시 정시에 도전해서 항공운항과에 지원했다. 고3이라는 시간을 남들처럼 대우받고 보내지도 못한 딸이다. 고3이 시작 되는 2월에 아빠가 아프기 시작하여 1년여를 둘째가 특히 더 맘고생을 많이 했다. 둘째 아이가 당번으로 병원 와서 아빠 간병할 때마다 아빠가 자살소동을 일으키는 바람에 충격도 많이 받았고 메르스 때문에 학교 휴교할 때는 집에 할머니랑 고모가 찾아왔다. 이 같은 충격적인 사건을 둘째는 두 눈으로 다 목격을 했다. 나는 이 아이에게 다시 유년시절에 앓았던 불안장애가 찾아올까 걱정을 많이 했다.

그런데도 하나님께서는 감사하게도 생각을 바꾸고 현실적인 학과를 선택하게 하신다. 둘째는 '인하공전 항공운항과' 추가 면접1명 뽑는 데 800:1로 합격을 하여 감격을 안겨 주었다. 환난 당한 자녀를 돌보시는 하나님의 선물이었다.

2015년 2월에 7일 입원해서 수술하고 회사에 출근한다던 남편은 세상 말로 바보가 되었다. 2016년 2월, 1년이 지났다. 다사다난했던 한 해도 아니고 솔직히 무슨 정신으로 살았는지 모르겠다. 남편의 질병도 처음에는 시간이 지나면 나아진다고 해서 매일 매일 기대를 했다. 처음부터 크게 충격 받지는 않았다. 그런데 이제는 내가 모든 것을 혼자 해결해야 되고 책임져야 하는 삶이 확실해지고 있다. 이게 더 압박을 주었다. 돈도 내가 벌어야 하고, 아이들도 내가 돌봐야 하고, 남편까지 내가 다 책임을 져야 한다는 것이 너무나 숨이 막혔다. 한편으로는 시댁을, 시어머님을 의지하려고 했다가 어디에서도 받을 수 없는 상처를 받게 되니 아예 남보다도 못하게 되었고 그러면서 아예 기대를 하지 않으니 더 내 책임이 무겁게만 느껴지면서 숨이 막힐 정도로 현실이 암담했다.

그동안에 남편과 사별한 사람과 남편과 이혼한 분과 장기상담을 하였던 분들과 계속 짬을 내서 상담을 하는데 상담을 마치고 돌아오면서 나도 내 속을 의심할 정도로 악하다는 것에 깜짝 놀랐다. 저분들이 힘들다고 하는데 사실 내가 더 힘든 것 같았다. 저분들은 죽거나 이혼해서 남편들이 없어서 힘들다고 하는데 본인들에게 도움을 줄 남편도 없지만 그렇다고 책임져야 할 남편이 있는 것도 아니었다. 그런데 지금 나에게 남편은 없느니만 못한 상황 아닌가. 차라리 없는 게 나한테는 더 나을 수도 있는데, 하는 생각을 하면서 나도 나를 보고 믿을 수가 없었다.

남편을 먹이고, 입히고, 씻기는 것, 모든 것을 다 내가 해주어야만 하는 것이다. 뇌손상으로 기억력 인지장애만 있지 신체장애가 있는 것이 아닌데도 인지가 어려우니 남편 스스로 할 수가 없는 것이었다. 1M 80cm가 넘는 남자를 머리부터 발끝까지 씻기는 것만으로도 기운이 쭉 빠진다. 옷을 갈아입으라고 해도 갈아입지를 못한다. 입어야 할 이유를 모르기 때문에 결국 갈아 입혀 주어야 옷을 벗는다. 먹은 것을 잊어버리고 다시 달라고 한다. 먹었다고 하면 처음에는 알았다고 하지만 두 번째는 거짓말 한다고 먹을 것으로 많이 서운해 하고 집에 먹을 게 없으면 그렇게 서러워한다.

"이제는 내가, 먹는 것도 아까워하는구나."

그러다 보니 먹을 것을 절제시킨다고 하면서도 어느 정도 기분에 맞춰 주다 보니 1년 사이에 15kg이나 살이 불어 있었다. 그러니 이제는 목욕시키는 것도 얼마나 힘에 겨운지 모르겠다.

집에서 모든 일에 내 손이 필요하고 특히 남편한테는 100% 내가 필요했다. 수입은 있어야 하기에 밤에 나갔던 콜센터 일을 시간 늘려 주면 줄수록 감사하게 생각했다. 처음에 두 시에 퇴근하다가 한 시간 더할 수 있겠냐 하면 3시에 퇴근, 4시나 5시에도 사람이 빠지면 내가 다 한다고 했다. 사람이 욕심이 있다고 24시간 안 자고 돈을 벌 수 있는 것은 아니었다. 내가 원하고 노력하면 힘든 일은 얼마든지 일할 곳이 있었다. 아파트 청소부터, 식당 설거지, 결혼식장 뷔페, 어디에든 나를 써 준다고 하면 거절하지 않고 감사한 맘으로 달려가서 일을 했다.

그날도 새벽 4시에 퇴근을 하는데 신호에 걸려 차가 서면 저절로 눈이 감겨 인간의 힘으로는 견딜 수가 없었다. 그런데 어디선가 "나는 네 아버지다. 내가 네 아버지란다."라는 소리가 들렸다.

　나를 의지해라 나를 믿어라 이러지 않으셨다. 그냥 나는 네 아버지인데 하시는 하나님의 한숨과 애절함이 온몸에 느낌으로 다가왔다.

　내가 우리 아이들 아프고 힘들 때 정말 가슴이 찢어지는 듯한 심정으로 아이들을 바라볼 수밖에 없었던 그때 그 심정이다. 아픈 아이들보다 그 아픈 자식을 바라보는 엄마의 심정. 어렸을 때 우리가 아프면 부모님들은 "자식이 아프면 부모는 맘이 더 아프다."고 하셨다. 나는 그때는 허풍이라고 생각했다. 그런데 내가 자식의 고통을 지켜본 결과 그 아픔이 어떤 아픔인지 알 수 있었다. 하나님이 지금 그런 심정으로 나를 바라보고 계신 것이다. 그게 그 새벽에 온몸으로 느껴졌다. 소리를 내서 운 것도 아니고 눈물이 진짜 하염없이 흘렀다. 멈출 수가 없었다. 어떻게 운전을 하고 집으로 왔는지 모를 정도로 하염없이 흐른 눈물은 지하 주차장에서도 한참을 이어졌다.

　하나님은 지금 아픈 남편보다 진학을 앞둔 딸보다 어느 누구보다 바로 나에게 가장 많은 관심을 갖고 계셨고 나를 보시며 너무나 아파하셨다. 나를 보시고 마음 아파하시는 하나님을 생각하며 이렇게 눈물이 날 줄 몰랐다.

내가 그렇게 미워하고 서운해 하고 섭섭해 하던 하나님의 진심이 느껴지면서 정말 눈물이 아니라 멈추지 않는 폭포와 같았다

남편이 있으면서도 과부같이 사는 기분이 무엇인지 알고 자녀가 있어도 위로는 되었지만 큰 도움이 되지는 못하고 있는 때라 왠지 모를 천하에 고아가 된 듯한 한 해였다. 공허하고 허전하고 그러면서도 생활의 무게에 짓눌려서 그 허전함을 달랠 여유도 없이 숨 가쁘게 살던 나에게 내가 네 아버지인데. 아버지를 무시하고 혼자 고생하는 자녀를 보는 아버지의 맘이 어떠셨을까? 아버지가 없는 사람도 불쌍하지만 아버지가 살아 계시는데 아버지의 존재를 모르고 산다면 이 얼마나 가슴 아픈 일이며 아버지나 자녀나 이처럼 불쌍한 일이 또 있을까?

하나님 아버지는 11년 전에 주셨던 말씀을 다시 하시면서 남편과 자녀는 나에게 맡기고 너는 너에게만 신경을 쓰라고 하셨다.

"네가 살아야 가정이 산다. 남편을 살리고 고치려고 애쓰지 마라. 자녀를 살리고 도우려고 집착하지 마라. 가정 경제를 살리기 위해 목숨 걸고 고생하지 마라. 이대로 계속 가다가는 네가 죽는다. 네가 죽으면 네 남편도 네 가정도 모두 죽는 것이다. 너는 아무것도 신경 쓰지 말고 모두 나에게 맡기고 너는 네 자신을 돌보도

록 해라. 너만 살아나면 너로 인하여 가정이 살 수 있다."

그동안 하나님을 몰라 하나님을 공부하게 하시고, 사람을 몰라 사람을 공부하게 하신 하나님. 지금은 세상 어떤 것보다 나를 모른다고 하신다.

이제부터는 나를 들여다보고 알아가는 시간으로 인도하실 것을 알려주시고 나를 알아감에도 부정하지 말고 미루지 말고 어떤 때보다 더 큰 순종이 필요함을 알게 해주셨다. 나를 알고 나를 분석하고 나에 대해 공부하는 시간이 필요함을 알게 하신 하나님의 인도에 순종하는 것은 그동안 어떤 시련 속에 순종하는 것보다 힘들었다. 이기적으로 느껴지고 내 욕심을 차리는 시간들인 것 같았다.

아니 지금이 어떤 때인데 나한테 신경을 쓰고 살 수 있다는 말인가? 모든 것 뒷전으로 하고 나한테만 집중하고 나를 위해 산다는 게 가능할까. 나로서는 정말 불가능한 일이다. 그런데 하나님은 강행하셨다.

2016년 나는 다시 창조하는 교회에 나가서 섬기게 된다. 2월에 설교차례가 되어서 준비를 하느라 말씀 앞에 직면하게 된다.

이스라엘 백성들을 출애굽 시키기 위해 쓰임 받았던 모세에게 하나님은 "너의 수고는 여기까지"라고 말씀하시고 이제부터는 여호수아에게 넘기라고 하신다.

말씀을 준비하는데 하나님은 "네 남편의 수고는 여기까지다." 하셨다.

결혼하여 19년을 날마다 하나님께 남편에 대한 불만을 말씀드리면 하나님은 항상 "너와 네 자녀를 위해 수고하는 자다.", "너와 네 가정을 위해 수고하는 자다."

저는 하나님이 그러실 때마다 속으로 '개뿔, 수고는 무슨 수고. 남편이 해주는 게 뭐가 있다고.' 했다. 그러면서 실상 나를 위해 자녀를 위해 해주는 게 없는 남편인데 왜 하나님은 항상 우리를 위해 수고하는 자라고 하셨는지 의문이었다.

그런데 2016년 2월 하나님은 "네 남편의 수고는 여기까지다."라고 말씀하시며 끝내 주셨다. 52세에 세상에서의 수고가 끝났다고 하시는 하나님. 120세 시대에 살면서 70-80에도 일을 하고 싶어 하는 지금 우리 남편은 52세 수고를 마치게 해주셨네. 물론 남편은 정신만 나면 회사에 가야 한다고 말한다. "나 언제 회사 가냐. 나 회사 가야 하는데 이렇게 놀면 애들은 어떻게 하냐?"

그럴 때마다 아직 질병 휴직 중이라고 대답해 준다.

남편이 시간과 때를 알았더라면 불가능하겠지만 남편에게는 오늘만 있다. 그렇게 오래 쉬었는지 개념도 없고 오늘만 쉬게 하는 것이다. 어떻게 보면 다행일수도 있고. 하나님은 네 남편의 수고는 여기까지라고 하시고는 이제부터 네가 나가서 일 좀 해라 하시는 게 아니고, 너는 가만히 서서 오늘날 내가 너희 가정에 어떻게 하나 보라고 하셨다. 나보고는 가만히 있어, 가만히 좀 있으라시는 것이다. 하루도 가만히 있지 못하는 나에게 하나님은 비유로 설명해 주셨다.

극동방송 설교로 들려주셨는데 지금으로부터 30-40년 전 어느 교회 원로목사님이 젊은 전도사 시절 시골교회 전도사로 부임 받았다. 다른 힘든 일도 많았겠지만 그때는 철야기도 끝나고 집에 가는 게 참으로 힘든 일이었다고 한다.

교회에서 집에 가려면 20리 길을 가는데 지금처럼 가로등이 있는 것도 아니고 시골 두메산골 깜깜한 길을 혼자 간다고 생각하면 정말 무서웠을 것이다. 전도사님은 찬양도 부르고 기도도 하면서 그 무서움 달래고 걸어가고 있는데 그 새벽에 캄캄한 산속에서 "창현아? 창현아?" 하는 소리가 들렸다. 전도사님은 처음에 잘못 들었나 했다가 내가 무서움을 타서 헛소리가 들린 건가 했지만 걸어갈수록 더 크게 들려서 크게 들릴수록 전도사님은 더 빨리 뛰어서 집으로 가셨다고 했다.

다음날 교회에 와서 다음과 같은 사실을 알게 되었다. 연세 지긋한 장로님이 서울에서 온 젊은 전도사가 캄캄한 시골 산길을 가는 게 얼마나 무서울까 해서 같이 동행해주어야겠다며 뒤늦게 쫓아가셨지만 젊은 전도사의 발걸음을 쫓아가기란 쉬운 것이 아니었다. 가도 가도 따라 잡을 수가 없어서 이름을 부르며 쫓아가는데 쫓아가면 갈수록 전도사님은 더 빨리 달려서 가버린 것이다.

미루어 볼 때 하나님이 나를 도와주시려고 해도 하나님보다 더 앞서서 내가 모든 것을 행하려고 했던 것이 2015년의 내 삶이 아니

____ 이제는 너를 들여다봐 줄래

었나 싶다. 아무것도 하지 말고 하나님이 어떻게 하시나 보라고 하신다. 나는 광야 같은 인생을 살면서 지금 홍해라는 사건 앞에 서 있는 것이다. 홍해를 만나게 하신 하나님이 원망스럽고 나만 왜 이런 죽을 수밖에 없는 홍해를 만나야 하는지 억울했다.

그런데 홍해를 만나지 않는 사람은 그 홍해가 갈라지는 기적도 체험할 수 없는 것이다. 모든 것을 맡기고 하나님을 바라보라고 하신 하나님은 3-4년 전에 했던 뇌 심리학 공부를 다시 시작하게 하셨다. 석사까지 하고 박사를 굳이 해야 하나 싶었다. 요즘은 속된 말로 강아지나 염소나 다 박사라고 하는데 필요성을 느끼지 못하여 끝냈었는데 남편이 뇌질환을 앓으면서 다시 뇌에 대해 관심이 깊어졌다. 나도 지금 우리 형편에 다시 공부를 시작하는 게 잘하는 짓인가 했다. 그런데 둘째 아이의 편지로 하나님은 평안함을 주시고 용기를 주셨다.

"엄마. 요즘 이 기도 방에 들어와 기도하는 시간도 없겠네. 밤낮으로 돈 벌러 다니느라. 여태까지 우리 위해 살았으니 이제라도 엄마를 위해 살았으면 좋겠어. 돈 때문에 부담 갖지 말고 이왕 시작한 공부 마무리 지었으면 해. 정말 고마워 엄마~ 엄마 덕분에 우리 가정이 온전히 서있는 거야. 주님이 우리 가정에 반석이시면 엄마는 기둥이었어. 여러 안 좋은 상황에서도 온전히 주님 믿으며 우리 가정 흔들리지 않게 잡아 주었지. 항상 고맙고 엄마 인생이 없는 것 같아 많이 미안했어. 주님 안에서 더 행복하자. 주님은 우리 가정을 특별히 사랑하시니까. 엄마 사랑해. 막둥이 ○○이가."

28 ──────── 나를 들여다보다

　　　　　가끔 나는 나를 쳐다보기는 했어도 들여다보려고 한 적은 없는 것 같다.

손매남 박사님 지도하에 논문 준비를 하면서 모든 상담워크숍에 참가하게 된다. '집단 상담', '미술 분석심리', '부부 상담 1급', '대상관계', 'NLP' 등을 통하여 자연스럽게 나를 발견하는 시간을 찾게 되었다.

내가 나를 얼마나 잘 알고 있을까? 하나님이 이제는 너에 대해 공부를 하라고 하셨을 때 선뜻 이해하기가 힘들었다. 나에 대해 누구한테 가서 공부를 할 것이며 나에 대해 알라고 하시면서 왜 외부에 가서 공부가 필요한 것인지 내가 알고 있는 내가, 내가 아닌가? 내가 모르는 내가 무엇이란 말이지. 내가 나라고 알고 있는 것들의 많은 부분이 남이 들려주어서 알게 되는 것들이 많다.

내가 알고 있는 어린 시절의 기억도 사실기억과는 다른 것이 많다. 거짓기억도 있고 듣고 만들어낸 기억도 있고 상상기억도 있다. 그러나 나를 움직였던 것은 무의식의 내가 많은 부분을 차지했다.

나는 심리학을 배우면서도 프로이드의 정신분석이론을 교육으로만 배웠지 나에게는 그렇게 신빙성 있는 이론으로 받아들이지 않았었다. 나는 미술 심리분석에서도 그림 중에 엄마를 찾을 수 없었다.

내 삶에 엄마이야기는 있지만 그림에는 엄마가 없네요. 엄마가 부재중이네요.

지금 엄마이야기를 하시는데 그림에서 엄마를 한번 찾아봐 주세요, 하면 나는 엄마를 생각하고 이야기를 그렸는데 엄마의 실체는 없었다. 나는 내가 그리고도 잘 이해가 가지 않았다.

NLP 수업 중 시간 여행에서 내 인생의 가장 기쁜 시간에도 엄마는 없었고 가장 슬픈 시간에도 엄마는 없었다. 늘 내 기억에서는 내 옆에 있었던 엄마가 실제로 나에게 없었다. 이게 무슨 의미일까? 나는 큰오빠와 12살 차이가 난다. 그 밑으로도 오빠가 두 명, 언니가 두 명 더 있다. 내 기억 속에 엄마는 언니들과 오빠들한테서 들어서 만들어진 기억이다. 세상에 태어난 처음으로 만나는 대상에 대한 기억도 잘못된 것이었고 내가 나를 생각하는 내가 알고 있는 '자기표상'도 잘못된 것이었다. 나에 대한 혼돈의 시간이 시작되었다. 상담개발원 빌딩 옆 식당에서 어느 날 시커먼 개를 묶어놓았다. 처음에 볼 때 누가 봐도 흠칫 놀랄 정도로 혐오스럽게 생긴 개였다.

그런데 나는 그곳을 지날 때마다 그 개가 너무나 안쓰러웠다. 왜 그런지 이유도 없이 그냥 안타까웠다. 나중에는 비가 와도 걱정이 되고 추운 날 바람이 불어도 그 개가 걱정이 돼서 집에서 있기가 불편할 정도였다. 수개월이 지난 어느 날 소파에 누워있는데 서울에 있는 그 개의 눈빛과 내가 초등학교 때 우리 집 마루 밑에 숨어 있던 개의 눈빛이 같았다는 것을 번개가 스치듯 순간 보게 된다. 나에게는 충격석인 시간이었다. 분석심리나 심리워크숍을 통해서 나에게 40년이 다된 기억이 살아나게 된 것이다.

　내가 어렸을 때 엄마는 늘 집에 없었다. 그럼 내가 평생 알고 있었던 엄마는 늘 집에 계신다는 말은 거짓말이란 말인가? 아니다. 그것은 잘못된 기억일 뿐이다. 엄마는 늘 집에 계시지 않았다. 내가 태어날 때 오빠가 중학교에 입학을 해야 해서 엄마는 오빠를 서울로 학교를 보내야 한다고 고집을 피우셨고 서울로 상경시킨다. 엄마는 허구헌 날 오빠와 함께 보냈고 집안 살림은 큰언니가 맡아서 해야 했다. 어쩌다 엄마는 집에 내려왔고 내가 잘 때 엄마는 몰래 다시 서울로 가셨다. 그래서 나는 잠자는 것을 싫어하였던 것이다.

　나는 평생 낮잠을 자지 않았다. 남편이나 아이들이 왜 낮잠을 자지 않느냐고 물으면 시간이 아깝다고 했지만 그게 아니었다. 자고 일어나면 심장이 마구 뛰고 묘한 불안한 감정에 휩싸이는 게 싫어서였다. 너무나 기분 나쁘고 불안한 감정을 느끼기 싫어서 잠을 일부러 자지 않았다. 그래, 내가 낮잠을 자는 시간에 엄마는 집을 떠나버렸고 엄마가 떠난 사실을 안 후에는 불안하고 서러워 한참을 울었던 기억이 난다 이제서.

어쩌다 엄마는 서울에서 내려와서 돈이나 챙길 것만 챙겨서 다시 떠나셨다. 나는 양산을 싫어했다 양산의 이미지가 그렇게 좋지 않았던 어렴풋한 이미지만 있었다. 왜 싫은지는 구체적으로 말할 수는 없었는데 어디서든 양산을 선물받으면 실망을 했고 나이 50이 되어도 여름에 양산은 절대 쓰지 않는다. 또 '코티' 분을 싫어했다. 그것도 왜 싫은지 이유는 몰랐고 코티분에서 나는 냄새가 싫었다. 그런데 이제야 알게 되는 것은 엄마는 집을 나가실 때 양산을 쓰고 나가셨고 코티 분을 바르고 나가셨던 것이다. 그 냄새가 나에게는 외로움으로 기억된 것이다.

둘째 오빠나 둘째 언니는 이제 나이도 있고 여유도 있어서 그런지 시골에다 전원주택을 지어서 살고 있거나 살 계획이라고 하면서 나보고 시골에서 사는 것이 어떻겠냐고 물었다. 나는 시골이 싫었다. 생각해 보겠다가 아니고 무조건 거부 반응이 왔다. 시골, 하면 쓸쓸하고 외로움만 느껴졌기 때문이다.

엄마 없는 집 시골. 언니, 오빠들은 학교에 가고 집에는 아무도 없다. 아버지가 데려다 놓은 덕구라는 개 한 마리가 나에게는 정말 위로가 되었다. 아무도 없을 때 나와 함께 있어주고 나랑 놀아주고 내 곁을 지켜주었던 강아지 덕구. 그런데 초등학교 3학년 때 학교에서 돌아오니 엄마가 와계셨다. 엄마의 반가움보다 개집에 묶여

있던 덕구가 보이지 않아 근심이 앞섰다. 엄마한테 덕구 어디 갔는지 아냐고 물어 봐도 엄마는 별로 신경을 쓰지 않는 듯했다. 나는 기다려도 기다려도 오지 않는 덕구 걱정에 심장이 타는 듯했다. 그러다 갑자기 집으로 개 한 마리가 달려 들어왔다. 온몸이 까맣게 그슬린, 거의 불에 타다 만 상태였다. 덕구는 알아볼 수도 없는 모습으로 집으로 달려와 우리 마루 밑으로 들어가 숨어 있었다. 그때 나는 머리를 숙여 덕구를 보았다. 컴컴한 마루 밑에 숨어서 벌벌 떨고 있는 덕구. 잘 보이지 않았지만 눈빛은 나를 바라보고 있었고 나에게 절규하는 소리가 들려오는 것 같았다.

나는 엉 엉 소리 내서 울었다.

엄마한테 우리 덕구 좀 구해 달라고 사정을 했다. 엄마는 어디로 가시더니 금방 아저씨들을 데리고 오셨다. 나는 그 아저씨들이 덕구를 구해주는 줄 알았다. 그런데 그게 아니었다. 아저씨들을 꼬챙이 같은 것으로 덕구를 쑤셔 가며 강제로 묶어서는 끌고 가버렸다. 그때 들렸던 덕구의 비명소리. 나는 이 모든 게 왜 기억이 나지 않았던 것일까? 지금까지 한번도 기억해 내지 못하고 살았다. 엄마는 서울에서 오자마자 돈이 필요해서 동네 아저씨들한테 덕구를 돈 받고 팔았고 아저씨들이 잡다가 다리 밑에서 목을 매달고 불에 털을 그슬렀다. 그러다 덕구가 다시 살아나서 살려 달라고 집으로 도망을 온 것이었다.

잔인하게 끌어가라고 한 엄마였다. 그때 덕구를 팔아버린 것은 단순히 개 한 마리를 판 게 아니었다. 덕구는 나에게 엄마와도 같은 존재요 의지하며 기댈 수 있었던 나에게는 생명과도 같은 존재였다. 엄마는 나 없을 때 몰래 팔아서 끌고 가는 모습은 안 보여주시려고 했다고 했지만 결론적으로 더 잔인하고 끔직한 상처를 주신 것이다.

엄마와 나와의 관계가 거기서 끝난 것이 아니었다. 미해결과제를 하나씩 발표를 하라고 하는데 나는 평생 미해결된 것이라고는 없다고 생각했다. 그래서 나에게는 별 문제가 없다는 듯 수업에 임했다. 문제는 모두 다른 사람의 것이고 나는 아무런 문제가 없다고 생각했다. 우리 가족 중에서도 남편에게 문제가 많을 뿐이고. 혹여 다른 문제가 있었다 치더라도 나는 하나님의 은혜로 모든 문제를 해결 받고 살아왔다고 내심 자부하며 수업에 들어갔다.

이런 나에게는 미해결과제를 찾는 것 자체가 과제였다. 생각해 보니 아주 어려서부터 그것도 초등학교 3 학년 때부터 꾼 꿈이 있었다. 잠만 들면 누군가 나를 죽이려고 따라 다녔다. 끊임없이 나를 죽이고 싶어서 쫓아다니는데 도망 다니느라 옷이 흠뻑 젖을 정도로 나에게는 너무나 무섭고 두려운 꿈이었다. 그런데 그 꿈을 나는 얼마 전까지도 계속해서 꾸었기 때문에 그 문제를 발표했다. 해결되지 않는 문제는 없고 같은 꿈을 반복해서 꾼다고 했다. 초등학교 때 그 꿈이 너무나 무서워서 엄마한테 무서운 꿈을 꾸었다고 누군가 나를 죽이려고 쫓아다닌다고 했더니 그것은 개꿈이니 신경 쓰지 말라고 하셨다.

중학교 때 말씀드렸더니 너는 아직도 그 꿈 이야기냐고 꿈은 반대로 생각하라고 하고 대수롭지 않게 여기셨다. 성인이 돼서도 그 꿈을 꾼다고 하니 엄마는 기도가 부족해서 사단이 주는 꿈이라며 기도 많이 하라고 한다. 그래서 꿈을 꾼 다음날이면 기도를 더 많이 했던 기억이 있다.

그러다 뇌 심리과학에서 논문 준비를 하면서 불안을 느끼는 '편도체'에 대해 배웠다. 편도는 정서센터로 희로애락 등 모든 정서가 이곳에서 유발된다고 한다. 안와 내측 전전두피질과 협력하여 작용하고 있는 뇌피질하 편도가 있는데 이는 사회적 뇌의 또 다른 핵심적 구성 요소인 것이다. 편도는 임신 8개월에 고도로 성숙하며 이런 성숙으로 인해 출생 전의 자극에 대한 두려움 반응이 가능하다고 한다.

불안을 느끼는 편도체는 아이가 엄마 뱃속에서 태아 6개월부터 느낄 수 있다고 한다. 출생 이후 성장기간에 특별한 사건이나 이유를 찾을 수 없다면 임신기간을 살펴봐야 한다는 것이다. 나는 엄마에게 나를 임신한 기간 있었던 일을 들려 달라고 했다.

"엄마는 아들을 셋이나 낳았는데도 임신할 때마다 아들 아들 하는 할머니가 너무나 미웠다고 했다. 더구나 그렇게도 사랑하는 큰 아들이 지금 중학교 입학을 앞두고 있어서 임신은 생각지도 않았고 원하지도 않으셨단다. 원하지도 않은 아이가 생겨서 너무나 화가 나셨단다. 하나의 생명이 아니라 혹덩이고 짐 덩어리라고 생각하셨다. 아이가 생긴 것을 안 뒤 그 아이를 지우기 위해 수단과 방법을 가리지 않으셨단다. 처음에는 양잿물을 마셨지만 떨어지지 않자 한약방에서 사약을 처방받아 먹었고 그래도 떨어지지 않아 높은 산에 올라가 데굴데굴 구르셨다고 했다. 끝까지 떨어지지 않자 엄마는 너무나 화가 나셨다는 것이다. 결국에는 뱃속에 아이는 점점 자라는 것이 느껴져서 끈으로 배를 칭칭 감고 사셨단다. 아이가 더 이상 자라지 못하고 뱃속에서 질식해 죽었으면 해서 어떻게 해서라도 태어나지만 않게 하는 것이 소원이었다고 하셨다. 엄마는 몇 달을 배를 칭칭 감고 사셨던 것이다. 그러니 그러는 동안에 뱃속에 아이는 어떻게 자랐을까?

그런데도 나는 태어났다. 엄마는 누가 옆에 있으면 해산이 힘들어 늘 혼자서 애기를 낳았는데 혼자 출산을 해서 보니 아이가 나오자마자 바닥에 앉아 있더란다. 엄마는 아이에게 너무나 나쁜 짓을 많이 해서 아이가 꼽추 장애로 태어난 줄 알았다고 했다. 태어난 후에도 세 살을 넘기지 못하고 죽는 아이도 많아 그럴 줄 알았다고 한다. 그래서 별로 신경을 쓰지 않았다고. 오빠들이나 언니들한테 너는 세 살을 넘기지 못하고 죽는 줄 알았다, 경기도 너무 많이 했고 정말 얼마 못 살고 죽는 줄 알았어 하는 소리를 몇 번 들었다. 그때마다 나는 특별하네, 그렇게 죽을 고비를 넘기고 살아 있으니 나는 특별한 아이야, 이렇게 가볍게 생각하고 넘겼는데. 무의식에 자리 잡은 죽음에 대한 공포. 내가 끊임없이 꾸어왔던 꿈 나를 어떻게든 죽이려고 쫓아왔던 사람은 바로 엄마였다.

나는 날마다 죽음의 공포에서 시달리면서도 누가 그렇게 나를 악착같이 죽이려고 하는지 궁금했다. 죽음의 공포를 꿈에서도 실제처럼 느끼며 고통스러운 가운데 그 사람만을 꼭 확인하고 싶었다. 확인을 하니 꿈에서도 엄마 얼굴은 보이지 않았다. 그런데 엄마인 것을 알았다. 엄마였고 엄마 목소리였다. 그래서 그게 너무 싫었고 무서웠다.

내가 감당하기 힘들 공포를 당하고 죽음의 위기를 넘기면서 누가 나를 죽이려고 확인하고 싶은데 확인을 하니 엄마였다. 나를 죽이는 범인이 엄마라는 것을 알았을 때 꿈인데도 더 공포스럽고 슬프고 절망됐다. 이제 모든 것을 바로 알게 된 것이다. 아는데 바로 아는 것이 참으로 중요하다. 잘못 알고 평생을 살다 간다면 그것보다 억울한 삶이 어디 있겠는가?

한평생 나를 떠나지 않았던 불안. 아니 내 삶을 주장했던 삶이라고 해야 정확할 것이다. 왜 불안한지도 모른 채 불안했던 시간들. 그 불안으로 아이들도 남편에게도 더 편안한 쉼을 주지 못했던 것 같다. 언제나 남편 탓에 사로잡혀 모든 것을 투사하며 산 게 죄인 것을 이제야 알게 된다. 아니 그렇게 살 수밖에 없었고 힘들었을 내가 너무나 불쌍하다. 불쌍한 ○○○, 가엾은 ○○○.

나를 정확히 알기를 원하셨던 하나님, 이것을 알기를 원하셨던 것일까? 이제 확실히 알게 된 불안! 내 불안은 분리에서 온 것이었다.

　대뇌 변연계가 발달하기도 전에 공포와 불안만을 느껴야 했던 나의 임신기간과 출산 후 3세까지의 나의 삶을 나는 50세에 귀로 듣고 그 어린아이의 공포를 눈으로 보게 된다. 의존성 인격 장애와 강박성 인격을 지녔던 나의 원인을 알게 되는 시간들이다. 나는 큰아이를 키우면서 24세가 될 때까지 외박을 허락지 않았다. 극동 방송 어린이 합창단 시절 외국에 공연을 다녀오면 홈스테이 무료로 해주겠다 아이만 보내라고 조기유학을 권유해 주던 집사님들이 있었지만 어림도 없는 이야기였다. 큰아이가 대학생이 되어서도 학교에서 하는 MT도 가지 못하게 했다. 가더라도 그날 밤 택시라도 타고 집으로 올 수밖에 없었다.

　나는 사회가 너무 험하고 불안해서 내 딸을 내가 보호해야 한다고 엄마의 사랑이라고 했지만 그것은 집착이었다. 결국 이제와 눈을 뜨니 나는 딸을 보호하는 엄마가 아니고 딸을 의존하는 내 불안으로 살았던 것이다. 덕분에 그 아이는 쓸데없는 구속에 억압당하면 산 것이다.

　완벽주의 성격으로 남보다 세 배 네 배를 열심히 산다고 착각했던 나 자신을 다시 본다. 낮잠 자는 시간도 아깝다며 열심히 열심히 일하고 쉬는 것도 죄처럼 느껴져 내 몸을 쉬게 만들지 않았던

나. 고단한 인생이라고 나만 왜 이렇게 힘들게 살아야 하냐고 하나님만 원망했던 나! 하나님도 남편도 아이들도 어느 누구도 나보고 그렇게 살라고 한 사람이 없다. 내가 나를 그렇게 힘들게 한 범인이었던 것이다. 이제야 정리가 되는 기분이 든다. 세상 모든 게 정리가 되어도 내 속이 혼돈 상황이면 어떻게 안정감이 있을 수 있을까?

사역자는 외로워야 정상인 것처럼 외로움을 달고 살았고 남편이 나를 늘 외롭게 만들었다고 그렇게 남편을 원망했는데. 나를 외롭게 만든 범인도 바로 나였던 것이다. 죄도 나로부터 시작되었고 불행도 나로부터 시작된 것이고 해결할 수 있는 키도 내가 쥐고 있었던 것이다. 자랄 때는 아버지만 바라보았다. 결혼 후에는 남편과 시댁만 바라보았다. 출산 후에는 자녀만 바라보았다. 사건 후에는 하늘 하나님만 올려다보았다. 그 후에는 사람만 바라보고 살았다. 그런 나에게 이제는 나를 좀 들여다보라고 하셨다.

심리학 공부를 시작한 지 17년이다. 학문을 하기 위해, 사람을 이해하기 위해, 하나님을 배우기 위해, 하던 공부와는 차원이 다른 공부를 해왔다. 지금도 공부를 하고 있는 사람들이 있다면 무엇을 위해 누구를 위해 하느냐고 묻고 싶다. 남을 위해 학문을 시작했을 때 배워도 배워도 끝이 없었다. 출발선은 있는데 골인선은 보이지 않았다.

막연한 두려움이 있었다. 그런데 이제야 나는 나를 배웠다. 나

＿＿＿ 이제는 너를 들여다봐 줄래

를 알았다. 나를 깨달았다. 내게는 채워지지 않는 갈증이 있었다. 끝없는 지식욕이 있었다. 멈출 수 없는 내 열정이 있었다. 그 모든 것의 부질없음을 하나님은 보게 해주셨다.

박사학위를 받기 위해 미국행 비행기에 올랐다. 태어나서 처음으로 오른 비행기. 모두들 편히 잠이 들었지만 나는 잠이 오지 않았다. 내가 잠을 안 자고 불안해한다고 비행기가 사고 없이 잘 가는 것도 아니고 내가 편안히 잠을 잔다고 비행기가 사고가 나는 것도 아닌데 나는 13시간을 눈 한번 붙일 수가 없었다.

엄마 왜 잠을 자지 않았는데 하고 초등학교 1학년 때 물었던 내 딸이 다시 내게 묻는다면 글쎄, 그때는 하나님을 믿지 못했었고 지금은 믿음이 없어 생기는 불안이 아니다. 학위 관련해서 함께 동승했던 분들이 20여 분 되었고 그중 목사님 사모님이 있었다.

인천공항에서부터 같이 출발해서 모든 일정을 함께 하는데 눈길 한번을 주지 않았다. 내 쪽에서 눈 좀 맞추려고 하면 의도적으로 피하셨다. 다른 모든 사람하고는 잘도 말을 나누면서 유독 내 시선만 의도적으로 피하는데 속으로 인신공격이 자동화사고로 이어졌다.

'목사 사모씩이나 돼서 표정관리 이렇게 안 돼서 어디 목사님 돕는 자로 적합하겠어.' 하고. 나를 외면하고 무시하는 처사 같아 그때부터 고운 시선으로 보이지 않는 것이다. 그런데 사모님이 일본에서 교수였고 박사 학위는 사모님이 받으러 오는 것이고 남편인 목사님이 동행하셨는데 어찌나 금슬이 좋고 남이 시샘할 정도로 서

로를 챙기는지 나중에는 더 눈꼴이 시었다. 그런데 내가 학위증을
받으러 나가서 서있는데 성령님의 음성이 그 사모님한테 들린 것이
다. 내가 앞으로 걸어 나가는데 "이제 다 마쳤다."

이제 모든 준비가 다 되었다고 하시더란다. 애기 때부터 키워 이
제는 다 성장시킨 부모님 마음처럼 이제 다 가르쳤다. 이제 끝이
야. 이제 드디어 나를 위해 일을 할 수 있겠구나 하는 느낌을 주셨
다는 것이다. 우리 팀 중에 한 사람도 미운 사람이 없었는데 제일
눈엣가시였던 사모님 입술을 통해서 하나님의 맘을 전달받다니 처
음에는 샐쭉해서 들었는데 거기서도 많은 깨달음이 있었다.

이제 나를 다 키우셨다고 그동안에는 나는 아이였고 이제 더 이
상 키우느라 고생 하지 않아도 되는 이제부터 어른이라고 하셨다
고. 나는 감사하여 금방 그 사모님이 다른 얼굴로 보인다.

'하나님께 쓰임 받고 계시는 것은 맞군. 목사님 사모님 될 자격이
충분하군. 사랑합니다.'

나에게 좋은 말을 해주는 사람은 좋은 사람 나쁜 말 해주는 사람
은 나쁜 사람이란 말인가? 선악의 중심은 역시 나였어.

한국으로 돌아가는 비행기에 올랐다. 박사학위를 받았지만 학위
가 중요한 게 아니고 하나님께 이제 다 자랐다고 인정받고 돌아가
는 것이다. 이제 다 키웠으니 하나님 위해 일해야지. 마치 부모가
아이를 키우며 필요한 것은 다 해주고 끝을 마쳤다는 의미라고 했
는데 모든 게 준비되었는데 내 속에 불안이 있고서야 어찌 상담하

는 자가 되겠는가, 불안은 전이되는 것인데.

'하나님 학위만 받고 가는 것이 아니고 하나님의 인정을 받고 가는데 제 불행의 원인이었던 불안 문제도 모두 해결 받고 돌아가게 하여 주세요.'

눈을 감고 계속 묵상을 했다. 그리고 잠이 들었는데 나는 집에서도 한두 시간 잠을 자면 깨어나곤 한다. 그런데 정말 인천공항 거의 다 와서 눈을 떴다. 눈을 떴을 때 감사와 기쁨 그런 것으로 호들갑이 떨어지는 것이 아니었고 무슨 바위라도 들고 앉아있는 양 든든했다. 좌로나 우로나 치우침이 없는 든든함이 내 온몸을 감쌌다.

이제는 세상 어떤 요동 속에도 좌로나 우로나 치우치지 않을 것 같은 무게 중심 한가운데 지금까지 나를 애지중지 노심초사 키워주신 하나님 아버지가 자리하고 계셨다.

29 ——————— 회복

나도 무사하고 남편도 무사하게 지낼 수 있음에 더할 나위 없이 감사할 뿐이다. 이제 남은 것은 남편의 직장문제이다. 남편은 정신만 나면 돈을 벌어야 한다고 하지만 나는 끊임없이 집안 곳곳에 글씨를 뽑아 붙여놓았다. "20년 일한 남편 이제

쉬어야 마땅합니다. 지금은 질병 휴직 중입니다. 큰아이는 아나운서 준비 중입니다. 작은아이는 인하공전 항공운항과에 다니고 있습니다. 집에는 조금의 빚도 없고 근심 걱정 할 일은 아무것도 없습니다. 남편 ○○○는 편안하고 즐겁게 하루를 보내세요."

날마다 읽고 다시 인식하고 정신이 돌아오면 자기를 짱구로 아냐고 집안에 더덕더덕 이렇게 붙여놓았다고 모두 떼버린다. 그리고는 3일이 채 안 돼 다시 묻는다. 나는 지금 어떤 상태냐, 내가 왜 집에 있는 거지, 작은애는 언제 수능 보냐, 은행에 빚은 어떻게 됐지? 그러면 매일 수차례 반복해서 들려주고 다시 써서 방방마다 붙여놓는다. 그렇게 해서 벌써 3년째다. 정말 바보도 그런 바보가 아니었던 남편이 지금은 일상생활이 가능하다.

남편은 이제 일주일에 세 번은 스스로 씻는다. 어쩌다 잊어버려서 말해주면 바로 화장실로 간다. 그렇게 폭식을 하고 먹는 것에 집착했던 사람이 끼니때만 먹고 음식을 절제할 줄 알아서 8Kg 정도가 살이 빠졌다. 아프기 얼마 전에 샀던 스팀청소기는 돌릴 줄 몰라도 그전에 10년 정도 사용했던 청소기는 혼자서 돌린다.

평생을 집에서는 잠만 자고 직장에서만 일하던 남편이 마누라 직장 다니느라 고생한다고 설거지정도는 본인이 하겠다고 한 번 두 번 하더니 이제는 설거지는 잘한다. 물론 많이 쌓였을 때는 엄두를 못 낸다. 그래서 일부러 내가 다 하고 몇 가지씩만 할 수 있게 남겨 놓으면 아주 즐겁게 일을 한다. 사고력도 많이 좋아졌는

──── 이제는 너를 들여다봐 줄래

데 오늘의 사고를 내일로 연결하는 것은 아직 힘들다. 그래도 한 날 살아가는 데는 부족함이 없다. 어느 날 남편은 나에게 "하나님이 나를 한 날만 잘 살도록 최적의 상태로 만들어 주셨다."라고 고백을 하는데 자기 정신에서 한 고백인지 건강하지 못한 상태에서 나온 고백인지는 몰라도 너무나 적당한 말이었고 남편에게 가장 합한 대답이었다.

한날만 잘 살도록 해주셨다는 남편의 고백이다. 사람은 천 날 만 날을 살기를 원했고 이제는 120세를 넘는 장수시대에 살고 있지만 사실 우리는 하루만 사는 것이다. 오늘하루. 내일은 사실 아무도 모르는 것이고 오지 않은 내일을 내 것이라 장담할 수도 없다. 그런데도 오지 않을 수 있는 미래에 주인인 양 오늘에 욕심내는 것이 미련한 우리들 인생이 아니던가. 오지 않을 수도 있는 내일의 염려 때문에 오늘을 제대로 살지 못하는 사람들이 얼마나 많은지 나부터도. 내 생애에 오늘이 마지막 남은 하루라고 생각하고 살았다면 나는 어떻게 살았을까?

나에게 오늘 하루만 허락된다면 걱정만 하고 있을까 정말 하고 싶은 것 감사한 것부터 하려고 하지 않았을까. 최대한 그 하루는 행복하려고 노력했을 것이다.

매일 오늘밖에 모르는 남편을 보며 너무나 불쌍해서 남편 몰래 혼자 눈물도 많이 흘렸다. 그런데 이제 남편의 그 말에 남편이 불쌍한 것이 아니고 왜 내 자신이 숙연해지는지 모르겠다. 나는 괜찮고 남편은 부족한 사람이라 불쌍하게 판단했던 것은 아닐까. 내가 남편보다 더 나은 것은 무엇이고 남편보다 더 잘살고 있는 것은 무엇일까. 어떤 관점으로 남편을 불쌍하게 본 것일까. 어떻게 보면 나는 남편보다도 더 어리석은 삶을 살고 있었는지도 모른다. 늘 오늘보다는 내일 걱정에 오늘도 제대로 살지 못하고 전전긍긍하며 조급하고 쫓기는 삶이었다. 온전한 행복이나 쉼은 늘상 내일로 미루고 다음에 다음에, 이번 일이 해결되고 나면 나중에 그때 쉬면 되지. 쉼도 다음에 행복도 다음에. 행복을 느끼는 시간도 늘 다음으로 미루고 오늘은 내가 해결하고 해야 할 책임만 나에게 강요하며 산 게 나의 오늘이었다.

　하나님은 우리에게 가장 소중한 금을 세 가지 주셨다고 하지 않은가? 황금, 소금, 지금. 황금만능주의시대에 살아가는 우리는 황금의 중요성을 모르는 사람은 없을 것이다. 예전에 인터넷 설교에서 어느 목사님께서 이 세 가지 금 중에 하나만 선택하라고 하면 여러분들은 어느 것을 선택하시겠냐는 질문을 하신 적이 있다. 나는 그때 내가 선택해서 황금이라는 것을 받을 수만 있다면 좋겠다고 생각했다. 한평생 나에게는 왜 황금을 주시는 데 인색하신지 하나님이 섭섭할 때가 많았다. 하나님은 물질에 부족하여 늘 갈급한 나에게 말씀에 풍요로운 자가 되라고만 하셨지 황금을 주시겠다고 약속해 주신 적은 없다.

"성전 미문에 앉아 구걸하던 사람에게 은과 금은 내게 없지만 내게 있는 이것을 주노니 나사렛 예수 이름으로 일어나 걸으라."라고 명령한 것처럼 그 앉은뱅이를 살린 것은 황금이 아니었다. 이것을 잘 알면서도 나에게 가장 시급한 것은 황금이라고 생각하고 늘 황금만 생각하다가 오늘이라는 지금을 놓치고 살아온 것이다. 오늘을 놓치고 살아가고 있는 나에게 오늘의 중요성을 남편을 통하여 깨닫게 된다. 나에게 지금이 없다면 아무리 많은 황금이 무슨 의미가 있겠는가? 내 생각은 너희 생각과 다르고 나의 길은 너희 길과 다르다고 하신 하나님은 시어머님에 대한 나의 생각도 하나님의 생각은 다르다고 하셨다.

시댁과 영적 전쟁을 선포하게 하시고 목사안수까지 받을 수 있도록 인도하셨지만 내 계획이나 내 생각과는 달랐다. 오히려 남편의 질병으로 뒤통수를 맞게 하시더니 모든 낙심과 좌절 속에 하나님의 생각과 길을 보여주셨다.

남편 때문에 힘들 때마다 시어머님께 화풀이를 하고 싶고 아니면 푸념이라도 할 작정으로 전화를 걸었다. 그랬더니 기적 같은 소리가 들려왔다.

"나 지난주에 교회 갔다 왔다."

아니 이 얼마나 기적과 같은 소리란 말인가?

한평생을 절에 다니시고 만신을 섬겨 오던 어머님이 어떻게 교회에 다녀오셨다는 것인지 어쩌다 한번 갔다 오셨겠지. 한참 뒤에 또 전화를 한다.

"수요예배 가는 길이다."

무슨 수요예배 씩이나. 누구의 강요에 의해서일까.

"이번 주에는 우리 집에서 속회예배 드린다."

어머님은 나와 통화를 할 때 마다 신상생활을 자랑하듯 하셨다.

정말 교회에 등록을 하셔서 신앙생활을 시작하시긴 하셨나 보다.

그러면서도 큰 기대를 하지 않았다. 아니, 할 여력도 없었던 것 같다. 남편 때문에 힘들어서. 그런데 이 책을 쓰는 마지막 즈음에 그러니까 2018년 1월 어느 날 남편이 느닷없이 시골에 가겠다고 한다. 그것도 교회에서 예배드리고 장례가 있어서 병원에 가있는데 전화가 왔다. 겨울이 오면서 조금 더 연약해지는 것 같아 혼자 버스를 타고 보내는 것이 불안해서 달려갔다. 남편의 맘이 변하기 전에 데려다 주려고 급하게 시골로 달려갔다.

'데려다 주고 데려오지 않으면 가고 싶은 시골집도 가지 못하는 내 남편' 지난여름에 남편이 내려가고 싶다고 갔는데 3일 만에 어머님이 뱀에 물리셨다고 남편을 데리고 가라고 해서 하루 종일 총회하고 저녁시간에 내려갔다. 어머님은 저녁도 먹으란 말도 없이 남편 짐을 마루 끝에 다 내놓고 남편을 앉혀놓고 기다리고 있었다. 차가 도착하자 마자가 들어오라고도 안하시고 남편만 태우고 올라가라고 하시는데 너무나 서운했다. 그런데 이번에는 가자마자 남편만 부탁하고 올라오려는데 밥을 했다고 밥 먹고 가라고 한다. 밥을 푸는 등 식사준비를 하면서 꽃다발 받은 것을 보여주시고 사진도 보여주셨다. 이번에 세례를 받으셨다는 것이다. 어머님이 세례를 받으셨단다. 그리고 1년 동안 성경을 한 권 다 읽으셔서 상까지 받으셨다고 자랑을 하시는 것이다.

"한평생 교회에 다녀도 성경 한번 안 읽는 사람도 많아요. 어머님 성경 한번 읽는 게 쉬운 것이 아닙니다. 어머님 정말 대단하신 거예요."

그런데 어머님이 "야 근데 7번 읽은 사람도 있더라?" 하고 그분을 샘을 내시는 것이다.

성경 많이 읽은 사람을 샘을 내시는 어머님이 얼마나 귀여운지 정말 안아 드리고 싶을 정도였다.

밤이 되면 운전이 서툴러 서둘러 출발했는데 금방 어두워졌다. 운전을 하고 오면서 눈물이 났다. 하염없이.

하나님 감사합니다. 어머님이 세례를 받으셨답니다.

나는 아버님께 복음을 전하지 못하고 지옥에 가게 한 게 너무나 가슴이 아팠는데 어머님이 세례를 받으셨다는 말에 천하를 얻은 것 같은 선물을 받은 기분이었다. 너무 감사하고 다행이었다. 어머님은 이제 돌아가셔도 천국에 갈 수 있으니 얼마나 다행인가. 눈물이 멈추지 않아 감사하고 또 감사하고 올라오는데 하나님은 네가 기도한 열매다, 네가 기도하지 않았냐, 하고 나를 격려해 주셨다.

하나님 삼촌은요? 삼촌도 구원해 주세요. 삼촌 때문에 너무나 가습이 아픕니다. 하나님이 구원해 주시고 삼촌의 모든 상처도 하나님이 치유해 주세요. 온전히 회복시켜 주셔서 건강한 삶을 살 수 있도록 인도해 주시길 기도하면서 올라왔다.

나는 남편의 질병을 통하여 많은 좌절과 절망을 맛보았지만 하나님은 이렇게 큰 선물을 준비하고 계신 것이다.

때로는 정말 많이 미워도 했고 때로는 엄청 서운할 때도 있었던 어머님. 그래도 그 어머님을 위해 결혼 초부터 얼마나 기도의 제단을 많이 쌓았던가.

이렇게 힘든 이때에 어머님의 구원소식이 이렇게 큰 기쁨이 될 줄 상상도 못했다.

내 존재의 이유, 태어난 목적. 앞으로 살아갈 이유, 이 책을 쓰는 이유가 바로 이렇게 사람을 살리고 관계를 회복하기 위함이라고 하신다.

30 ———— 가정을 지키시는 하나님

'혼밥', '혼술'이 유행하고 이미 이전부터 개인주의가 팽배한 세상 가운데 지금 생각하면 아무것도 모르는 나에게 가정을 허락하신 분도 하나님이시다. 그런데 가정의 개념은 무엇일까? 예전에는 남자와 여자가 태어나 성인이 된 후에는 당연히 결혼을 하여 가정을 이루는 것이 순서였고 그 순서를 거스르면 불편한 고통을 감내해야만 했다. 그래서 나도 27세까지는 결혼을 생각도 하지 않다가 물살에 떠밀리듯 해야 했다. 주위에서 28세 넘기면 총각이랑 결혼하는 것은 불가능하다고 악담 아닌 악담들을 해주었기 때문이다. 홀아비한테밖에 갈 수 없다는 불안함 때문에. 사랑해서 선택한 측면도 있지만 심리나 무의식 속에는 그런 불안과 두려움도 작용했던 것 같다.

그때는 결혼을 잘 모르는 상태에서 시작했다. 그래서 두려움도 있었고 그에 따른 문제가 많았는데 지금은 배우는 분야도 너무나 광범위하고 준비 또한 지나치게 철저한 것 같다. 완벽한 가정을 만들기 위한 욕심으로 망설이는 청년들로 가득한 세상이 되었다. 결혼을 망설이는 많은 청년들의 이유 1순위가 내 부모님처럼 살기 싫어서다. 그런 기사를 보면서 웃음이 났다. 나는 내 부모님처럼 살기 싫어서 결혼을 하지 않은 게 아니고 부모님처럼 살지 않으려고 결혼을 했다. 내 가정만큼은 그런 가정을 만들지 않겠노라고 보란 듯이 잘살아 보겠노라고.

내 가정을 부모님보다 다르게 만들어보지도 않고 시도도 해보지 않고 어떻게 그렇게 쉽게 단정을 짓고 포기할 수 있는지 이해가 조금 힘들기는 하다. 호랑이를 생각하고 그림을 그리다 강아지가 되더라도 시도는 해봐야 젊음이 아니던가. 다짐을 하고 누구보다 자신도 있었다. 아무것도 모르는 상태에서 오는 자신감은 무식함에서 왔던 용감함이긴 했지만.

하나님은 천지창조를 무엇 때문에 하신 것일까? 내가 체험한 주간적인 깨달음은 나를 위해서였다. 하나님은 성경에 천지만물을 나를 위해 준비하셨다고 했다. 그런데 하나님은 천지만물을 창조하시고 심히 좋았더라고 감탄하셨지만 곧 사람을 만드심을 후회하셨다. 물론 사단이 개입된 후고 사람이 사단에게 넘어간 후의 모습들이다.

그렇다면 사단이 원하는 것은 무엇이었을까? 사단이 인간을 공격해서 넘어뜨리고 인간에게서 얻으려고 한 것이 무엇일까? 인간들이 하나님을 배신하게 하는 것이 목적이었을까? 아니면 사단을 찬양하게 만들고 사탄을 믿고 따르는 것을 원했을까? 사단은 하나님을 배신하는 것도 아니고 하나님을 등지고 사단을 찬양하도록 하기 위함도 아니었다. 사단이 사람에게 목적했던, 어마어마한 프로젝트가 있었던 것이 아니었다. 사단의 목적은 하와를 속이는 것이었다. 단순히 한 여자를 속아 넘어가게 하는 것이었고 그가 성취한 것은 '미움과 원망'이었다. 하와는 하나님이 지으신 뱀을 원망하고 아담은 하나님이 주신 하와를 원망하고 하나님을 탓한다. 그러면서 중심에 자기가 들어가게 한다. 선악과를 따 먹은 후 선악을 판단하는 중심에 하나님을 버리고 자신을 세운 것이다. 감히 사단이

나 인간이나 하나님께 도전하고 배신하는 어마어마한 죄를 짓게 하는 것이 아니고 선과 악을 판단하는 기준에 자기가 중심이 되게 만든다. 사고의 전환이라고 사고를 바꾸어 삶을 변화시킨 것이 사단의 전략이었다.

내가 생각하는 사람이 좋은 사람이 아니고 한번 저 사람은 나쁜 사람이라고 생각하고 인지하면 그 생각을 바꾸기가 얼마나 어려운 일인지 모른다. 왜곡된 인지에서 오는 불행한 삶의 결론들이 너무나 많다는 것이다. 10년을 넘게 상담사역 현장에서 경험한 결과 10년이면 헤아릴 수 없이 많은 사람을 만나고 상담을 하고 치유시키고 회복에 도움을 주었다고 생각한다. 그러나 사람들은 얼마 가지 않아 같은 상담 목적으로 다시 다른 상담소를 기웃거린다.

오랜 경험을 하면 할수록 사람을 선하다고 생각하는 사람들보다 사람은 악한 것 같다고 말하는 상담사들이 더 많다. 그들은 사람은 본성이 악한 것 같다고들 한다. 그런데 악하다고 결론 짓기보다 선과 악을 판단하는 중심에 항상 '자기'가 있는 것이다. 그래서 내 입장에서 보면 선이고 상대 입장에서 보면 악 이다. 악을 판단하는 것도 나고 선을 판단하는 것도 나고 그 중심에 내가 있기에 이 세상 모든 사람, 나 아닌 다른 사람은 악한 것이다. 어떤 상황 속에도 자기는 선하다로 결론을 짓는다. 이것이 악한 것이다. 나는 항상 선하고 다른 사람은 악하다. 그 중심의 생각이 바뀌지 않는데 어떻게 상담이 선으로 결론 지어질 수 있겠는가.

결국 사단은 하나님과 싸울 필요도 없이 사람의 사고를 바꾸는 일로 인류를 자기 손아귀에 넣을 수 있었던 것이다.

크리스천이든 다른 종교인이든 지식인이든 어느 누구라도 예외일 수 없다. 잘못된 인지왜곡으로 한평생을 사단에게 붙들려 남편을 미워하고 가족을 원수같이 생각하며 지옥과 같은 인생을 살고 있는 사람들이 많다는 것이다.

하나님은 남자만 창조하지 않으셨다. 하나님은 여자만 창조하지도 않으셨다. 창조 목적이 두 성을 개별화로 창조하시면서 남자의 좋은 짝, 여자의 좋은 짝, 두 사람에게 꼭 필요한 짝으로 만드신 것이다. 여자는 온전한 하나가 아니고 남자 역시 온전한 하나가 아니다.

하나님이 남자에게 여자가 필요하다고 여자에게는 남자가 필요하다고 하셨는데 사람들은 필요하지 않다고 한다. 그렇다면 그 사람은 신보다 더 능력 있는 존재일 것이다.

하나님은 돕는 자가 아니고 딱 맞는 짝이라고 하셨다. 그래서 여자는 딱 맞는 짝 좋은 짝을 만났을 때 안정적이고 더 빛나는 것이다. 남자와 여자의 결합으로 온전한 하나가 됨을 말씀하셨고 창조하신 이유가 가정을 위함이었다. 인류가 발달하며 창조에 대한 과학이 끊임없이 이루지고 있지만 창조는 가정 안에서만 이루어질 수 있는 것이다.

하나님의 창조 사역 중에 모두 좋았더라 감탄하셨지만 남자만 창조하셨을 때는 부족함을 느끼셨다. 완벽하신 하나님이 왜 부족한 남자를 만드셨을까? 그 이유는 모르겠지만 남자 혼자는 부족하여 여자를 만드셨고 둘이 연합할 때 온전한 하나라고 하셨다. 에덴동산처럼 완벽하게 준비된 곳이라고 해도 혼자는 부족하다고 말씀하셨다. 그 이유는 생명이 창조되어야 하기 때문이다.

하나님께서는 천지창조 후에 인간을 만드시고 가정을 허락하시고 첫 번 명령이 생육하고 다산하여 땅을 채우라고 하셨다. 생육하고 다산하여 땅을 채운 후에 정복하고 다스리라고 하셨다.

지금은 핵전쟁으로 전 세계인이 불안해하는데 오히려 이 지구상에 존재했던 공룡의 멸종처럼 그 외 많은 동물들의 멸종이 소리 없이 다가오고 있다. 어느새 지구에서 인류가 멸종될 수도 있다는 생각을 해보았다. 특히 대한민국의 '비혼주의'와 결혼을 해도 아이를 낳지 않는 딩크족들이 늘어나는 현상에도 사단은 아주 깊이 개입돼 있음을 알 수 있다. 그들에게는 먼저 사단의 속임수에 넘어가 아담과 화와가 가졌던 미움과 원망이 있다. 나라를 탓하고 사회를 원망하고 그런 뒤 이런 나라 이런 사회에서 자식을 낳아 고생시키고 싶지 않다고 한다. 이들은 선악의 중심이 바로 자기 자신이다. 결국 자기 자신들만 위한 삶을 살겠다고 결단한 것이지 더 이상도 이하도 아니다.

또 결혼율은 낮은데 이혼율은 높다. 이 세상의 관계 중에 가장 소중한 혈연관계까지 가차 없이 깨지고 있는 것이 현실이다. 가족과 가정이 의미 없이 깨어지는데 어떤 관계가 희생하며 갈등을 해결하려고 노력할 수 있을까. 그럴 수 없는 것이 어쩌면 당연한 것일 수도 있다.

말라기서에 보면 십일조에 대한 말씀만 주신 것이 아니다. 하나님은 우리에게 거룩한 후손을 명령하신다. 이 땅에 거룩한 후손이 이어지기를 소원하시는 것이다. 미술 교수님 중에 50이 다 되어서 하나님을 알고 신앙생활을 시작하셨다고 했다. 젊어서는 프랑스에서 많이 살았고 미스로 살면서 거칠 것 없이 자유롭게 살다가 나이가 드니 한국에 들어와 살고 싶어 들어왔다가 하나님을 만나 처음으로 회개를 하는데 결혼하지 않은 것이 아주 큰 죄라는 깨달음을 주셨다고 했다. 그래서 회개의 첫 열매로 결혼을 하였고 결혼해서 보니 아이를 낳지 않는 것이 이 땅에 태어나 인간으로서 할 수 있는 최상의 거룩한 일임을 알게 하셨고 거룩한 일에 못한 동참하지 못한 비참함을 맛보았다고 했다. 그녀는 이제는 나이가 들어 아이는 낳을 수 없지만 늦게라도 결혼을 한 것은 정말 잘한 것 같다고 했다.

하나님이 내가 이 땅에 태어날 때 아주 소중하고 값진 선물을 주셨다. 그런데 나는 그 소중함을 모르고 내동댕이쳐 버렸다. 한평생 떠돌아다니며 방황하다가 나이 들어 그 선물을 찾으러 나섰다. 다행히도 애쓰고 힘써 그 보물을 다시 찾았다. 그런데 찾고 보니 이미 기한이 지나 쓸모가 없어져버린 것이다. 너무나 큰 상실감과 허전함 허무함을 느꼈다고 했다.

우리에게 자녀란 어떤 의미일까? 딩크족들이 생각하는 자녀가 맞을까? 천만에 말씀이다. 세상 모든 이치가 내가 경험하기 전에는 함부로 말해서도 안 되지만 자녀 역시 최고 선물인 것이다. 이 세상을 다 준다 해도 절대 바꿀 수 없는 소중한 선물. 자식을 낳아보지 못한 사람은 죽어서도 받지도 못하고 깨닫지 못하는 귀한 선물, 그 감동. 그들은 세상에서 더 많은 것 누리고 더 많은 것 즐기며 남들보다 더 현명한 선택을 하며 살고 있다는 착각 속에 자부심을 갖고 살고 있겠지만 그들은 세상에서 아무리 좋은 것을 가져도 최상의 선물을 받아보지 못하고 가는 것이다. 어떤 것과도 비교할 수 없는 감동을 모르고 가는 것이다. 그래서 그 감동을 느껴보지 못한 허전함에 세상을 누비며 여행 속에서 더 자극적인 감동을 찾으려는 여행 의존자들이 되고 있다. 그 세상은 공평하다. 그러나 크리스천의 한 사람으로 요즘 교회 안에서도 점점 늘어가는 비혼주의자나 딩크족들로 가슴이 아프고 안타까운 것이 사실이다. 자녀를 가져보지 않고 부모가 돼보지 않은 사람이 하나님에 대해 어디까지 알 수 있을까?

나는 남편 때문에 그렇게 불행하다고 외쳐온 사람인데 결혼을 후회한 적은 많지 않다. 그 이유는 너무나 과분한 선물을 받았기 때문이다. 지금껏 받은 선물 중에 가장 기억에 남은 선물은 무엇인가요, 하고 묻는다면 그렇게 고통스런 시간 후에 얻게 된 아이들이었다. 사람이 어떻게 생명을 선물로 받을 수 있는지.

아, 나는 내가 아이를 낳으면서 우리가 하나님의 형상인 게 맞구나, 나로 인해 생명이 잉태되고 세상에 나다니. 정말 경이로웠다.

선물은 많으면 많을수록 좋을 텐데 나는 두 번밖에 받지 못했다. 받지 않으려고 노력한 적도 없는데 나의 그릇이 그것뿐이었다고 생각했다. 첫 아이는 정말 세상에서 성공하는 아이로 키우고 싶어 노력도 많이 하고 욕심도 많이 부렸다.

큰 질병의 고통으로 힘들어한 적도 있지만 그 뒤로도 세상 욕심이 눈 녹듯이 사라지고 거룩하게만 아이를 키우지 못한 게 사실이다. 아이 또한 욕심이 있어서 어디서든 뛰어나다 인정받으려는 욕심으로 스스로도 열심히 했다. 반면에 둘째는 분리불안장애도 있었지만 학업이나 학교 수업 어떤 것에도 스트레스 받는 일이라면 아무것도 하지 못하게 했다. 아무 걱정 근심 없이 하루하루만 행복하게 살라고 했고 그렇게 신경 써주었다. 두 아이의 결과는 하나님께 있다는 것을 알리고 싶다.

요즘 비혼주의도 걱정이고 딩크족도 걱정이지만 젊은 엄마 아빠들이 아이를 우상처럼 떠받들어 키우고 있는 것도 아주 심각한 현실이다. 그렇지 않아도 세상은 선악의 기준의 자기중심이어서 죄가 만연한데 한 술 더 떠서 자기 아이만 최고로 키우고 싶은 욕심에 사로잡혀 분별력을 많이 잃어가고 있다.

너와 나 그리고 우리란 단어를 아이들이 잊어가고 있다. 가정에

——— 이제는 너를 들여다봐 줄래

서부터 '나'를 중심으로 엄마, 아빠, 할머니, 할아버지, 고모, 이모가 움직인다. 그러니 어린 아이가 문제가 아니고 양육하는 어른들의 문제가 더 심각한 것을 모르고 있는 것이다.

31 ——— 부모에게 있어 자녀란 어떤 존재일까

큰아이를 키우면서 가정 형편이 여유롭지 않아 많은 학원을 보내지는 못했지만 그래도 최소한의 학원은 보낸다고 보내면서도 불안하지 않은 것은 아니었다. 보내면 보낼수록 더 좋은 학원을 찾게 되었고 보내도 오르지 않는 성적으로 엄마와 트러블은 더 심해질 수밖에 없었다.

아예 포기한 둘째는 학원비로 나가는 돈이 없으니 60점만 받아도 별 불만이 없는 것이다. 그러다 보니 그 아이한테는 바라는 기준이 낮아서 성적은 좋지 않았지만 엄마와의 트러블은 없었던 것이다.

대한민국의 수많은 학생들이 성적으로 인하여 부모와의 관계가 깨지기 시작하여 돌이킬 수 없는 상황까지 가는 안타까움은 이루 말할 수가 없다. 부모는 자식의 미래를 위해 걱정해서 야단치고 다그치고 한다. 나도 그랬다. 내가 화를 내고 야단을 치고, 때로는 때리고 하는 모든 것들이 "엄마 위해서가 아니다. 모두 너 잘되라고 하는 것이다." 했다. 그런데 아이들이 부모님의 이런 심정과 진심을 어디까지 이해하고 받아들일 수 있다고 생각하는가?

우리 큰아이가 4학년 때 "엄마는 나를 한번도 사랑한 적이 없어."라고 고백한 적이 있다. 정말 그때의 충격은 지금도 잊히지 않는다. 어떤 부모라도 자식에게 엄마 아빠는 나를 한번도 사랑한 적이 없어, 라는 말을 듣게 된다면 모두 마찬가지일 것이다.

그 아이는 느끼지 못하는 사랑, 부모는 목숨보다 소중하다 생각하고 그 아이를 사랑하는데 막상 내 아이가 부모의 사랑을 못 느끼고 있다. 어떤 의미와 어떤 효과가 있을 거라 생각하는가?

아이들의 이성의 뇌인 전두엽은 평균 22세-25세, 남자의 경우는 더 늦은 나이까지 발달한다. 요즘 영양상태가 좋아져서 정서의 뇌는 초등학교 5학년이면 80% 이상 발달한다. 그래서 사춘기시기가 점점 빨라지고 있는 것이다. 사고하고 판단하고 결정하는 이성의 뇌 발달은 늦고 감정의 뇌, 정서의 뇌는 빠른 속도로 발달하기 때문에 감정표현은 앞서고 절제가 힘든 아이들이 있는데 이들을 이해하기 힘들어하는 어른들이 있다.

우리나라 부모들의 아이들을 사랑하는 맘은 전 세계에서 뒤지면 서러울 정도라고 하지만 표현은 부족한 게 사실이다. 아니 많이 부족하다. 표현하는 부모님 밑에서 성장하지 못한 어른들은 표현이 그렇게 생각만큼 쉬운 것은 아니다.

자녀들의 감정에 맞받아쳐주고 받아주고 하는 것을 무지하게 절제하고 인내 하신다. 심지어 기도까지 하시면서 억압하며 사는 부모도 있다. 내 아이만 티 나게 사랑하는 것이 무슨 죄라도 짓는 양 표현에 절제를 둔다. 그런데 훈육에 있어서는 부모가 서로 앞 다투어 앞서려고 하니 감정의 뇌가 훨씬 우세하게 발달된 아이들이 부모와 트러블이 없다는 게 오히려 더 이상할 수 있는 것이다.

많은 사람이 대한민국에서 살아가기란 힘들다고 한다. 그러니 청소년들도 많이 힘들다는 것을 인정해야 한다. 청소년들의 자살률, 우울증 정도 등을 정말 심각하게 받아들여야 한다. 기도제목으로만 올려놓고 방치해 버리면 안 되는 이유가 사단이 장악한 사회 문화 속에서 영혼까지 방치되고 있다는 것을 어른들은 더 안일하게 생각하는 게 문제다. 우리 모두 경쟁 사회 속에서 살고 있다고 하면서 아빠도 힘들고 엄마도 힘들다고 하지만 어른들은 그래도 이성의 뇌가 성장했기 때문에 청소년이나 아이들보다 참고 인내하고 해결할 능력이 아이들보다는 더 많다.

경쟁, 경쟁 아이들의 성적 경쟁의 치열함을 얼마나 피부로 느끼고 있는가? 입시경쟁은 어느새 전쟁으로 바뀐 지 오래다. 대한민국 '입시전쟁'은 이제 '입시지옥'으로 가고 있다고 했다. 그 전쟁 속에 아이들을 던져놓고 부모님들은 어떻게 살고 있는지 궁금하다. 특히 기도 많이 하는 크리스천 부모들. 나도 기도 많이 하는 엄마였다. 그리고 안일했다. 기도했으니까 하나님이 도와주시겠지, 기도했으니까 우리 아이는 딴 길로 가지 않겠지, 하고 안일하게 생활하는 것은 어떻게 보면 믿음이 좋아서 그럴 수 있다고 하지만 다른 방향으로 보면 방치와 방관일 수 있다.

큰아이는 수능 입시를 앞두고 있을 때 유난히 힘들게 했다. 아이의 무기력한 모습이 나를 힘들게 한 것이다. 의욕도 없고 더 열심히 하려고 하는 열정도 없고 긴장해야 할 때 더 풀어져서 갈수록 게을러지는데 늦게 일어나고 제 시간에 학교에 가본 적이 별로 없다. 참고 기다리고 지켜만 보는 것도 정말 많은 인내력을 필요로 했다. 아이는 내 말대도 내 뜻대로 따라주지 않으니 하나님만 의지할 수밖에 없었다. 그러면서도 세상에 열성적인 엄마들에 비하면 해주는 것이 없었다. 나는 사역이 있으니 시간을 맘대로 낼 수도 없다는 등 이 핑계 저 핑계로 아이 앞에서 어쩔 수 없다고 정당화했지만 그것은 내 입장이었던 것이다.

아이는 내신이 좋지 않아서 영어 논술 수시를 준비한다고 했다. 무한대로 원서를 넣을 수 있는 것도 아니고 6군데 원서를 넣는데 담임선생님이 어떻게 아이들 수시원서 넣는 기간에 결혼을 하시고 신혼여행을 가셨다. 임시 담임선생님은 우리 큰아이 실력으로는 힘들다고 하는 학교에만 원서를 넣었다. 한국외대, 경희대, 인하대, 숙대, 성신여대 모두 혼자 넣고 혼자 논술시험을 보러 다녔다. 그럴 때까지만 해도 엄마인 나는 생각만 있었지 아무런 개념이 없었다.

그러다 성신여대는 주일에 논술시험이 있다고 했다. 나는 속으

____ 이제는 너를 들여다봐 줄래

로 어떻게 주일에 시험을 볼 수가 있냐고 구시렁거리면서 내가 데려다 주고 교회에 가도 괜찮을 것 같아서 같이 가주겠다고 했다.

나는 그날 또 다른 충격적인 경험을 한다. 전철에 그렇게 많은 수험생들이 타는 것도 처음 봤다. 가족까지 합하면 정말 인산인해였다. 성신여대 역에서 내려 걸어가는데 사람이 어찌나 많은지 걸어가는 것인지 인파에 밀려 내 몸이 떠밀려가는지 속으로 '세상에, 세상에'가 연발 이어졌다.

학교에 도착하니 언덕을 한참 올라가서 시험 장소가 있었다. 학부모님들은 들어갈 수 없다고 했다. 내 아이는 뒤도 안 돌아보고 학교로 들어갔고 나는 잠시 서성거렸다. 고사장에 들어갈 수도 없고 시험은 하루 종일 볼 텐데 학부모나 가족들은 아무도 학교를 떠나지 않았다. 어느 집은 할머니, 할아버지, 이모, 고모, 삼촌 등 7-8명이 온 집도 있고 휴일이라 부모가 오는 것은 당연한 것이었다. 그때 아차 싶었다.

그동안 다섯 학교를 우리 아이는 혼자 다녔다. 모든 아이들이 그렇게 혼자 다니면 상관이 없다. 그런데 모든 아이들이 이렇게 온 집안 식구들을 대동하고 다니면 그렇지 못하는 아이들의 상대적 박탈감이 얼마나 심했을까? 온가족에게 보살핌을 받는 아이와 그 보살핌을 느끼지 못하는 아이의 심정은 분명 차이가 있을 것이다. 가족이 있어도 세상에 혼자인 아이처럼 외롭게 만들었구나,

우리 아이는 어떤 엄마를 원했을까? 교회에서 기도만 하는 엄마

를 원할까? 집에서 기도한다고 나와 보지 않는 엄마가 좋은 엄마였을까? 교회 다니지 않아도 집에서 기도해주지 못해도 함께 동행해준 엄마를 좋은 엄마로 느끼지 않았을까? 나이만 고3이지 사회 경험도 없고 모두 초행길이었으니 학교를 찾아다니는 것도 불안하고 힘들었을 것이다. 다섯 학교를 혼자 다니면서 어떤 생각이 들었을까? 그런데도 나는 이왕이면 더 힘차고 밝고 자신 있는 표정 좀 짓고 다닐 수 없니, 하고 핀잔 아닌 핀잔을 주었던 기억에 가슴을 치고 싶어졌다. 마지막 하나 남은 학교라도 와볼 수 있게 하시고 깨닫게 하시니 이 얼마나 감사한지.

한참을 계단에 앉아 생각에 잠기다 더 충격적인 모습을 보았다. 학부모님들은 그냥 막연히 아이들을 기다리고 있는 것이 아니었다. 교정에 돗자리를 깔고 계속 절을 하는 사람도 있고 묵주를 들고 교정을 계속 도는 부모도 있었고 무릎을 꿇고 계속 기도하는 엄마들. 아이들은 안에서 시험을 치르고 엄마들을 밖에서 정말 천군만마처럼 기도로 정성으로 같이 싸워주고 있는 모습을 보면서 나는 눈물이 났다. 하나님을 믿는 엄마들은 아니었지만 자식을 지지해주고 응원해주고 같이 싸워주고 있는 엄마, 자녀에게 얼마나 힘이 될까.

크리스천 자녀들한테 '너희는 하나님의 자녀들인데 왜 자존감이 낮은지 이유를 모르겠다. 자존감을 높여 봐.' 믿음이 부족하다고 하면서 오히려 응원과 긍정보다는 지적과 비난에만 앞선 부모였다. 정말 하염없이 눈물이 흘렀다. 나는 어떤 엄마였단 말인가?

"미안하다 딸아~ 정말 미안해. 너는 그동안 정말 철저하게 버려진 혼자였었구나."

사역한다고 다른 사람들 돌본다고 나름 좋은 일 한다고 우리 아이는 당연히 이해하고 당연히 생각이 깊은 아이고, 믿음도 좋으니 혼자서 잘할 수 있을 거란 믿음으로 너무나 방치를 한 것이었다. 그동안 외롭게 만든 엄마가 너무나 미안해서 눈물이 났지만 더 이상 시간을 지체할 수도 없고 끝날 때까지 기다렸다가 그 아이를 데리고 갈 수도 없었다.

너무나 미안한 마음에 정말 뼈아픈 눈물을 흘리며 힘들게 올라갔던 언덕길을 내려오면서 하나님께 간절히 부탁을 드렸다.

"하나님 죄송해요. 정말 못나고 부족한 엄마였습니다. 혼자 외롭고 힘들었을 큰아이를 생각하니 정말 마음이 너무나 아픕니다. 저 아이를 기다려주지도 못하고 저는 교회로 향합니다. 하나님께서 저 아이를 붙잡아주시고 위로해주시고 함께 동행해주세요. 제발."

눈물을 훔치고 언덕을 다 내려올 무렵 하나님의 음성으로 나를 위로해주셨다.

"아무것도 염려하지 마라. 내년 이맘때 네 딸이 이 언덕을 오르며 나를 찬양하게 될 것이다."

구약성경에 보면 이삭의 아내 리브가가 복중에 있는 두 아이에 대한 비전을 하나님께 들어서 알게 된다. 하나님의 약속을 먼저 받는다. 그러나 인간적인 어미 심정으로 인내하지 못하고, 기다리지 못하고, 끝내는 자기 욕심대로 앞서가다가 결국에 리브가는 그 사랑하는 아들을 평생 동안 죽을 때까지 같이 살지도 못하고 얼굴도 못 보고 죽고 만다. 그래서 큰아이에게 성신여대에 대한 응답을 이야기 해줄까 하다가 더 기다리기로 했다. 그런데 큰아이는 그 대학을 아주 우습게 여기는 것이다. 그 학교는 할 수 없이 하나 고른 것이란다. 그래서 혼자 침묵하고 기다릴 수밖에 없었다.

나는 직장에 있었고 발표는 한 군데씩 하기 시작했다. 발표를 볼 때마다 동생도 방에 들어오지 못하게 하고 혼자서 확인했다고 한다. 그리고 "떨어졌네." 그러면 작은아이는 얼른 나에게 문자로 알려주었다.

엄마, 언니 외대 불합격이야. 엄마 언니 인하대도 떨어졌대. 엄마 경희대도 안 됐고. 엄마 언니 다 떨어졌대. 이제 낼 모레 성신여대 한 군데 남았대. 엄마 언니 성신여대도 떨어지면 어떡해?

초등학교 때만 학원을 보내다가 중학교 올라가서는 형편이 더 힘들고 학원비는 더 비싸고 해서 학원을 보낼 수 없었다. 그런데 중3때 갑자기 외고에 가겠다는 것이다. 하나님은 큰아이에게 외국어 대한 은사를 주셨다.

5세 때부터 영어를 소리 내서 읽는데 파닉스를 배우지도 않았는데 듣고는 그냥 스펠링을 쓰는 것이었다. 정말 큰 은사였다. 7세에 학원을 보냈는데 외국인 있는 학원을 보냈다. 그런데 학원에서도 특이하다고 했다. 파닉스는 모르는데 영어를 들려주면 단어를 쓴다는 것이다. 그러니까 단어를 한 자 한 자 스펠링을 외워 쓰는 것이 아니고 단어를 통문자로 기억을 하는 것이었다. 이미지 기억처럼. 그래서 중학교 때 아이들이 단어를 암기하는 게 이해가 안 간다고 했다. 큰아이는 더 열심히 해서 더 좋아질 수 있었는데 본인은 노력하지 않았고 기본이라고 생각하고 더 이상 좋아지려고 하지 않았다. 그러다가 중3때 영어 학원을 보내달라고 하더니 외고에 가겠다는 것이다. 우리 아이는 3개월 동안 학원에 다녔지만 외고는 떨어졌다. 학원 선생님이 6개월 전에만 왔어도 충분히 붙고도 남았을 것이라고 안타까워 하던 기억이 있다.

그런데 그때 우리 아이는 외고에 탈락하고 나서 급성 우울증이 와서 자살소동을 벌이고 살아야 할 이유를 모르겠다고 너무나 자신을 괴롭혔다. 나중에는 학교도 안 가고 고등학교도 같은 도시에서는 갈 수 없다고 이사는 가자고 떼를 쓴 적이 있었다. 이번에 대학에 실패하면 더 심한 증상이 나타날까봐 사실 조금 염려가 되기도 했다.

이틀이 지나고 성신여대 합격 발표날이 되었다. 직장에 있어도 긴장이 조금 되었다. 그러다

"걱정 마라. 내년 이맘 때 네 딸이 이 언덕을 오르며 나를 찬양하게 될 것이다." 나에게 약속을 주신 하나님 생각에 맘이 든든하고 편안해졌다.

오후에 작은아이한테서 문자가 왔다.

"엄마, 언니 울어."

그동안 그렇게 많이 떨어졌어도 한번도 울지 않았던 아이가 지금 펑펑 울고 있단다. 나는 가슴이 쿵 하는 듯했다.

"왜? 우는데 언니 성신여대도 떨어졌다냐?"

"몰라. 언니 왜 울어, 왜 우는데, 하고 물어도 대답하지 않고 계속 울어. 그래서 다시 '언니 성신여대도 떨어졌어? 그래서 우는 거야?' 그러니까 '아니 붙었어. 합격해서 우는 거야.'"

하더란다.

나는 맘이 짠해서 눈물이 났다. 합격을 약속해주신 하나님 믿고 알고 있었지만 그동안 또 맘고생하고 발표 때마다 긴장하고 허탈했을 딸아이의 심정을 생각하니 얼마나 맘이 놓이고 안정이 되던지. 그동안 쌓였던 긴장이 모두 풀리면서 참았던 눈물이 한꺼번에 흘렸던 것이다.

모든 사람에게는 엄마가 필요하다. 인격을 형성하는 데 가장 중요한 것이 존재감이다. 그 존재감은 엄마로부터 사랑받고 있다는 느낌이다. 나는 지금 사랑받고 있고 사랑받는 존재이고 사랑할 수 있는 존재라는 것을 엄마로부터 받는 것이 가장 중요한 베이스가 되는 것이다. 중요한 시기마다 지원해주고 격려해주는 사람 엄마.

참 잘했어. 고생했다. 많이 힘들었지? 얼마나 슬펐니. 속상했겠다. 참 기뻤겠다. 기분 좋았겠구나. 보람 있었겠구나. 너는 참 좋

이제는 너를 들여다봐 줄래

은 아이야. 잘 참았다. 세상에 꼭 필요한 사람이 될 거야. 다시 일어나야지? 힘을 내야지? 너는 할 수 있어. 너니까 포기하지 않을 거지? 너는 정말 소중하단다. 이 같은 격려와 지지의 말을 해줄 수 있는 사람이 아이들에게는 필요하다.

자아이론 중 거울 자아이론이 있다. 거울 속에 자신을 보는 것처럼 다른 사람이 바라보는 나의 모습, 다른 사람이 나에게 기대하는 그 모습을 내 모습의 일부로 흡수하여 자아상을 만들어가는 것이다. 내가 생각하는 중요한 사람이 나에 대해 말해주는 그대로 된다는 것이다. 주위에 나에게 큰 영향을 주는 사람이 자기를 하찮은 존재로 말하고 생각하면 열등한 존재로 고착되어 버린다.

자아개념은 상호 작용 속에 만들어지는 것이다.

우리나라 통계에 보면 16세 이전에 16만 3천 번이나 되는 부정적 언어에 노출되었고 하루 평균 19.6번 부정적인 언어를 듣고 긍정적인 언어는 하루에 평균 2.7번 듣고 산다고 한다. 우리의 뇌는 한 번 부정적인 언어를 들으면 4번은 긍정적인 언어를 들어야 중화가 된다. 아이들에게 가장 부정적인 자아상을 많이 심어주는 대상이 바로 그 아이를 낳아주고 길러주는 부모다. 너는 안 돼, 그렇게 해서 뭐가 되겠냐, 그럴 줄 알았다, 처음부터 너는 안 될 줄 알았어, 너같이 해서 성공하면 손에 장을 지진다, 잘 되는 놈은 떡잎부터 안다는데 떡잎이 노랗다, 너 같은 애 위해 고생하는 부모가 불쌍하다, 그렇게 하려면 하지도 마라, 돈이 아깝다 등.

그런데 실상 부모님들은 그 아이를 사랑해서 잘되라고 야단을 친 거라고 한다. 그리고 자신은 자식 사랑해서 뼈 빠지게 고생하고 일한 죄밖에 없다고 한다. 어려서의 잘못된 상처로 아이는 자라서도 성인이 되지 못하는 성인 아이로 살아갈 수 있다.

남편을 생각하면 엄마의 돌봄도 지지도 격려도 전혀 없는 상태에서 방임되고 모든 위험한 상황에 노출된 상태에서 자랄 수밖에 없었다. 그래서 남편은 성인이 돼서도 엄마에게 사랑받고 싶은 아이에서 벗어나지 못하는 성인 아이로 살아오느라 정말로 힘들고 지쳤을 것이다. 그 성숙하지 못한 남편에게서 남편노릇을 기대하고 사랑받아야 마땅하다고 생각한 나는 또 얼마나 힘들고 어려웠을까 생각하니 정말 안타까움만 남는다.

남편이 좀더 건강했을 때 내가 좀더 심리학에 대해 깊이 알고 남편에게 적용했다면……. 남편은 인지행동치료가 필요한 사람이었다. 전두엽이 크게 이상이 없는 사람이라면 성인 누구나 상담치료 효과가 있는 프로그램이다. 인지치료의 핵심은 사람의 사고를 변화시키는 것이다. 내가 내 생각을 바꾸어 나를 변화 시키는 것이다. 나를 설득하고 나를 이해시키면 감정이 열리게 된다. 감정의 문제 응어리들이 풀리면서 정서의 핵심 치료로 들어가게 된다. 생각이 바뀌고 묶여서 어떤 것으로도 소통이 되지 않았던 정서가 치유되면 행동은 자연스럽게 변화되는 것이다.

여기서 변화는 인지, 정서, 행동 모두 바뀌는 것을 말한다. 나는 그동안 어설픈 상담사처럼 남편의 문제를 내가 해결해주려고 안간힘을 썼다. 그래서 남편에게 더 의존증 환자가 되게 한 것 같다.

요한일서 4장에 보면 '만일 우리가 서로 사랑하면 하나님이 우리 안에 거하시고 그의 사랑이 우리 안에 온전히 이루느니라.' 하고 말씀하셨다

기도하면 하나님이 함께하시는 것이 아니고 서로 사랑하면 하나님께서 함께하신다는 것이다. 서로 사랑하면 혼자가 아니고 서로 관계를 이룬다. 관계 속에 함께하신다는 것이다.

우리 둘째 아이 중학교 1학년 때의 일이다. 기도 많이 했다 정말 기도 많이 했다. 사랑하는 엄마는 아니었어도 기도는 많이 하는 엄마였다. 기도에 대한 응답도 많이 받았고 기도의 용사라는 응답도 받았고 기도를 쉬는 죄를 범하지 않겠다고 서원도 했다.

어느 날부터는 중보기도 명단이 200명이 넘어가고 있었다. 그러던 중 수요예배가 끝나고 속장 교육시간에 어디선가 핸드폰으로 전화가 왔다. 지역번호가 있는 번호였다. 쓸데없는 전화라고 생각하고 그냥 끊어버렸다. 다시 왔다. 또 왔다. 네 번째에는 이상한 느낌이 늘어서 받으러 교회 밖으로 나왔다. 파출소란다. ○○○ 엄마 아니냐고 다른 아이들 엄마는 다 왔는데 ○○○ 엄마만 오지 않아서 기다리고 있다고. 하늘이 노랗고 가슴이 먹먹했다.

수요예배는 7시에 시작한다. 공부방수업 서둘러 마치고 예배에 가면서 둘째 아이한테 물었다.

"언니도 야간자율학습 하고 아빠는 원래 늦고, 막둥이는 엄마 교회가 있을 때 뭐하고 있을래?"

"엄마 저는 주민센터에서 운영하는 공부방에 가서 시험공부 하고 있을 게요."

수요예배가 끝났다 8시가 넘어서 둘째 아이한테 전화를 했다.

"우리 막둥이 지금 어디야?"

"어디긴 엄마, 공부방이지. 공부하고 있으니까 걱정 마. 늦게 와도 돼."

나는 속장 교육 끝나고 늦을 것 같다고 하고 전화를 끊었다. 그런 지 30분도 안 됐는데 그 아이가 마트에서 물건을 훔치다가 붙잡혀서 파출소에 와있다는 것이다. 나는 정말 이런 배신감을 맛볼 줄 생각지도 못했다. 가면서 아무 생각도 들지 않았다. 무조건 화부터 났고 그 화는 가라앉지 않았다.

파출소에 들어서니 이상한 광경이 보였다. 소파에 네 아이가 앉아 있는데, 세 명은 고개를 반듯이 쳐들고 앉아있고 두 엄마는 울고 서있는 것이다. 펑펑 울고 있는 아이는 우리 아이 한 명뿐이었다. 그러나 나는 너무나 화가 나서 아무 말도 하고 싶지가 않았다.

네 아이 엄마가 다 모이자 파출소장님은 아주 심각하게 말한다. 이 아이들이 초범이면 파출소랑 학교 연계해서 자체적으로 해결해 보려고 했는데 두 명의 아이가 아주 상습범이라서 이마트에서 아주 전담원을 두고 CCTV만 살피고 있었다는 것이다. 너무 여러 번 주

____ 이제는 너를 들여다봐 줄래

의를 주고 기회를 주었는데도 전혀 반성의 기미도 없이 한 달이면 서너 차례 상습적으로 훔치러 오는 아이라 이번에는 학교로 넘길 수 없고 이마트에서 합의를 안 해주고 바로 경찰서로 넘기기를 원한다는 것이다.

나는 그 소리도 듣고 싶지도 않았고 들리지도 않았다. 그냥 우리 아이가 죄를 지었으면 거기에 맞는 합당한 벌을 주라고 하고 파출소를 나와 버렸다. 용서해줄 필요도 없고 봐줘서도 안 된다고, 마땅히 벌을 받아야 한다고 파출소장보다 더 엄하게 호통을 치고 나와 버린 것이다. 그리고 집으로 와버렸다. 배신감에 너무 너무 속상했다. 엄마한테 그렇게 거짓말을 하고 어떻게 그런 짓을 할 수 있는지 정말 치가 벌벌 떨렸다.

큰아이는 까탈스럽고 예민하고 작은아이보다 자기중심적인 아이라 둘째 아이에게 더 기대고 의지하는 맘이 있었다. 그리고 작은아이는 나에게 언니처럼 거짓말을 하거나 엄마를 배신하는 일은 하지 않을 거란 믿음이 있었다. 공부 때문에 스트레스를 준 적도 없고 그 아이와의 관계를 정말 다른 집 엄마들도 부러워할 정도였는데 그 아이한테까지 배신을 당했다고 생각하니 정말 내 인생이 망하는 것 같았다. 너무 너무 화가 났다.

집에 와서도 분이 풀리지가 않았다. 거기에는 내가 기도하는 엄마인데 어떻게 내 기도에 부응은 하지 않고 그런 결과로 나를 수치스럽게 했냐는 욕심이 더 있었던 것 같다. 그러나 그때는 몰랐다.

파출소에 아이를 버리고 그냥 온 엄마! 그러면서 자기 의만 앞서 그 욕심대로 따라주지 않은 아이에 대한 분노만 남은 엄마! 그날부터 엄마는 마음 문이 닫히고 아이와 한마디도 하지 않는다. 너무나 배신감이 컸기에 한 공간에서 숨을 쉬는 것조차 힘들었다.

그 아이가 잠을 자는지 밥을 먹는지 학교에 가는지 관심도 갖고 싶지 않았다.

아무것도 알고 싶지도 않았다. 사람이 냉정해지면 이렇게 냉정해질 수 있구나 하는 생각까지 들었다. 15일쯤 지나서 학교에서 담임선생님이 전화를 했다. 학교에 나와 보라고.

"어머님, 학교에서 선생님들과 의논 끝에 ○○이가 조금 위험해서 어머님을 오시라고 했습니다. ○○이는 사실 피해자입니다. 다른 두 아이는 초등학교부터 집에서 내놓다시피 한 아이들입니다. 가출도 여러 번 했고 물건을 훔쳐서 다시 돈 받고 팔아서 용돈을 충당하고 했던 아이들입니다. ○○이는 그 아이들 꼬임에 같이 가준 것입니다. 훔치는 것인지도 몰랐다고 합니다. 다른 세 아이는 가방은 들고 가지도 않고 ○○이한테만 가방 메고 들어가도 된다고 해서 가방을 메게 한 후 그 아이들이 훔친 물건을 ○○이 가방에 모두 넣은 것입니다. ○○이는 그 아이들이 고른 물건을 대신 담아주는 것이라고만 생각했고 CCTV 지켜보던 사람한테 나가기도 전에 붙잡힌 것입니다. 다행히 학교로 넘어와서 학교에서 처벌을 하고 있는데 아침에 오면 수업 들어가기 전에 학생과에 와서 1시간 동안 반성문을 써야 합니다. 그것도 매일같이 그리고 쉬는 시간에는 쉬지도 못하고 피켓을 들고 복도에 서있게 합니다. '저는 물건을 훔쳤습니다. 저는 도둑입니다.' 하는 피켓을 들고 반성하는 시간을 갖는 것입니다. 그렇게 매일같이 2주를 하는데 3일 전부터 반성문에서 이상한 내용이 발견됐습니다. '엄마는 나를 버렸다. 나는 엄마한테 버림받았다. 나는 이제 끝이다. 우리 집이 3층이 아니고 높은 층이었으면 엄마 잠 들었을 때 창문에서 뛰어내려 죽었을 텐데. 나는 매일 어떻게 하면 죽을 수 있을지 그것만 생각한다. 학교 갈 때도 집에 가는 게 두렵다. 집에 가고 싶지 않다.'"

그래서 둘째가 오면 담임선생님 문자가 왔었던 것 같다. ○○이 집에 잘 도착 했나요, 하는 확인문자였다. 아이의 핸드폰도 그날 내가 뺏어버렸기 때문에 아이랑 연락이 어려웠던 것이다.

지금 생각하면 차라리 경찰서로 넘어가는 게 낫지 학교에서 하는 징벌이라는 과정이 어떻게 저런 과정을 거치게 하는 것인지 이해가 불가능하다. 징계 원회가 열리고 벌점이 가산되는 것까지는 이해가 가는데 한 달이라는 시간 동안 어떻게 매일같이 다른 내용의 반성문을 쓸 수 있으며 전교생 앞에서 한 달이라는 기간 동안 복도에 세워 낙인을 찍게 했는지 도저히 청소년 아이들을 선도하는 교육하는 학교가 맞나 싶다.

아이가 매일같이 죽음만 생각한다고 하니 조금 움찔했다. 내 상처만 생각했고 내기도 내 노력에 부응하지 못한 배은망덕한 억울함만 있었지 그 아이의 맘을 전혀 들여다보지 못한 엄마였다. 그 이후로 아이는 엄마가 자기를 버렸다는 거절감과 상실감에서 벗어나기 참으로 힘들어 했다. 상담을 오래 받고 같이 따라 다녔어도 엄마에 대한 신뢰가 쉽게 회복되지 않았다. 상담사의 권유로 그때 엄마와 아빠와 가족에게서 연결고리가 될 수 있는 매개체로 애완동물을 키워보라고 해서 강아지를 입양했다.

정말 그때까지만 해도 개 키우는 사람들을 참 미워했다. 아파트를 온통 개똥 천지로 만든다고 생각했다. 불결하게 느껴졌고 세상에 할 일이 얼마나 많은데 그 소중한 시간을 짐승한테 시간을 쓰는가 싶었다. 그런데 그 강아지가 한집에 들어와 얼마나 많은 역할을 하는지 감동적인 순간이 너무나 많았다.

부족한 사람보고 "짐승보다 못한 인간아?" 하는 말이 왜 나왔는지도 알 것 같았다. 정말 웬만한 사람보다 큰 영향력을 주는 것이 사실이다. 그래서 강아지를 한참 키우면 개가 되는 것이 아니고 가족이 된다고 하는데 맞는 말인 것 같다. 그 강아지와 지금 8년째 같이 살고 있는데 어느 순간부터 개라는 생각은 사라졌고 우리 식구가 되었다.

나는 간증문을 쓰고 있다. 또한 심리학 상담 치료에 대한 체험을 쓰고 있다. 나는 책을 쓰는 사람도 싫어했고, 간증을 하는 사람도 싫어했다. 모두 자기를 드러내려는 욕심 같아 보여서 순수하게 보지 않고 싶어했던 것 같다. 그런데 지금 나는 간증이 담긴 책을 쓰고 있다. 이유가 무엇일까?

세상에 유명한 사람이 그렇게 많고 많이 배운 사람도 그렇게 많은데 내가 쓰는 책을 누가 읽어주기나 할까, 하고 걱정하고 망설이고 갈등해야 하는 것이 마땅하다. 아니 사실은 단 한 사람이 읽는다고 해도 나는 써야 한다고 생각했다. 이제 나를 위해서가 아니고 내 경험을 통하여 하나님의 치유를 받게 될 한 영혼을 위해 나는 반드시 써야 한다는 생각이다.

심리학 공부를 하고 상담을 하는 17년이라는 세월이 지나도 내가 할 수 있는 것은 아무것도 없었다. 간증도 못해, 책도 못 써, 상담소도 열지 못해, 못해 못해 했던 시간들이 너무나 아깝고 안타깝다.

많은 사람들이 자기 유익을 위해 산다고 비판하면서 두려움과 불안에 시도해보지 못한 나는 내속에 더 큰 욕심에 사로잡힌 이기적인 나를 보았기 때문에 이제는 뒤로 물러서지 않으려고 한다.

책을 쓰고 간증을 하고 상담소를 오픈했다가 인정받지 못할까봐 내가 드러나지 못하고 실패할까 두려워하는 맘이 더 컸기 때문에 날마다 미루고 미룬 10년의 시간들. 그 속에서 남편에게 뇌경색이 오고 이제는 내일을 기대할 수 없게 되었다.

지구의 종말은 걱정하면서 개인적인 종말이 당장 내일 나에게 닥칠 것을 생각하며 사는 사람은 드문 것 같다. 우리 남편은 지구의 종말이 오기 전에 개인적인 질병으로 종말을 맞았다. 그런데 그게 남편에게만 국한된 개인적 질병일까? 질병으로 인해 나 또한 내일이 없어질지 아무도 장담할 수 없는 것이다. 오늘도 우리는 수많은 사람들의 암 진단이나 불의에 사고로 죽음을 맞았다는 소식을 듣고 산다. 그래도 우리는 내일 나에게도 그런 상황이 닥칠 것이라는 생각은 하지 않는다. 이것 또한 선악의 중심이 내 안에 있기 때문이다. 나에게는 그런 불행한 일이 일어나지 않겠지. 그리고 막상 그런 일 닥치면 우리는 아담과 하와처럼 하나님을 원망한다.

이제 내 인생에서 하나님 원망은 그만 했으면 좋겠다. 내 죄를 끊듯이 하나님원망도 이제 그만 끊고 싶다. 이제 정말 그만 할 때도 되지 않았나 싶다.

나는 남편이 뇌경색으로 쓰러진 것을 직접 보지는 못했다. 척추 수술하러 병원에 입원하러 들어갔다가 처음에는 섬망증상으로 그 다음에 기억력 장애로 인지장애로 그다음에 치매 증상으로 점점 나빠지면서 서서히 접하게 하시고 인정하게 하셨다. 그러면서 뭐야,

　　　　　_____ 이제는 너를 들여다봐 줄래

우리 남편 뇌경색이고 이제 회생불가능하고 이제 어떻게 되는 것이지 그러면서 17년이나 섬겼던 예전 교회의 담임목사님의 소천 소식을 들었다. 결혼하면서 섬기기 시작하여 그 교회에서 두 아이를 다 낳고 17년을 섬겼다. 영적 아버지 같았던 목사님 이렇게 허무하게 소천하시다니.

우리 큰아이는 "엄마, ㅇㅇㅇ 목사님 천국으로 가셨는데 왜 그렇게 슬퍼하는 거야?" 했다. 내가 우리 큰아이보다 믿음이 적어서 이렇게 안타까운 것일까?

목사님의 설교집을 보면 많은 은혜가 되지만 설교 내용 곳곳에 부족한 잠과 관련된 내용이 너무나 많이 실려 있다. 하루에 평균 2–3시간 많이 자야 4시간이라고 하셨다. 수면 부족으로 인한 질병. 우리나라 많은 부흥 강사님이나 원로 목사님 중에 뇌혈관 질환으로 장수하지 못한 목사님들이 많이 계신다.

내가 복음의 확신이 있었더라면 우리 큰오빠가 죽기 전에 복음을 전했을 텐데.

내가 조금만 더 일찍 뇌과학을 공부했다면 ㅇㅇㅇ 목사님의 수면 부족으로 오는 질병을 무슨 수를 써서라도 막아 드렸을 텐데. 어떻게 해서라도 충분한 수면을 취하실 수 있도록 도와드렸을 텐데. 가슴을 치고 싶을 정도로 안타깝고 속상하다.

40년이라는 세월이 넘도록 영혼 구원에 인생을 다 바친 ㅇㅇㅇ 목사님도 이 땅에서 사는 시간이 한정되어 있는데 우리 남편 살려

달라고 고쳐달라고 떼쓸 명목이 없었다. 아니 떼쓴다고 모든 게 해결된다고 생각하는 어린아이 심령은 아니었던 것이다.

남편을 바라보고 있을 때 "하나님 어떡하면 남편이 건강해질 수 있나요? 어떡하면 예전처럼 돌아갈 수 있을까요? 제 남편만 다시 건강해진다면 무슨 일이든 하겠습니다. 차라리 제가 죽어서 남편이 건강해진다면 그렇게라도 해주세요. 남편이 다시 건강해져서 바람을 피우고 다닐지언정 다시 건강하게만 해주시면 안 될까요? 내가 모든 것 버리고 욕심 안 부리고 살 게요. 제발 남편만 고쳐주세요."

속으로 되뇌고 또 되뇌었지만 그렇게 부르짖어 떼쓰지 않았다. 세월을 아끼라고 하신 하나님 남편을 바라보고 절망하고 주저앉아 있을 것이 아니고 나에게도 사라질 수 있는 미래를 위해 오늘 주어진 시간을 최선을 다해 살라고 하신다. 큰오빠가 죽기 전에 복음 전하지 못한 것을 후회한 것처럼. ○○○ 목사님 소천을 보면서 뇌과학이라는 지식으로 도움을 드리지 못한 것을 후회한 것처럼 더이상 후회를 남기는 삶을 살아서는 안 되겠다.

내가 치유되고 회복되었듯이 이 세상 모든 사람은 치유 받을 권리가 있고 치유될 수 있다.

세월을 아끼고 최선을 다하는 삶을 사는 방법 중에 하나가 내가 살아온 삶속에 함께하셨던 하나님을 알리는 것이다. 아이에게 가장 필요한 것은 낳아준 엄마의 사랑인 것처럼 피조물 인간에게 가장 큰 축복은 창조주의 관심과 사랑이다. 나는 정말 엄마의 모태 이전부터 하나님이 계획하시고 만드셨다. 한평생 나를 지키시고 보호하시며 사랑하셨다. 그것보다 더 큰 축복이 어디 있을까?

그런데도 나는 불행하게 살았다. 왜? 언제나 함께하셨던 하나님을 느끼지 못하고 살아온 나는 세상에서 가장 불행했다. 할머님이 큰고모댁에 가셔서 하나님 만나고 100일 회개하신 것이 하나님을 모르고 산 죄였다. 한평생을 살면서 하나님을 모르고 산 것만큼 불행한 삶도 없을 것이다. 그런데 부모가 없는 아이들도 불쌍하지만 부모가 있어도 부모의 존재를 느끼지 못하고 살아가는 아이는 더 불쌍하다.

하나님은 끊임없이 나를 사랑하시고 돌보시고 안타까이 바라보셨지만 정작 내 삶에 그 하나님의 사랑을 얼마나 느끼며 살았느냐가 중요한 것이다. 우리 큰아이가 초등학교 4학년 때 "엄마는 나를 한번도 사랑하지 않았어."라는 고백으로 엄마에게 큰 상처를 준 것처럼 나 또한 하나님께 큰 상처를 준 어리석은 삶을 살았다.

목사가 된 후 창조하는 교회에서 1년 설교를 하고 난 뒤 담임목사님의 피드백은 'ㅇㅇㅇ 목사는 매어있는 설교를 한다.'였다. 예수님이 자유를 주시려고 오셨는데 구속된 얽매이는 설교에서 벗어나지 못하고 있다고 했다.

작은아이 장애와 큰아이 적응장애, 나의 공황장애를 통해 찾아오셨던 하나님. 치유도 중요했지만 나에게 진정한 자유를 주시고 싶어 하셨던 것이다. 그러나 나는 또 다른 하나님을 만들어내며 구속하고 구속하며 살았다. 그 속박에서 벗어나면 불안하여 나를 가두고 또 가두고 온전하신 하나님이 아닌 내가 만들어내는 하나님을 믿고 의지했던 것이다.

많은 사람들이 지금 믿고 있는 하나님은 어떤 하나님일까? 아마도 대한민국에는 수천 분의 하나님이 존재하고 있을 것이다.

내가 알고 있는 남편은 어떤 사람일까? 내가 알고 있는 자녀는 어떤 자녀일까? 모두 내가 잘못 알고 있을 수 있다는 것이다. 그러면서도 믿음과 확신에 찬 삶을 사는 사람들 중에 그 믿음이 사단에 꼬임이 넘어가서 선악과가 정말 사단이 말처럼 보암직도 하고 먹음직도 하여 믿고 따먹을 것처럼 지금 내 믿음의 확신도 잘못된 믿음일 수가 있다는 것이다

나는 50평생 열심히 살았다. 성실하게 살았다. 최선을 다하며 살았다. 그런데 힘든 삶을 살았다. 나는 초등학교에 들어가기 전부터 교회에 열심히 다녔다. 세상 욕심을 쫓아 달려가 본 적도 없다. 하나님 보시기에 충성된 종처럼 노력도 많이 했다. 그런데 잘못된 믿음이 더 많았던 것이다. 하나님에 대해서도, 남편에 대해서도, 자녀에 대해서도, 알았던 부분보다 아니 알았더라도 바르게 안 것이 아니고 잘못 알고 있었던 부분이 너무나 많았다는 것이다.

하나님은 잘 알도록 보여주시고 들려주시고 돌봐주셔도 내가 잘못 받아들이고 있으니 정말 힘드셨을 것이다. 하나님은 레몬을 들

고 레몬이라고 가르쳐주시는데 나는 사단이 준 빨간 색 안경을 쓰고 레몬을 바라보니 그 레몬은 절대 노란색으로 보일 수가 없는 것이다. 그래 놓고 나중에 결과에 가서는 하나님이 레몬을 파란색으로 가르쳤다고 하나님을 원망하는 삶을 살아온 것이다.

이제 내게 남은 일은 하나님을 더 알려고 공부하는 것도 아니고, 남편을 자녀를 더 알기 위함도 아니고 여기저기 다니며 공부한다는 이유로 방황을 지속하는 것은 더 아니다. 내가 끼고 있는 색 안경을 벗어버리는 것이다. 나만의 색 안경을 벗어 버리면 모든 것을 있는 그대로 볼 수 있다. 하나님 잘못도 아니고 남편 잘못도 아니며 자녀의 잘못은 더욱 아니다. 누구의 잘못도 아니고 물론 내 잘못도 아니다. 이 부분에서 내 탓으로 잘못 해석하면 우울증에 빠지기 쉽다. 이상하게 자유함을 주러 오신 예수님 믿던 가룟 유다가 우울증에 빠져 자살을 선택한 것처럼 교회에서 신앙생활을 오래 하면 할수록 이 죄책감에 빠지는 사람이 더 많다는 것이 심각한 문제이다.

자라면서 불우한 성장 과정 속에 부족한 모성애와 방치된 생활. 그러는 사이에 나도 모르게 상처를 입은 무의식과 상한 감정 안에 갇혀버린 내 영혼. 내 삶을 주관하고 있는 것이 무엇인지 눈을 뜨고 들여다보아야 한다.

하나님은 이 세상 모든 사람들의 상처를 치유 하시기를 원하신다. 그 과정에는 여러 가지 길이 있다. 기도해서 나을 수도 있고,

누군가의 위로로 나을 수도 있고, 이제라도 돌봄과 사랑으로 치유될 수도 있다. 그런데 하나님은 스스로 치유할 수 있다고도 하셨다. 나에게 상처를 주었던 어머님이 이 세상에 계시지 않아도 나를 아프게 한 사람이 나에게 사과를 하지 않아도 우리 스스로 치유 할 수 있다고 하신다.

내 경험으로는 내가 기억하고 있는 많은 기억이 모두 사실은 아니라는 것이다. 내가 믿고 있었던 기억은 사실이라고 생각하지만 가짜기억이 더 많다.

들어서 기억하는 기억, 상상해서 기억하는 기억도 있고 우리 기억의 정확성은 10세 전후가 가능하다. 그전의 기억은 알려주고 들려주어서 만들어낸 기억들이다. 그래서 그 이전의 상처들 중 무의식의 기억이 더 많다.

나는 엄마의 충분하지 못한 사랑으로 자존감이 낮은 유년시절을 보냈다. 초등학교 시절 성적이 아주 좋지 않았다는 기억과 수치심과 부끄러운 기억까지 있었다. 아니 그렇게 알고 46년을 살았다. 4년 전에 친정부모님을 우리 아파트 옆으로 모셔 와서 살게 되면서 엄마네 갈 때마다 어렸을 때 사진을 보았다. 나를 보는 것이 아니라 남을 보듯 생소한 것도 많았다. 그런데 그 앨범 가운데 초등학교 때 성적표가 2-3개 나왔다. 그 나이에도 그 성적표를 보는 게 심히 부끄러웠다. 어린 시절을 떠올리는 것만으로도 부끄럽고 수치스러움이 있었다. 그런데 나는 그 성적표를 보고 깜짝 놀랐다.

———— 이제는 너를 들여다봐 줄래

성적표 두 개는 거의 수와 우밖에 없었고 남은 하나도 수와 우 그리고 미는 하나밖에 없는 것이다. 나는 그 성적표를 보고 또 보고 한참을 봤다. 성적도 좋고 칭찬의 말씀만 가득한 성적표인데 나는 왜 초등학교 시절을 공부도 못하고 늘 부끄러움과 수치심에 힘들어 했다고 기억했는지 모르겠다.

나의 부끄러움과 수치심은 좋지 않은 성적으로 비롯된 것이라고 기억하며 살았는데 40년이 넘어서 그 기억이 사실이 아니었다는 것을 알게 해주셨다. 잘못 기억하고 잘못 알면서도 그것에 확신을 갖고 자신감 없이 살았던 내 인생이 참으로 허망했다. 이게 바로 정서의 뇌만 발달되어 감정의 수치스러움만 기억에 가득한 것이다.

엄마는 늘 집에 안 계셨다. 집에 물건을 두고 오거나 학교에서 행사가 있을 때 마다 학교에는 늘 아버지가 오셨다. 집에서 막둥이로 태어난 데다가 아버지가 엄마보다 열한 살이나 많았다. 그러니 아버지가 학교에 오시면 친구들이 늘 니네 할아버지 오셨다, 했다. 나중에는 친구들이 "너는 집에 엄마 안 계시냐? 왜 맨날 아버지가 오시냐?" 했다.

나는 정말 너무나 부끄럽고 창피하고 수치스럽기까지 했다. 그 감정의 상처가 초등학교 생활을 온통 우울하게 만든 것이고 그 기억으로 한평생을 산 것이다.

하나님은 스스로 치유능력을 주셨지만 우리가 너무 지쳐 있고 자기가 지금 어떤 색안경을 쓰고 있는지도 모르고 힘들게 사는 사람들을 위해 상담사역자들을 허락하셨다. 그런데 우리나라에서는 유독 상담분야를 배척하는 경향이 심하다. 유교 사상에서 뿌리 깊은 체면 의식과 잘못된 크리스천 사상과 교육도 한몫을 담당한다. 아파도 병들어도 체면에 손상되는 일은 절대 하지 않으려고 하는 대한민국 국민성이 정말 많은 자녀들을 영혼까지 병들게 하고 있다.

그보다 심각한 것은 기독교 안에서의 반목이다. 심리학이 신학이라는 영역을 치고 들어오는 듯, 아니 침범당하는 위기를 느끼는 부족한 영성에서 오는 자신감 없는 불안감 때문에 배척 행위들을 하고 있다. 그래서 교회 안에서 병들어가는 것이 아니고 교회 안에서 죽어가고 있는 영혼들을 자기들의 이권 다툼으로 그냥 외면하고 방치하고 있는 것이 현실이다. 마땅히 구별되어야 하는 분야고 당당하게 손을 잡고 함께 걸어가야 할 사역 분야라는 생각이 든다. 그런데 현실에서는 무조건 배척으로 담을 높이 쌓아 철벽을 치고 있는 현대 기독교에 대해 안타깝다.

신학을 공부하러 다니는 사람들을 이상하게 생각한 적이 있다. 아니 신학을 가르치는 교수님들을 이상하게 생각했다. 아니 사람이 어떻게 신에 대해 가르칠 수 있다는 말인가. 개구리들이 모여서 사람에 대해 가르치겠다고 하는 것과 뭐가 다를까 하는 생각도 일시적으로 했다.

하나님은 나한테 하나님을 아는 지식이 없어서 망한다고 하셨다. 나는 그때 하나님을 배우려고 애를 썼는데 하나님은 다른 것을

____ 이제는 너를 들여다봐 줄래

알기를 원하셨다. 친밀감, 교제, 사귐에서 오는 앎이라는 것을 인생을 살아오면서 깨닫게 되었다.

하나님은 신학을 해서 나를 알아라, 하지 않으셨고 사람을 몰라 내 사역에 걸림돌이 있다고 하셨다. 하나님이 배우라고 하신 것은 사람이었다.

나는 한평생 열심히 살았고 힘들고 험악한 삶을 살았다. 그 중심에는 나도 알지 못하는 불안이 있었다. 이 불안이 나에게만 국한된 것일까? 어느 날 하나님은 내가 대한민국 사람의 대표자라고 하셨다. 대한민국이 불안하고 대한민국 국민 모두가 불안하다. 교회가 불안하고 사회가 불안하다. 우리는 이 불안심리에서 벗어나지 못하고 사는 게 마치 변하지 않는 진리인 양 이제는 해결하고자 하지도 않고 만성불안에 잠겨있다. 사단이 노리는 에펠탑의 효과에 부응해주면서 너도 불안하고 나도 불안하고 이 사회 모두가 불안하니 불안한 세상에서 불안하게 사는 게 당연한 것처럼 속아살고 있는 것이다. 불안을 끌어안고 늘 바쁜 일에 쫓기며 살고 있는 것이다. 많은 사람들은 자기들이 성취하고자 하는 것들을 위해 쫓아가는 삶을 산다고 착각하지만 사실은 쫓아가는 삶이 아니라 쫓기는 삶을 살고 있는 것이다.

그런데 하나님은 평생 나에게 불안에서 벗어난 삶을 주려 하셨다. 엄마가 아이의 손을 잡고 있는데 아빠가 아이를 꼭 안아 주고 있는데 아이는 불안하여 계속 떨고 있다면 부모의 심정은 어떨까?

맛있는 음식을 주어도 좋은 옷을 사주어도 좋은 곳을 보여주어도 불안이 해결되지 않으면 아무 의미가 없는 것이다.

불안! 아담과 하와가 하나님의 약속을 어기고 하나님과 분리되었을 때 시작되었던 형벌 불안! 불안의 반대말은 평안이다. 평안하라.

왜 예수님은 하늘 높은 보좌를 버리시고 이 땅에 오신 것일까? 우리 인간도 무엇을 하기 전에는 계획이 있고 목표가 있다. 그렇다면 예수님은 이 땅에 오시기 전에 무슨 계획과 목적으로 이 땅에 오신 것일까?

눅 4장 18절, '주의 영이 내게 임하시니 이는 가난한 자들에게 복음을 전하게 하시려고 내게 기름을 부으심이라. 그가 나를 보냈으니 이는 마음이 상한 자를 치유케 하시며, 포로들에게 구원을 선포하고, 눈먼 자를 보게 하고, 짓밟힌 자들을 해방시켜 주고 주의 기뻐 받으시는 해를 전파하게 하심이라'

예수님이 하늘을 버리고 이 땅에 오신 이유는 '가난한 자', '마음이 상한 자', '포로 된 자', '눈먼 자', '짓밟힌 자' 들을 위해서 오신 것이다. 참으로 이상한 것은 인간을 위해 하늘에서 내려오셨는데 신으로 오셔서 우리를 구원해주기 위해서가 아니고 낮고 천한 인간으로 오셨다. 권세 있는 신으로 오신 것이 아니고 인간으로 오신 예수님. 신의 자리에서 신의 위치에서 우리를 구원하신다면 이해가 가지만 어떻게 인간 중에서도 낮은 모습으로 오셔서 어떻게 우리를 구원하시겠다는 것인지 이성의 뇌로는 이해가 불가하다. 예수님은 살려고 오신 것이 아니고 죽으러 오셨다. 도저히 거의가 이해되지 않는 내용이다. 우리를 살리기 위해 죽음을 선택하신 예수님.

아이를 낳고 아이가 아프니 아이를 위해 죽을 수도 있는 것이 엄마라는 사실을 알았다. 이것은 정말 아이를 낳아보고 아이가 아파보고 그 아이를 바라본 부모의 심정을 겪어보지 않고는 100% 이해가 힘든 것이다. 그래서 겪어보지 않고는 말을 하지 말라는 농담이 있지 않은가. 그 경험을 내가 해보지 않고는 어떤 말을 해도 신빙성이 떨어질 수밖에 없다. 경험자가 말을 하면 어느 정도 수긍이 가능하지 않은가. 예수님도 인간이 되어보지 않고는 하늘에서 아무리 사랑한다고 말을 해도 신빙성이 떨어지는 것이다. 인간으로 오셔서 인간의 질고를 다 겪어보신 후 인간의 몸으로 죽음을 당하신 것이다.

아이를 낳은 엄마라고 모두 아이를 위해 죽을 수 있는 것은 아니다. 대신 죽는 죽음이 중요한 것이 아니고 그곳에는 사랑이 필요하다. 예수님이 하늘을 버리고 하늘 권세를 포기하고 이 땅에 인간으로 오셔서 죽음을 선택 하신 중심에는 바로 우리들을 향한 사랑이 있었던 것이다. 사랑, 그 사랑이 얼마나 크기에……. 궁금하지 않을 수 없다. 아무것도 묻지 않으시고 사랑 하나로 오신 예수님. 베드로에게도 아무것도 묻지 않고 나를 사랑하냐고만 물으신 예수님. 수제자이니까 이렇게 했어야지. 앞으로는 이렇게 해야만 한다가 아니고 나를 사랑하느냐, 나를 사랑하면 내 양을 치고 먹이라고 하신다. 네가 나를 사랑한다면…….

고린도 전서에서 우리에게 사랑이 없으면 우리는 아무것도 아니라고 하셨다. 우리 삶에서 사랑이 빠지면 아무것도 아닌 것이다. 하나님은 우리를 이렇게 사랑하시는데 온통 관심이 사람에게 있다. 교회에 있는 것이 아니다.

'가난한 자'들, '마음이 상한 자'들, '포로 된 자'들, '눈먼 자'들, '짓밟힌 자'들을 돌보라는 교회는 교세 확장과 교회 건축과 기득권 싸움으로 온통 쑥대밭이 되어가고 있다. 가난하고 마음이 상하고 포로 되고 눈먼 자들은 교회에 뿌리를 내릴 수가 없다. 영적으로 성숙하기도 전에 정신적으로 표리부동하다가 그만 교회 울타리 밖으로 나가떨어지고 만다. 교회 내에서 더 상처 입고 지친 영혼들을 어떻게 할 것인가?

죄 씻음 받고 자유함을 누리러 간 교회에서 죄책감만 심어주는 설교와 훈련으로 불안증 환자들 집합소를 만들고 있는 곳이 일부 교회들의 모습이다. 연자맷돌을 목에 매달 사역자들의 죄로 회생이 불가능해진 영혼들을 돌보고 치유시킬 사역이 상담사역인 것이다.

"심리상담이 하나님 말씀보다 위란 말이냐?"

이런 무식한 말이라도 하지 않기를 바란다. 제발. 그들은 하나님께 상처를 받고 하나님의 돌봄을 받지 못한 것이 아니고 하나님

_____ 이제는 너를 들여다봐 줄래

을 만나기도 전에 상처투성이 피투성이가 되어버렸다. 오히려 교회에서 하나님과의 만남의 길을 차단하고 잘못된 믿음으로 세뇌시켜 영원한 영적 불구자들이 되어 가는데 전혀 감각도 없는 곳이 많다. 나중에 하나님 앞에서 그 형벌을 어떻게 감당할지 정말 생각하고 싶지 않을 만큼 끔찍하다.

치유는 어떤 특정 교회나 기도원 아니면 특별한 목사님이 하는 것이 아니다. 교회나 기도원 목사님이 치유능력이 있다고 한다면 그것은 하나님의 영광을 가로채는 죄를 짓고 있는 것이다. 치유는 오직 한 분, 하나님이 하신다. 우리 작은아이 불구자로 낳았지만 치유는 하나님이 하셨다. 교회에서 치유 받는 줄 알고 헌금을 많이 하지 않아서 치유가 되지 않는 것인가 하는 갈등도 있었고, 더 큰 교회를 가지 않아서 우리 아이가 고침 받지 못하고 있는 것은 아닌가 하는 불안도 있었다.

그런데 교회라는 단체에서는 기적이 아니고 상처라는 아픔만 가득 주었던 것 기억만 남았다.

"부모가 무슨 죄를 지어서 그런 아이를 낳은 거래?"

심지어는

"조상이 무슨 죄를 지었을까?"

큰아이가 지옥을 보고 정신과 치료를 받을 때도

우리 아이 치료는 하나님이 하신 것이다.

교회에서는 "그 집 아이 귀신 들렸다."면서 "그 집에 함부로 가면 큰일 나. 귀신이 옮겨온다니까." 하며 영적 왕따나 시키고 쉬쉬하고 불결하고 상종하면 큰일 날 것 같은 눈으로 바라보았다.

치유는 하나님과 나와의 관계 회복에서 이루어진 것이지 어느 특정 교회나 기도원을 통해서 한 것이 아니었고 어떤 특정 목사님을 통해서 역사하시도 않으셨다.

예수님 이후 우리에게는 또 다른 중보자는 필요하지 않다는 것을 확실하게 알게 하셨다. 하나님과 나는 일대일 관계이다. 아직도 누구를 통하고 누가 연결 고리가 되어야 만날 수 있는 분이 아니라는 것이다. 그렇다고 건물 성전이 필요 없다는 말을 하고 싶은 것이 아니다. 다만 성전에 권세를 부여하고 목사님을 신격화 하는 것은 모두 우상이라는 것이다. 여기에서 이단이 시작될 수 있기 때문이다. 이 세상에 중보자로 오신 분은 예수님 한분밖에 없기 때문이다. 우리는 어떤 능력 있는 목사님을 통해서만이 아니라 언제라도 나를 직접 만나고 싶어 하시는 하나님과 예수님을 직접 만날 수 있고 교제할 수 있다. 내가 하나님을 직접 만날 수 있다면 모든 기적은 이루어진다고 생각한다. 그런데 지금 우리가 하나님을 직접 만나지 못하는 이유는 무엇일까?

지금 내가 숨을 쉴 수 있는 것은 기적이다. 나는 하나님께서 작은아이를 고쳐주시고 큰아이를 살려주시는 기적을 보여주셨지만 악한 인간의 본성인 내 마음은 그 감사가 3년을 넘기지 못하는 것

──── 이제는 너를 들여다봐 줄래

을 보고 스스로도 참으로 놀랐다. 죽을 사람을 살려주어도 나중에 보따리나 내놓으라고 보채는 게 인간이 맞는 것 같다. 그래서 깨달은 것은 기적으로 절대 사람을 구원할 수 없다는 것이다. 사탕 하나 받고 먹을 때는 좋다고 웃다가 다 먹고 난 후에는 언제 사탕을 받아먹었는지도 잊어버리는 아이들과 하나 다를 바가 없는 것이 사람의 본성이라는 것만 깨달았다.

지금에 와서 나에게 있었던 가장 큰 기적은 나를 바로 알게 된 것이다. 그 기적은 심리학이라는 학문을 통해, 상담 프로그램들을 통해, 교육을 통해, 하나님이 주신 지혜를 통해 나를 통찰할 수 있는 눈을 열어주신 것이 가장 큰 기적인 것이다. 심리학도 하나님이 주신 것이요, 상담도 하나님이 열어주신 길이었다. 반드시 교회, 말씀, 목사님에게만 길이 있다는 왜곡된 생각을 바꾸게 된 것에 감사드린다.

사고가 묶여서 어떤 자유함도 누리지 못하고 생각의 노예로 살았던 내 자신을 고쳐주시는 데 50년이라는 시간이 걸렸다. 나의 완악함 때문에. 나는 나를 바로 아는 데 50년이라는 세월이 들었다. 그것도 많은 고난을 통하여. 고난이 유익이라는 말을 이제야 조금은 깨닫는다.

성가대에서 10여 년 봉사하다가 신학 MDV 과정을 하면서 중등부에 가서 섬긴 적이 있다. 중등부 예배 시작하기 1시간 전에 기도회로 준비를 하고 다시 예배당으로 올라가서 아이들이 오기 전에 교사들 20-30명이 강단에 올라가 손을 잡고 띠를 이룬 형태에서 통성으로 기도를 한다. 오늘 우리 중등부 학생들이 이 예배의 자리로 나오기까지 많은 시험을 물리치고 승리해서 나올 수 있도록 합심해서 통성기도를 하는데 눈을 감은 상태인데 사람의 모습이 보였다.

누군가가 누군가를 안고 있는 모습이었다. 허허벌판에 한 사람이 무릎을 꿇은 채 한쪽 무릎으로 쓰러져 있는 사람을 받치고 안고 있는데 뒷모습만 보이는 것이다. 한 사람은 뒷모습 안긴 사람은 다리만 보였다. 나는 궁금해서 천천히 다가가서 확인하고 싶었다. 무릎을 꿇고 한 사람을 안고 있는 사람은 세마포를 입으신 예수님이셨고 예수님께 안긴 사람은 다름 아닌 내 남편이었다. 나는 깜짝 놀랐다. 아니 예수님이 왜 우리 남편을? 그리고 더 놀란 것은 남편이 옷을 하나도 걸치지 않은 상태인데 온몸이 피투성이가 되어 눈도 뜨지 못하고 쓰러져 있는 것이었다. 너무 놀랐지만 기도는 끝이 났고 나는 자리에 들어와 앉았다. 심각했지만 곧 아이들을 맞고 예배는 시작되었다. 가끔 생각은 났지만 그것이 전부일 수밖에 없었다.

나는 날마다 큐티하는 여자가 된 지 오래인지라 날마다 큐티를 하면서 응답받은 모든 내용을 큐티책에 기록하는 습관이 있었다. 목사안수를 앞두고 기도를 많이 하는 때였다. 그날도 눈을 감고 있는데 한 장면이 보였다. 이스라엘 예루살렘 성전같이 보이는 성전 마당에서 내가 성의를 입고 손에는 성경책을 들고 설교를 하려는데 누군가 내 다리를 잡고 있는 것이다. 그래서 앞으로 더 걸어 나갈 수도 움직일 수도 없는 상황이 되었다. 누가 내 다리를 잡고 있나 내려다보니 남편이 누워있는 상태에서 두 팔만 앞으로 뻗쳐 두 손으로 내 발목을 꽉 움켜쥐고 있는 것이다. 그 모습을 보고 기도를 하면서도 의아했다. 아닌데 남편은 나의 갈 길에 한번도 방해를 한 적은 없는데 목사안수도 쾌히 승낙을 해주었고. 그런데 왜 이런 모습을 보여주시는 것일까 궁금했다. 그러나 곧 잊어버리게 될까봐 기억해두고 싶어서 큐티책에 그림으로 그대로 남겨놓았다.

그리고 목사안수 후에 남편의 외도의 현장이 고스란히 녹음된 파일을 듣게 하셨다. 내가 혼돈된 상태에서는 하나님의 선하신 뜻을 구별하기도 어렵고 하나님까지도 왜곡되게 생각할 수밖에 없는 것 같다. 내가 나를 바로 알고 자아가 건강해진 상태에서 나를 보니 하나님의 선하신 뜻을 바로 알게 되고 질서가 잡혔다.

오래전 피투성이가 되었던 남편을 안고 계셨던 예수님 그 피투성이의 모습은 남편이 병원에서 자살소동을 벌이고 온몸에 피가 거의 다 빠져 나간 상태의 모습과 일치했다. 목사안수를 받기 전 내 발목을 잡고 있던 남편의 모습은 다시 뒤를 보니, 두 팔이 남편의 것이 아니고 뱀이 내 다리를 칭칭 감고 있는 것이었다. 안수를 받은 후 남편의 외도의 현장을 밝히 드러내신 하나님. 만약 그전에 드러났으면 나는 앞도 뒤도 보지 않고 바로 이혼을 했을 것이다.

안수 후에도 사실 이혼을 하려고 했다. 그러려면 목사직을 내려놓아야 했다. 나는 까짓 거 목사 내려놓지 뭐, 이제는 남편과 같이 살 이유도 의무도 없잖아. 그런데 하나님은 목사안수는 네가 받은 것이 아니고 하나님이 기름을 부어서 된 거라고 하셨다. 팥죽 한 그릇에 장자권을 팔아버린 에서처럼 나는 목사안수 기름부음을 남편의 외도로 인한 분함을 해결하는 데 가차 없이 내려놓으려고 했던 것이다. 끝에 가서는 하나님 때문에 이혼을 포기한 것이었다.

대상관계 수업 중에 교수님이 하신 말씀이 기억났다. 정말 유명한 부흥강사님을 전라도 외딴 섬에 있는 교회에서 초대를 했다고 한다. 그 목사님은 작은 섬에 있는 시골교회라도 나같이 유명한 목사를 초대할 정도면 성도는 어느 정도 모은 상태에서 부르는 것이겠지 확신을 하고 갔다. 가자마자 음식은 무엇을 좋아하시냐고 묻기에 뻘낙지를 좋아한다고 하니 3일 내내 낙지만 대접을 받았다고 한다. 그래서 속으로 불평이 나왔다.

교회에는 성도도 20명도 되지 않았다.

부흥강사님은 "자기를 어떻게 보고 이렇게 초라한 데 오라고 했는지 많이 불쾌했다." 했다. 그래도 어차피 온 것이니 수천 명이 앉아있다고 생각하고 열심히 복음을 전했다. 그 섬을 떠나는 마지막 날 아침에 신발을 찾는데 없어서 둘러보니 목사님 구두를 깨끗이 닦아서 선반 위에 올려놨더란다. 그 구두를 꺼내면서 옆에 있는 신발을 보고 깜짝 놀라셨단다. 그 섬에 정말 어울릴 것 같지 않은 빨간 하이힐이 놓여있는 것이었다.

목사님은 사모님한테 저 구두는 누구 것이냐고 물어 보셨단다.

사모님은 그 구두가 사모님 것이라고 했다.

"제가 이 섬에 들어올 때 신고 들어왔던 신발입니다. 저는 밤이면 저 구두를 깨끗이 닦아 올려놓으면서 내일이면 내가 여기서 저 신발을 신고 이곳을 떠나야지 했는데 19년 동안 한번도 신어본 적이 없습니다." 했다.

부흥강사 목사님은 거기서 머리를 둔기에 한 대 얻어맞는 것 같은 감동을 받았다. 가슴이 뭉클해져 눈물을 흘리면서 사모님 손을 잡고 작별인사를 하는데 "이 땅에서 영광은 제가 더 누리지만 하나님 앞에 가서는 사모님의 섬김이 정말 해같이 빛날 것입니다. 부끄럽습니다." 하고 그 섬을 떠났다고 한다. 그러면서 하나님을 위해, 사역을 위해 돌봐야 할 영혼들을 위해 행복할 권리를 유보할 줄 아는 사람이 되고 싶었다고 한다.

그럼 여기에서 하나님의 선한 뜻은 무엇일까? 그동안 교회에서 가르침 받은 대로 참고 인내해야 한다. 이혼은 하나님 뜻이 아니다. 그것은 죄를 짓는 것이다. 아픈 상태에서 상처는 하나도 치료되지 않는 상태에서 십자가의 고난의 길을 가셨던 예수님을 생각하며 나도 이 고난의 길을 울며불며 가야 되는 거라고 생각하는 것은 아니라는 것이다.

성경적 원리로 들어가 본다. 하와는 아담에게 죄를 짓게 하면서 벌을 받는다. 하와가 받은 벌은 잉태하고 해산의 고통도 따르지만 평생 남편을 바라는 것이었다. 나 또한 하와의 후손으로 남편을 바라고 살 수밖에 없었다. 어떻게 보면 늘 남편한테 불만이었고 불평뿐이었지만 그 내면에는 남편한테 사랑받고 싶은 욕구가 있었다.

내 자아가 건강해진 후 나를 보니 내가 결혼을 한 이유도 그때는 사랑이라고 확신했기 때문이다. 엄마와 애착형성이 부족했던 나에게 분리불안이 있었고 남편과의 사랑보다는 남편과 분리되는 불안에 결혼을 결정했던 것이다. 그 후 남편을 원망하고 미워하고 모든 나의 불행의 주범이라고 탓하면서도 남편과의 분리가 두려웠다.

그것이 남편에 대한 집착으로 변형되지 않았나 싶다. 하나님께서는 그런 나에게 남편과의 분리작업을 시작하신 것이다. 온전하고 건강한 분리를 이끄셨다. 남편의 외도 녹음 파일로 정말 뼈가 상하는 고통을 끌어안았지만 그것을 계기로 남편과의 분리가 시작되는 데 큰 동력이 되었던 것 같다. 남편을 의지하고 기대고 남편만 바라보다 실망하고 원망하고 좌절하는 것이 아니고 나를 세우는 사람이 되어야겠다, 남편의 어떤 상황에 따라 내가 쓰러지고 넘어지는 것이 아니고 나 스스로 나를 세워 이제 후로는 환경의 어떤 변화에 내 자신까지 무너지는 결과는 만들지 말아야겠다는 다짐을 하게 되었다. 그래서 꾸준히 공부도 할 수 있었고 포기하지 않고 달려올 수 있었다. 균형 잡힌 삶을 살게 하시고 어느 정도 냉철함도 유지하게 하신 하나님께 감사드린다.

보이고 드러난 상처도 치료가 필요하지만 보이지 않는 무의식 속의 상처도 반드시 치유 받아야 함을 깨닫게 하신 하나님이 원하신 것은 무엇일까? 그 무의식의 상처가 우리 삶에서 하나님의 힘보다 더 강력하게 작용하기 때문이다. 오늘 나의 삶을 돌아보라. 내가 하나님의 뜻대로 하나님의 말씀대로 살았던가? 내 뜻대로 내 의지대로 살았던가? 그것은 내가 믿음이 부족해서도 아니고 하나님의 능력이 부족해서도 아니다. 보이지 않는 내 무의식의 삶이 상처라는 이름의 사단에게 꽉 붙들려 살기 때문이다. 그래서 보이지 않는다고 언제나 무시하고 외면하며 내가 무엇에 의해 살고 있는지도 모른 채 바쁜 삶에 쫓기듯 하루하루를 끌려가는 삶을 살고 있는 것이다.

상처, 꺼내 보니 아무것도 아니더라. 숨겨두었던 죄가 오픈되면 그 위력을 상실하듯이 상처도 마찬가지다. 보이지 않는 곳은 어떤 장소라도 두려움을 주는 게 사실이다. 가끔 시골에 가든 캠프를 가든 캄캄한 밤에는 보이지 않아 두려운 게 있다. 거기다 정체불명의 소리까지 들리면 그 두려움은 공포로 변한다. 그런데 두려워 아무도 확인을 하지 못하고 벌벌 떨면서 밤을 지새우다가 아침이 되어 그 실체가 드러나면 정말 우습게도 아무것도 아닌 경우가 있다. 그러면 헛웃음이 나고 저것 때문에 밤새 벌벌 떨면서 밤을 지새웠단 말인가 하고 허탈할 때가 있다. 무의식의 상처란 것도 그런 경우가 많다. 우리 무의식의 상처란 의식된 상처보다 더 어린 시기에 받았을 확률이 높다. 그렇다면 그 상처의 기억이 잘못된 기억일 확률도 높은 것이다. 그래도 반드시 다시 꺼내는 작업을 해야 한다.

예를 들어 5세 때 무시당하고 수치스런 경험으로 많은 상처를 입어 낮은 자존감이 형성되었다 치자. 그러나 나는 성인자아로 그 아이 때 받은 상처를 꺼내서 다시 보는 것이다. 3세나 4세 5-6세는 아무래도 상처가 일방적인 경우가 많다. 뇌가 아직 다 성장하지 않았기 때문이다. 그러나 성인이 되어서 다시 그 상황에 들어가 보면 그때 보이지 않았던 상황이 보이는 것이다. 나를 상처 주었던 상대의 입장도 보인다. 그래서 그럴 수밖에 없었던 상황이 인지되면 그 아이에게 이야기해주어야 한다. 그리고 그 당시 어린 자아에서 자라지 못하고 멈춤 상태에 있는 자아를 성인자아로 끌어올리고 성장시켜야 한다. 얼마든지 가능하다. 상처받은 어린자아는 치유되고 다시 성인 자아로 성장할 수 있다.

얼마든지 가능한데 모르고 있어서 못하고, 미루고 있어서 못하고, 믿지 않아서 못한다. 안 하고 못하고 있는 상태를 하나님은 가슴 아파하시는 것이다.

어떤 상황에서 어떻게 상처를 입었든 상처받은 때나 기억은 흐려져도 감정은 시간개념이 없다.

시간이 흘렀다고 그 상처가 저절로 치유되지는 않는다. 20년 30년이 흐른 뒤 같은 상황이나 비슷한 정서적 경험을 하게 되면 지금의 상처보다 처음에 받았던 상처의 감정이 100% 살아나서 지금의 현실보다 더 힘들다고 느끼게 하는 것이 사단의 속임수라는 것이다.

치유되고 회복된 성인자아로서의 우리를 하나님은 만나고 싶어 하신다.

성경에서 말하는 옛 자아는 바로 상처받은 어린자아를 말한다. 늘 남편 때문에 여행 한번 해보지 못한 불행한 내 인생이었다고? 이제 이런 불평은 정말 한심하고 불쌍하게 느껴진다.

내가 정말 남편 때문에 여행 한번 못 간 것일까? 아니다. 내 속에 불안과 분리불안, 집착으로 혼자서는 아무것도 할 수가 없었던 것이다. 엄마와 건강한 분리가 안 되었던 나는 내 아이들이 정상이 아니고 아팠다는 이유를 내세워 중학생이 될 때까지 잠자리 구분을 시키지 못했다. 아이들이 불안해 하니까 내가 희생하며 같이 자주어야 한다고 착각하고 아이들만 끼고 잤다. 그 오랜 시간 남편은 홀로 두고. 그 원인도 나에게 있었던 것이다. 남편은 한번도 나를 구속한 적이 없는 사람이었다.

늘 기도한다고 하면서 늘 교회에서 가장 열심히 하는 주의 종처럼 살면서 내면에는 해결되지 않는 불안으로 아이들을 키웠으니 아이들은 어떤 정서 상태에서 자랐을까? 대한민국 교회 내 권사님 자녀들 중에 조현병 환자들이 유난히 많다고 한다. 불안은 모든 정신 병리의 전 단계이다. 교회에서는 불안하다고 하면 "너 무슨 죄 지었냐? 불안하게." 하고 정죄를 한다.

어느 일본언론 기관에서 2010년 20-30대 설문 조사를 하였다. 내가 어떻게 살아야 할지 모르겠다고 대답한 사람이 63% 넘게 나온 것이다. 여러 가지 이유가 있겠지만 먼저 과잉보호 형태의 양육 방식과 분리 개별화가 이루어지지 않아 아이 스스로 할 수 있는 자율성 독립성이 없으니 의존적이며 미성숙한 자아가 확대되고 있는 것이다.

기독교에서는 무조건 귀신들림으로 치부해버리는 정신병리를 기독교는 죄에서 시작된다고 하고 정신병리에서는 불안이라고 말한다. 양육 받을 때 양육자로부터의 거부나 방임 때론 학대, 분리나 격리, 사랑의 상실, 유기 등으로 불안한 자아가 만들어진다. 불안한 자아는 심리적으로 방어기제를 선택하여 행동하게 된다. 여기서 방어기제는 두 가지로 나뉘는데 남의 탓을 하는 투사와 부정과 억압으로 나타내는 내사, 자기 탓이 있다. 내 탓으로 돌리는 사람은 자아가 붕괴되고 자아가 약화되면서 정신기둥이 무너져 우울증에 걸리기 쉽다. 투사를 하는 사람은 자아가 붕괴되면서 신경증적 현상이 나타나는데 불안장애 정신증, 인격장애 들이 나타나게 된다.

한 가족 한 자녀는 과잉보호로 인하여 정신기둥이 많이 약화되어 있는데다가 대한민국 정서문화는 정신병리적 상황에 극히 적합화되어 있다. 사랑을 정상적으로 받고 분리작업이 성공한 아이들은 정신기둥이 튼튼하다.

인간은 세 가지 본성이 있다. 영적인 본성, 심리적인 본성, 육체적인 본성, 이 세 가지 본성은 서로 상호관계를 가지고 있다. 육체적인 문제가 심리적(정신적) 영향을 미치고 심리적인 문제는 육체적인 문제에 영향을 미친다. 육체와 정신이 건강하지 못한 사람이 영혼만 건강하다고 할 수는 없는 것이다. 예수님은 영적 건강만 중요하다고 말씀하신 적이 없고 영과 혼과 육이 흠 없이 보존되기를 간절히 소망하셨다.

상처받은 자아로 왜곡된 인격이 되고 정서적 불안으로 이어진다. 그리고 와해된 정신병리로 이어진다. 그 결과 힘들어 하는 크리스천들의 비명 소리를 이제는 교회가, 목회자들이 들어야 한다고 생각한다.

전도도 많이 하고, 기도도 많이 했고, 성경도 많이 보고, 신학도 공부한 목사인 나에게 하나님은 언제나 가장 좋은 것 주시기를 원하시는 만큼 가장 필요한 사역을 하기를 바라신다. 교회밖에 하나님을 모르는 영혼을 구원하는 일도 급하지만 교회 안에서 상처로 회복되지 못하는 아픈 영혼들의 돌봄이 절실히 필요함을 알게 하셨다.

우리가 건강하게 회복되면 삶으로 드러나게 되어있다. 삶을 살지 말라고 해도 빛을 숨길 수 없듯이 드러나면 외치는 전도가 아니어도 믿음을 주는 확실한 전도가 되는 것이다. 보이는 부분과 들리는 부분이 달라서 혼돈을 주는 신앙인들의 삶이 더 불신앙을 주고 있다. 세상 사람보다 더 힘들게 사는 신앙인들을 보면서 그들은 무슨 생각을 하고 있을까? 나부터 구원의 확신도 들지 않고 맘에 자유와 평안도 누리지 못하고 살면서 교회에서 전도하라니까 억지로 나가서 외치는 전도에 무슨 능력이 나타날 수 있겠는가.

우리는 죽어야만 가는 곳이 천국이 되어서는 안 된다.

살아서 지금여기에 천국의 삶을 살 수 있는 것이다.

아주 오래전 일이다. 택시를 탔는데 택시기사님이 교회에 간다고 하니까 변화 받은 택시기사님이 간증을 대신했다. 영업용택시 회사에 다니는데 어떤 기사님이 친구 분의 전도로 교회에 나가기 시작하였다는 것이다. 그런데 정말 사람이 바뀌어도 저렇게 바뀔 수 있을까 싶을 정도로 바뀌는데 자기네가 증인이다 했다. 처음에는 장난이겠지 나중에는 저러다 말겠지 했는데 3년을 지켜본 후에 자기는 속으로 결정하기를 저 사람이 교회 가서 저렇게 변했는데 나도 가능하지 않겠는가 싶더란다. 그가 제일 부러웠던 변화 중에 하나는 매일 죽을 사람처럼 우울하게 살던 사람이 날마다 즐겁고 행복하게 산다는 것이었다.

누군가는 그랬단다. 저 사람 우리 모르게 로또 복권에 당첨된 거 아닌가 하는 의심도 했었단다. 그 사람 얼굴을 보면 정말 해같이 보인다고 했다. 그분은 어떡하면 저 사람처럼 저렇게 밝은 얼굴로 행복하고 즐겁게 살 수 있는지 그게 궁금해서라도 교회에 가고 싶었다고 했다. 그래서 본인은 누가 전도해서가 아니고 스스로 교회를 찾아갔다고 했다.

이것이 영, 혼, 육이 치유되고 회복되어 살아난 자가 또 다른 영혼을 살리는 역사인 것이다.

성경을 통해 하나님을 알 수 있는 방법은 두 가지가 있다. '특별계시'와 자연과 피조물을 통하여 하나님을 알게 하는 '일반계시'가 있다. 그런데 교회에서는 일반계시는 잘못된 신앙이고 하나님을 반목하는 신앙이라고 가르치고 있다.

식물학, 토질학, 동물학, 천문학과 마찬가지로 사람을 연구하는 학문에는 심리학도 있고 의학도 있다. 정신병리학은 의학의 한 소산이다. 정신세계가 병들어 있는 다양한 비정상적인 인간을 연구하여 나타난 진리들인 것이다. 이런 것을 일반계시를 통하여 발견된 진리라고 한다.

손매남 박사님의 "기독교와 정신병리"라는 저서의 내용을 인용하면 "특별계시인 성경을 통해 정신병리를 접근해 보자. 시편 23편 3절에 '네 영혼을 소생시키시며'라는 말씀이 나온다. 영혼(푸쉬케)은 마음이나 정신을 일컫는 말이며 소생(이아트레이아)은 치료, 치유라는 단어이다. 이 단어의 합성어가 Psychiatry(정신의학)이라는 말이 된 것이다. 주님은 일찍이 우리의 정신을 치료하신 것이다. 마11:1 모든 병과 약한 것을 고치는 권능을 증거하고 있다. 병든 자는 육체적으로 고통 받는 자요. 연약한 자는 모든 종류의 연약(Infirmity)한 자를 일컫는다. 그것은 심리적 정신적인 고통을 겪는 사람을 포함하고 있는 것이다. 고전9:22/11:30 '너의 중에 약한 자와 병든 자가 많고'에서 약한 자는 모든 종류의 연약을 일컫는 말이며 롬15:1에서도 증거하고 신명기 28장 65절에서도 오직 여호와께서 거기서 마음으로 떨고 눈으로 떨고 몸으로 쇠하고 정신으로 산란케 하시니, 라고 하였다. 연약한 자를 심리적으로 이해하며 치유하면 심리치료가 되고 연약한 자를 정신으로 이해하여 치유하면 정신 치료가 되는데 영어에서는 똑같은 단어 'Psychotherapy'가 된다.

마 4장 24절은 더욱 구체적으로 설명하고 있다 '약한 자, 귀신 들린 자, 간질병자, 중풍병자이다. 약한 자는 심리적으로 연약한 사람이고 귀신들린 자는 영적으로 고통 받는 사람이고 간질병자는 정신병이며 중풍병자는 육체적으로 고통 받는 사람인 것이다.

이러한 성경을 보면서 우리는 치유의 근본이신 하나님을 깨닫게 된다. 정신치료나 심리치료의 근본도 하나님이신 것이다. 성경은 인간의 정신이나 마음을 소홀히 한 적이 없다. 오히려 현대 기독교에서 지나치게 영적인 부분만 강조하다가 마음은 심리학자들에게 빼앗겨 버리고 정신은 정신의 학자들에게 빼앗겨 버린 것이다. 그러므로 인간의 마음이나 정신 병리를 모르고 목회를 한다고 하는 것은 참으로 안타까운 일이다.

나는 이 책을 통해 심리학적 상담으로 다시 나의 삶을 정리해 봄으로써 많은 상한 심령으로 힘들어하는 분들께 도움이 되었으면 한다. 교수님들처럼 체계적인 지식도 부족하고 세련된 언어로 쓰지도 못했지만 치유되고 회복되기를 바라는 마음만은 백배 천배 간절하기에 내 마음이 전달될 수 있으리라 믿는다.

나는 이 책을 마무리하면서 간절한 소망을 기록하고 싶다. 시작부터 끝까지 하나님만 나타났으면 좋겠다. 말로 표현하는 것도 어렵지만 글로 표현하는 게 이렇게 어려운지 몰랐다. 내 속에 하나님은 100% 이상인데 글로 표현된 것은 10%도 되지 않아 속상하다. 더 기도하고 더 준비하지 못한 것이 후회스럽다.

그렇지만 더 이상 또다시 머뭇거리고 있을 수는 없기에 작은 자를 들어 쓰시는 분은 하나님이시니 하나님만 믿고 순종하려는 마음만으로 마무리하려고 한다.

'내 생각은 너희 생각과 다르고 내 길은 너희 길과 다르다.' 하신 하나님을 보게 하실 줄 믿고 감사를 드린다.

부족한 사람이 살아온 길을 통하여 이 여정 속에 함께 하셨던 하나님을 발견하고 지금도 나처럼 천하보다 귀하게 여기시는 자신을 몰라 방치하고 힘든 삶을 사는 사람들이 있다면 이 책 한 권을 통하여 이제는 나를 들여다보는 삶이 되어서 남아 있는 인생이 바뀌는 계기를 마련했으면 좋겠다.